比較文明

31

特集　文明と国家：ポスト・グローバル化からの再論

2015

比較文明学会

比較文明 31

目次

特集　文明と国家：ポスト・グローバル化からの再論

書評小特集　文明と国家を読む

比較文明学会　第三十二回大会　シンポジウム

論　文

研究ノート

書評

特集　文明と国家：ポスト・グローバル化からの再論

国家に排出される文明の矛盾：特集趣意にかえて

山下範久

今号の『比較文明』は特集のテーマを「文明と国家：ポスト・グローバル化からの再論」と定めた。本誌が「文明と国家」を特集のテーマに掲げるのは、一九九一年刊行の第七号以来二度目のことである。

同号が「文明と国家」を特集のテーマとしたのは、直接的には前年に同テーマで開催された学会大会のシンポジウムを受けてのことである。そこから数えると、今回の特集は四半世紀ぶりの再論ということになる。二五年という時間は、同じ「文明と国家」という主題から見える風景をどのように変えただろうか。

第七号に収められた論考やシンポジウムの記録を読み返すと、やはり目立つのは、ベルリンの壁の崩壊やドイツの統一、さらには（第一次）湾岸戦争といった直近の事件を踏まえて、冷戦の終焉のインパクトをどう捉えるかという関心である。「グローバル化」は大きな文脈を指す言葉としてはまだ定着していない。神川正彦論文が「グローバリゼイション」に一度だけ触れ、吾郷健二論文が比較的大きく（批判的に）「グローバリズム」に触れているのが目につく程度である。

比較文明学という大きな視座から「文明と国家」とい

う主題に向かうに当たって、同号が示す基本的なトーンは（意識的にせよ無意識的にせよ）近代化の完成と国家の超克におかれていたように思われる。一九八九年に最初の論文が発表されたフクヤマの「歴史の終わり」論こそ明示的に参照されてはいないが、たとえば、巻頭の上山春平論文は工業社会の成熟と国家の超克を論じており、神川正彦は近代知の文法としてのディシプリン（近代的な「個別科学」）を超える知たる「具体的普遍性」の学として比較文明学を位置づける論考を寄せている。吾郷健二は「国民国家」の衰退を直截に論じ、湯浅赳男や日置弘一郎は資本主義の構造的な変容のなかで国家の果たす役割もまた変わることを説いている。三宅正樹は、ドイツにおける近代歴史学（広くは近代社会科学）の形成において抑圧された契機としての文明に注目し、歴史の単位としての民族という考え方が文法化された近代社会科学を相対化する視座をカール・ランプレヒトの文化史論にみようとしている。さらに米田富太郎は国際法における「文明国」概念の再浮上を俎上に挙げ、国際社会における価値の一元化の傾向を、したがって（互いの内政に干渉しない）主家国家が併存する世界をモデルとする国際秩序の限界を指摘している。こうした問題設定は概ね近代化の完成の系で立てられている。

ひるがえって今日、文明と国家という観点から世界を見たとき、ある意味では当然ながら、冷戦の終結はかなり後景に退き、近代化を「完成」という様相で見ることに対しては両義的な感覚が広がっているように思われる。歴史は限られたある意味では終わったといえるのかもしれないが、そうであるとしても『歴史の終わり』においてすでにフクヤマ自身危惧していたように、歴史が終わった世界（「脱歴史世界」）と歴史がこれから終わる世界（「歴史世界」）のあいだの摩擦や、二つの世界の分割線をめぐる争いはそう簡単に終わるようには思われない。少なくとも「近代化の完成にともなってわたしたちは新たな課題に直面している」という状況の捉え方は、せいぜい半分程度しか現実を捉えていない。一方で近代化による達成だと思われていたものがあたかも歴史を巻き戻すかのように失われる事態が現れており、他方で近代化の達成の結果として現れたとされる「新たな」課題が、必ずしもこれまでの課題解決の枠組みの完全な外部に出るものとは限らないからである。つまり「近代化の達成」が「新たな課題」をもたらすからといって、世界が丸ごと生まれ変わって私たちに与えられているわけではなく、むしろより重く、何層にも歴史が堆積した土壌の上に「新しい」問題が生じているというべきだろう。この意味でむしろ現代は依然――時代がかった表現ではあるが――近代化の矛盾に枠づけられているといったほうがよい。

もとより先の特集も、直近の事件に触発されつつ、長期的な視座をもって近代国家の超克を論じていたことに変わりはない。そこに収められた諸論考は、いま読み返しても、冷戦直後の軽薄なユーフォリアから一線を画して書かれている。むしろ、その後の四半世紀という時の経過のなかで、わたしたちはグローバル化という語でそうした長期的な構造的変化を表面的に名指すことに馴れ切ってしまい、ある種の不可避性の言語、あるいはテレオロジーの言語にからめとられてはいないだろうか。もちろんグローバル化が、単に世界の均質化や一元化といった一面的な趨勢をばかり意味するものではないことは、多くの論者がつとに指摘してきたことではある。だが、「グローバル化」という便利なバズワードの普及とともに自分たちが構造的な変化の時代を生きているという題目を繰り返しているうち、短期的な変化の延長線上に無造作に長期的な未来を描く言説は増殖しているのではないだろうか。

この四半世紀でより露わになったことは、そうした表層的な「グローバル化」が曲がり角を迎えたということでもある。それは上に述べたようにまず現実の問題として、近代化が完成して世界が一元化・均質化するといったヴィジョンを深く裏切る出来事が次々と起こり始めたということであり、他方で概念の問題として、「グローバル化」という言葉がすでに長期的な想像力を喚起する力を失っているということでもある。この二重の意味で現在はむしろポスト・グローバル化の時代として捉えることがふさわしい。

ポスト・グローバル化を包括的に概念化することはこの小論の射程を超える。しかしグローバル化が――特に表層的な「グローバル化」概念が――しばしば近代国家の超克を主題としてきたことに照らして考えれば、ポスト・グローバル化の主要な問題場として、国家の再問題化を挙げることはできよう。つまり、近代国家は単に完成され、役目を終え、消滅したり本質的に別のものに代わったりするのではなく、近代化の矛盾がこれまで国家が引き受けてきたよりもはるかに大きい規模の課題を、これまでとは異なったかたちで国家に負わせるようになったことが問われるべきなのだ。そしてこの「これまでよりもはるかに大きい規模」で「これまでとは異なったかたち」の課題を見る際の第一次接近として文明の概念は有効であるように私には思われる。

そうした課題は、たとえば自由主義と民主主義とか、多文化主義と世俗主義とか、人権の尊重と主権の不可侵とか、あるいは環境と開発とかといったような、異なる普遍主義的主張のあいだの緊張関係がしばしばねじれつつ重なり合って構成されている。文明をごく広く「普遍主義的主張の歴史的形式」と定義するならば、こうした課題は複合的な文明の衝突と表現することもできよう。それはハンチントンがかつて指摘したような「国家間対立の新しいフォールト・ライン」という意味での文明の再浮上という意味ではなく、文明の多元性が国家そのものにこれまでにない負荷をかけるということを意味している。

近代国家は、進歩の単位としてのネイションという枠組みを前提とすることで、諸々の普遍的主張があたかも両立可能であるかのように――究極的には調和するはずであるという期待に依存して暫定的な妥協を繰り返しつつ――振る舞うことができた。しかしそうした枠組みへの前提的な合意が後景に退くにつれ、いわばむき出しの諸々の普遍主義的主張に、今日の国家は、文明間対立の規模ないしは強度で対処しなくてはならなくなった。

本特集には四つの論文の寄稿を得ることができた。四論文はそれぞれの視角から、この複合的な文明間対立の次元における国家の再問題化に光をあてようとするものである。たとえば人道危機国家の経済的な発生条件を問う金子論文は、新自由主義が穀物価格や穀物自給率、国民総所得に指標化されるような、（ポランニー的な意味での）社会の自己防衛メカニズムを破壊するスケールに達していることを批判する。それは、自由主義と民主主義という二つの普遍主義的主張間の矛盾の変奏であり、特に自由主義の文明的自己主張の病理に切り込むものである。

またネットワーク的な情報と領域的な国家との間の矛

盾に照準した福永論文は、情報革命が、国家の統御を本質的に超える交通空間を大幅に前景化したことが強調されており、個人間のコミュニケーションの変容、サブカルチャーの流通の変容、高等教育の社会的位置づけの変容といった事象が基底において同じ変化の文脈にあることが論じられている。今日の国家が、すでに負いきれないほどの規模と強度で文明的多元性の緊張を負わされていることの技術的・物理的な条件は、まさにこの情報革命が用意したものであり、福永論文は、国家の再問題化が文化の次元にいかに浸潤しているかを活写している。

これら二論文の主題は、ひとつは金融化のインパクト、もうひとつは情報化のインパクトとして、先の特集でも論じられてはいたテーマである。しかし、グローバル化の進展に伴う投資のフロンティアの枯渇によって余剰のマネーが金融商品へと流れ込み、実体経済を数倍にも上回る規模の金融経済が形成されたことで、資本主義経済のヴォラティリティは異常なほど高まり、とりわけ二〇〇八年の金融危機以降、世界経済はつねに金融危機と隣り合わせの状態におかれるようになった。見方によっては今日、国家は金融危機の強迫によって資本の下僕となっているともいえる。金子論文が「人道危機国家」に焦点を当てるように、資本主義による社会の破壊は、単に格差の問題というだけでなく、人道そのものを危うくするところにまで立ち至っている。

また情報化も一九八〇年代からあった持続的テーマではあるが、特に一九九〇年代半ばからのインターネットの普及にともなって、古典的な市場をモデルにした交通のイメージは、その根本的な前提の再考を求められるにいたっている。一方で市場の論理や技法の非営利部門への拡張・応用が進み、他方でマッチングの理論が発展して、いわば「見えざる手」の設計が進むにしたがって、福永論文の示唆する通り、情報技術の進歩が国家に及ぼすインパクトも、自由や公正、公共性とはなにかといった根本的な問題にまでさかのぼって、新しい次元に入っているのである。

翻って、今日の国家の再問題化を文明的多元性から捉えるというのは、単に抽象的に文明を「普遍主義的主張の歴史的単位」だと定義することにおいてのみ妥当するのではなく、むしろ国家の再問題化の基底にある近代化の矛盾が、特に西欧と非西欧とのあいだの文明間交渉の過程と絡み合っていたからである。先に挙げた「自由主義と民主主義とか、多文化主義と世俗主義とか、人権の尊重と主権の不可侵とか、あるいは環境と開発とか」といったような対立は、しばしば西欧対非西欧の対立と（ねじれつつ）重なりあって展開してきた。イギリスのインド統治とその帰結を論じた村瀬論文は、複合的な文明の衝突としての国家の再問題化を捉えるうえで基本的なパースペクティブを与えてくれるものである。さらに言えば、たとえばクリミア半島の帰属をめぐるウクライナの内戦は、武力による国境変更を禁ずる二〇世紀的な規範からの後退だとも、米露間の新しい緊張関係だとも解しうる事態であり、近代化の完成に伴う価値の収斂や調和といった冷戦終結直後の認識よりも、むしろ価値の対立や規範間の競合、力による秩序の再編といった主題が前景化しているという意味で、むしろ一九世紀以前のいわゆる「グレート・ゲーム」的な世界に接近しており、この点でも植民地主義（特に植民地主義間の緊張）の歴史はポスト・グローバル化の基本的な文脈として決定的に重要である。

そして繰り返すが、このポスト・グローバル化における複合的な文明の衝突は、単に国家間対立が宗教や文明の分割線に沿って再編されるというような素朴な次元にとどまるものではなく、国家そのものの存立を揺るがすものである。イスラーム国を論じた塩尻論文はまさにこの点に踏み込むものである。

二〇〇一年の米国同時多発テロ事件から始まる対テロ戦争は慢性化といってよい状態にあり、さらに二〇〇三年のイラク戦争を経て既存の秩序を失った中東地域では、イスラーム国の登場によって、国際社会にとって容認可能な国家が溶解してしまっただけでなく、そうした国家の担い手となるべき政治勢力自体が失われる事態に至っている。この問題を論じた塩尻論文は、イスラーム思想に寄り添いつつ、なぜ既存の国家の論理がそこでは停止させられてしまうのかを示そうとしている。同論文もまた、中東地域における――いわば近代化された西欧の陰画として築かれた――二〇世紀的な暫定秩序の解体を示唆している。だがそれは単に中東地域において特殊に問題な国際政治の課題というよりは、むしろグローバルに共有された、近代国家に共通の危機であると捉えるべきであろう。

グローバル資本主義と人道危機国家

金子晋右

1　問題の所在　人道危機の発生理由は何か

現在、世界各地で深刻な人道危機が多発している。内戦状態のシリアとイラクでは、過激派組織ＩＳ（イスラミック・ステート）が、多くの人々を虐殺し、奴隷制度の復活を宣言している。二〇一四年八月には、少数派のヤジド教徒の村々を襲撃し、男達を虐殺、女性や子供を奴隷として売買している。

ナイジェリアでは、二〇一四年四月、過激派組織ボコ・ハラムが女子校を襲撃、約二七〇名の女生徒を拉致し、奴隷として売り飛ばすことを宣言した。その後、拉致された女生徒の一部は、ボコ・ハラムの戦闘員と強制結婚させられ、十代前半の女生徒の一部は、自爆テロを強制されている。

パキスタンでは、女子教育の重要性を訴えていたマララ・ユスフザイさん（当時十五歳）が暗殺の標的とされ、頭部に銃撃を受けて瀕死の重傷を負った（二〇一二年十月）。彼女は奇跡的に回復し、その後も自らの主張を貫き続け、二〇一四年にノーベル平和賞を受賞した。だが、犯行グループの過激派組織パキスタン・タリバン運動は、未だにマララさんの命を付け狙っている。それに加え同組織は、二〇一四年十二月、パキスタンの大都市ペシャワルのエリート学校を襲撃し、生徒ら一四一名を殺害した。

内戦、テロ、虐殺、女性や子供の奴隷化など、極めて深刻な人道危機である。いったいなぜ、このような人道危機が発生するのか。

フランスの歴史人口学者で家族人類学者のエマニュエル・トッドによると、多くの社会は、近代への移行の過程で、暴力と流血の時代「移行期危機」を経験する。現在のイスラム圏は、近代への移行の過程であり、イスラム過激派によるテロの多発も、移行期危機によるものである。近代への移行は、識字率の上昇と出生率の低下によって引き起こされる。彼の主張を以下に簡潔にまとめよう（トッド及びクルバージュ［二〇〇八］、トッド［二〇一二］など）。

二十代前半の青年層の識字率が五〇％を超えると、政治的革命が発生する。トッドによると、イングランド（ピューリタン）革命、フランス大革命、ロシア革命、中国革命、イラン（ホメイニ）革命、それに、二〇一一年のチュニジアとエジプトの独裁政権崩壊も、皆同様である。文字の読み書きができれば、政治ビラを読み、自分でも書けるようになる。加えて、識字率が五〇％を超えた時とは、半数以上の家庭で、父親は文字を読めないが、息子達は文字が読めるという状況である。ゆえに父親の権威は失墜し、同時に、国王などの政治権力者の権威も低下する。その国の社会構造は、その国の家族構造と一致するからである。

出生率の低下は、社会全体の宗教意識の低下、すなわち世俗化を意味する。キリスト教やイスラム教などの伝統的大宗教は、出産増加を奨励しているからだ。

出生率の低下は、伝統的家族構造の維持を困難にするため、社会を不安定化させる。合計特殊出生率（一人の女性が一生の間に産む子供の数）が一になると、四分の一の夫婦は息子を持つことができなくなり、父系社会が動揺する。

こうした社会の不安定化や権威の失墜によって、多くの社会は流血の「移行期危機」に突入する。変化した家族構造に合致する新しい社会構造及び政治体制の建設を目指す革命勢力と、動揺した古い社会構造及び政治体制の建て直しを図る反動勢力とが、互いに暴力を用いるからだ。

現在のイスラム圏では、イスラム過激派が跋扈しているため、宗教意識がむしろ高まっているように見えるかもしれない。だが、社会全体では違う。社会全体の宗教意識の低下に危機感を覚えた一部の者が、宗教意識を過剰に高めて過激化しているのである。

トッドによると、どの社会も一定期間が過ぎると、移行期危機の時代は終焉を迎え、社会は安定する。平和で非暴力的な社会となる。そのため彼は、現在のイスラム圏の人道危機に対しても、（二〇〇八年のインタビューでは）「正常な移行期危機」と述べ、楽観的である（トッド及びクルバージュ［二〇〇八］五頁）。

だが我々は、トッドの説に基づくならば、楽観的には到底なれない。なぜなら彼によると、フランスの移行期危機は一世紀に渡って続いたからである。そしてトッドによると、ロシア革命後のスターリンによる大量虐殺も、中国革命後の毛沢東による大量虐殺も、全て正常な移行期危機なのである。一説によると、スターリンは自国民を五〇〇〇万人以上も、毛沢東は一億人以上も虐殺したとされる。過激派組織ＩＳやボコ・ハラムなどの残虐さを見せつけられた我々にとって、二十一世紀の世界は、絶望の時代に思えてしまう。なぜなら我々は、イスラム圏が移行期危機を終えるまで、深刻な人道危機を止めることができないからである。

だが、トッドとは異なる視点からの分析も可能だ。本稿は、イスラム教諸国における深刻な人道危機の発生を、国際穀物価格、穀物自給率、一人当たりＧＮＩ（国民総所得）の三点で説明する。二十一世紀は、絶望の時代ではない。本稿の目的は、経済学的な分析により、それを明らかにすることである。

2 穀物の国際価格とイスラム教諸国の自給率

二〇一一年に、チュニジアで、続いてエジプトで、独裁政権が崩壊した。日本のマスコミなどは「アラブの春」と呼称し、民主化革命だとの楽観的な見解が主流であった。しかし筆者は、早くも同年に、国際穀物価格の高騰が背景にあることを指摘し、「中東動乱」と呼称した（拙著［二〇一二］ⅳ～ⅴ頁、一八七～一八九頁）。

問題の背景には、食糧問題がある。そこでまず最初に、ＦＡＯ（国際連合食糧農業機関）の最新データを用いて、国際穀物価格の変動を確認する。なお、ＦＡＯがホームページで公開している最新データは、項目により異なるが、本稿執筆時点（二〇一五年七月）で、二〇一一年、一二年、一三年のいずれかである。最新の数値には暫定値や推計値が含まれる場合があるため、翌年以降に修正されることがある。途上国の統計は、先進国と比べて信用度が低いが、大雑把な動向の把握は可能である[1]。

　グラフ1は、一トン当たりの国際穀物価格の推移を示したものだ。全世界の年間輸入量と年間輸入額から筆者が算出した。もちろん、例えば小麦の場合、種類、用途、品質、産地などにより、価格が異なる。そうした差異を排除し、世界全体の長期的全体的傾向を示した。一九八〇年代から二〇一〇年までは五カ年の平均価格で、二〇一一年と一二年は単年の年間価格である。なお、国際貿易上の主要三大穀物は、貿易量の順に、小麦、トウモロコシ、コメである（拙著［二〇〇八］第二章参照）。だが、中東地域は、大麦の輸入が多い国もあるため、コメを除外し、大麦をグラフに加えた。

　このグラフ1から読み取れる点は、第一に、一九八〇年代後半から、二〇〇〇年代前半までの約二十年間に渡り、国際穀物価格は低価格で推移した点である。小麦の場合、八〇年代前半に一八六ドルだったが、後半には一五七ドルに低下、その後、九〇年代と二〇〇〇年代前半は一六〇ドル台で推移した。

　グラフ1の価格は、米国ドルの名目価格である。米国は、自国の経済成長率や失業率を考慮しながら、毎年、大量のドル紙幣を増刷している。紙幣増刷によって経済を成長させる政策を、リフレーション政策もしくは低インフレ政策と呼ぶ。この政策により、一ドルの実質価値は、年々少しずつ低下し続けている。よって、八〇年代後半から二〇〇〇年代前半までの約二十年間にわたり、国際穀物価格は、実質価格では低下し続けたことになる。川島［二〇一二］［二〇一三］が主張する「食料過剰の時代」とは、この時代の状況を指していると思われる。

　だが、二〇〇〇年代後半から、国際穀物価格は急上昇した。これが第二に、そして最も重要な点である。国際小麦価格は、二〇〇〇年代後半には二六九ドルとなり、

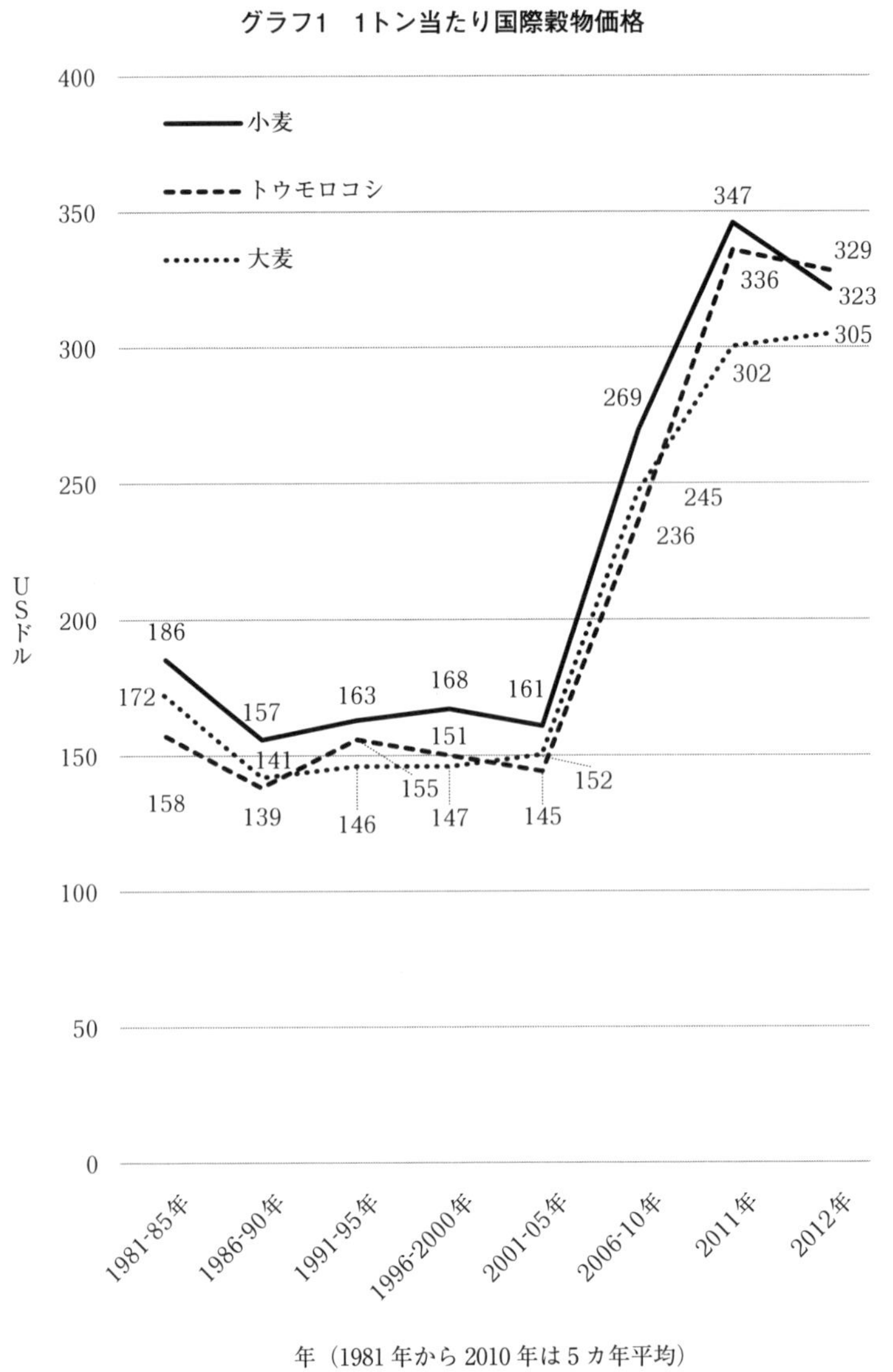

グラフ1 1トン当たり国際穀物価格

（出典）FAOSTAT 2015.

二〇一一年には三四七ドルに高騰した。一二年は三二三ドルへとやや低下したが、それでも、二〇〇〇年代前半の平均価格一六一ドルの二倍である。この項目に関するＦＡＯの最新のデータは二〇一二年までしかないが、別のデータで月間価格を追うと、二〇一四年六月まで、ほぼ三〇〇ドルの前後で高止まりし続けたあと、七月から低下を始めた（本川［二〇一五］）。二〇一四年七月以降の低落傾向は、後述する国際石油価格と連動しているが、低落の理由については、紙幅の関係で本稿での説明は省くため、詳しくは拙稿［二〇一五］（第三節「結論」）を参照していただきたい。

グラフ1で、第三に重要な点は、二〇〇〇年代後半以降、小麦価格だけでなく、トウモロコシと大麦の価格も急上昇した点である。トウモロコシと大麦は、先進国では家畜の飼料とされることが多いが、貧しい国では、しばしば食料として人間の主食となる。小麦価格と比べると、八〇年代前半は、トウモロコシは八五％の価格で、大麦は九二％だったが、二〇一一年には、トウモロコシは九七％、大麦は八七％の価格となった。一二年には、小麦とトウモロコシの価格が逆転し、大麦は小麦の九四％の価格となった。途上国の貧困層は、一一年時点で、小麦からトウモロコシへの転換による食費節約が不可能になり、一二年になると、大麦で食費を節約することも困難になった。

ちなみに、シリアは大麦やトウモロコシの輸入が比較的多い国である。二〇一〇年から一一年にかけて、小麦の輸入量は一〇五万トンから五四万トンへと半減したが、大麦の輸入量は一一万トンから三八万トンへと四倍弱に増加した（ＦＡＯデータベース。以下、FAOSTATと表記）。二〇一一年時点で、大麦の国際価格は小麦よりも一三％も安価なため、シリアの消費者の一部が、小麦から大麦へと主食の一部を転換した。これが、シリアの反政府デモが、チュニジアやエジプトよりも遅れて発生した一因である。だが一二年になると、小麦と大麦の価格差は六％に縮小してしまう。独裁政権に対し、多くのシリア国民が反抗を強めたのは、こうした国民の生活苦を独裁政権が無視して、有効な対策をとらなかったからだ。

二〇一一年の国際価格は、二〇〇〇年代前半と比べると、小麦とトウモロコシは二倍以上、大麦はほぼ二倍へ

グラフ2 世界穀物輸入量（単位：万トン）

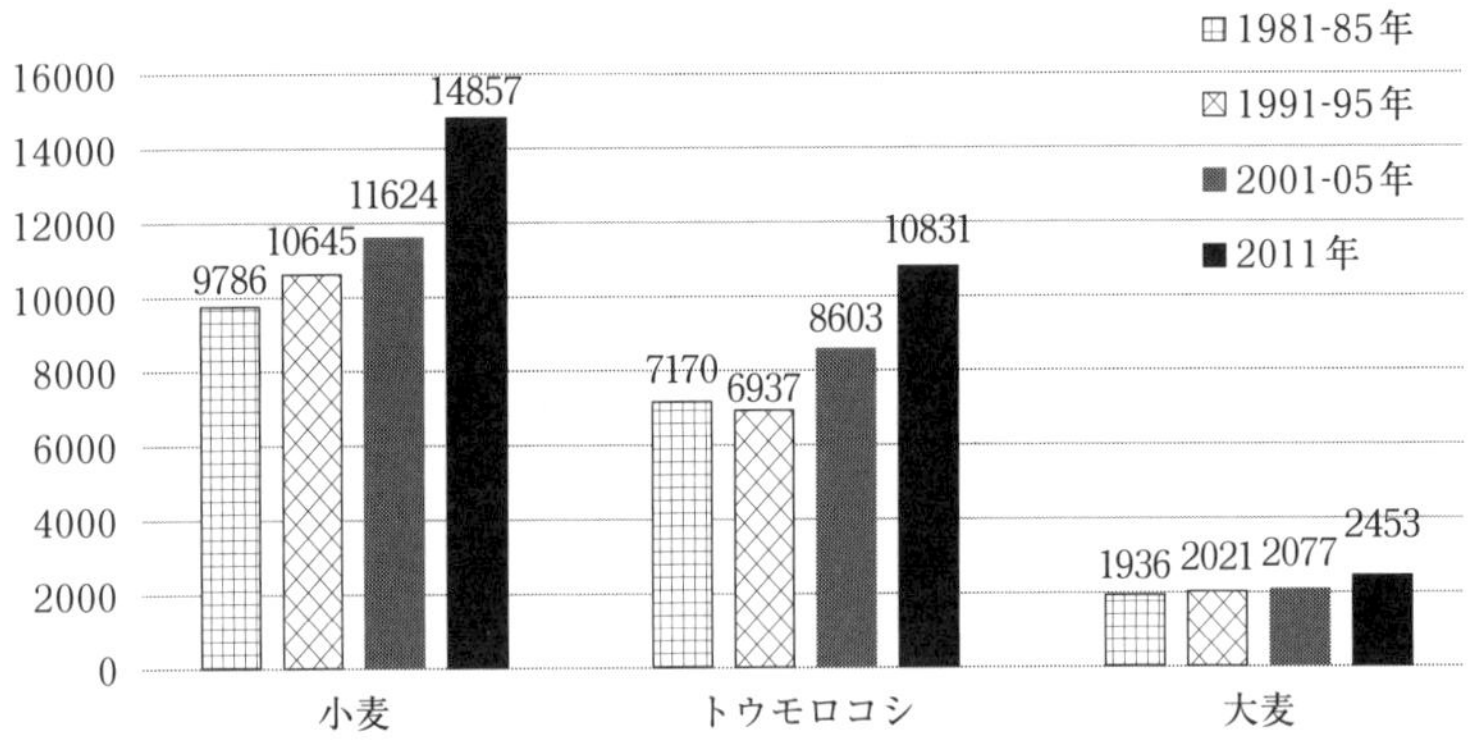

（出典）FAOSTAT 2015.

と高騰した。だが、国際的な供給量が減少したわけではない。グラフ2は、世界全体の輸入量の推移を示したものだ。一九八〇年代前半、九〇年代前半、二〇〇〇年代前半は五カ年の平均輸入量で、二〇一一年は単年の輸入量である。グラフ2が示すように、世界全体の穀物輸入量は増加傾向だ。特に二〇〇〇年代以降の増加は著しい。小麦の場合、八〇年代前半から九〇年代前半にかけてと、九〇年代前半から二〇〇〇年代前半にかけて、それぞれ一割ほどずつ増加しただけだが、二〇〇〇年代前半から一一年にかけては、三割近く増加した。トウモロコシと大麦も、小麦とほぼ同様の傾向だ。つまり、供給増加にもかかわらず、国際穀物価格は高騰したのである。

その理由として、世界的な人口増加、新興国の経済成長などもあるが、最大の要因は、国際石油価格の上昇である。なぜなら、米国・カナダ・オーストラリアなどの主要な穀物輸出国では、大型農業機械の使用によって、石油を大量消費しながら穀物を生産しているからだ（拙著［二〇〇八］第二章）。国際石油価格は、一九八〇年は一バレル四〇ドルだったが、一九八六年には二〇ドル以下に下落し、九〇年代を通じて、ほぼ二〇ドルの前後を推移した。だが、二〇〇〇年代に入ると価格が上昇し始め、二〇一一年頃から二〇一四年半ばまで、月間価格は一〇〇ドルの前後を推移した（本川［二〇一五］）。国際石油価格も、二〇一四年夏頃から価格が下落し始めたが、この理由についても、拙稿［二〇一五］を参照いただきたい。いずれにせよ、石油と穀物の国際価格が同時に下落している点から、両者の連関が強いことが明らかである。

なお、二〇一〇年の世界全体の穀物生産量は二四億トンで、そのうち小麦は六・五億トン、コメは六・七億トンである（矢野［二〇一二］二一一頁）。一トンの穀物があれば、年間六・七人の成人が生存可能である（拙著［二〇〇八］二二一頁の註一七）。よって、二四億トンの穀物全てを、家畜の飼料にせずに人間が直接食べれば、一六〇億人以上を養える。二〇一〇年に生産された小麦とコメを、全ての人間に平等に分配すれば八八億人を養える。同年の世界人口は六九億人である（矢野［二〇一二］五二頁）。よって、絶対量が不足しているわけではない。問題は価格であり、一部の人々が必要な量を買えないこと、すなわち、貧困の問題である。

表1を、見ていただきたい。深刻な人道危機が発生しているイスラム教諸国をリストアップした。凶悪なテロ組織が大規模に活動しているパキスタン、アフガニスタン、ナイジェリアに、現在内戦状態のイラク、シリア、イエメン、リビア、それに二〇一一年に独裁政権が崩壊したものの社会が安定しないエジプトとチュニジアを挙げた。

なお、日本の外務省は、外国の危険情報を四段階に区分し、「海外安全ホームページ」上で警告している。危険度の順に、「退避勧告」、「渡航延期勧告」、「渡航の是非検討」、「十分注意」、である。上記の諸国の内、二〇一五年七月時点で、リビア、シリア、イエメン、アフガニスタンは、全土が退避勧告である。イラクは国土の過半が退避勧告で南部などが渡航延期、ナイジェリアは北東部が退避勧告で残りの地域が渡航延期と渡航の是非検討、パキスタンはアフガニスタンとの国境地域が退避勧告だが大部分の地域は渡航延期と渡航の是非検討、チュニジアは一部地域が渡航延期で大部分の地域が渡航の是非検討、エジプトも一部地域が渡航延期で大部分の地域

表1　政権崩壊・人道危機発生イスラム教諸国

国名／項目	1人当たりGNI	人口（万人）			小麦純輸入量		小麦生産量		穀物自給率		小麦自給率	
		1990年	2010年	増加指数	90年	10年	90年	10年	90年	10年	90年	10年
リビア	11416	433	636	147	120	172	13	11	10	7	10	6
チュニジア	4008	822	1048	127	85	190	112	82	54	26	57	30
シリア	2819	1232	2041	166	162	101	207	308	60	53	56	75
エジプト	2685	5684	8112	143	644	1052	427	718	61	55	40	41
イエメン	1375	1195	2405	201	111	268	15	27	37	23	12	9
ナイジェリア	1145	9755	15842	162	25	397	5	11	97	81	17	3
パキスタン	1041	11185	17359	155	205	19	1432	2331	94	114	87	99
イラク	835	1737	3167	182	197	310	120	275	52	51	38	47
アフガニスタン	499	1303	3141	241	32	139	165	453	89	81	84	77

（注）1人当たりGNIは2010年の米国名目ドル。増加指数は1990年を100とした時の2010年の数値。輸入量及び生産量の単位は万トン。自給率の単位は％である。
（出典）矢野［2012］26〜36頁、54〜56頁。FAOSTAT 2015.

が渡航の是非検討だが、首都のカイロなどは十分注意である。比較のために安全な中東の国を挙げると、アラブ首長国連邦、オマーン、カタールは、危険情報がまったく出ていない。

表1で第一に着目すべき点は、各国の一人当たりGNI（国民総所得）である。GNIはGDP（国内総生産）に海外からの所得を加えたものである。一人当たりGNIを見れば、その国の国民の生活水準を、大雑把だが、把握できる。もちろん、国内の貧富の格差が大きければ大きいほど、実際の庶民の生活水準は、一人当たりGNIの数値よりも低くなる。二〇一〇年の数値を用いたのは、中東動乱の前年だからである。

近年、一人当たりGNIもしくは一人当たりGDPの数値に基づき、高所得国、中所得国、低所得国などに分類することがある。国際機関によって分類方法や基準が異なるが、世界銀行の最新の分類によると、二〇一三年時点の一人当たりGNIが一〇四五ドル以下が低所得国、それより上で四一二五ドル以下が下位中所得国、四一二六ドル以上で一万二七四五ドル以下が上位中所得国、一万二七四六ドル以上が高所得国である（World

Bank〔2015〕）。だが、世銀の分類方法は、下位中所得国の定義に、大いに違和感を感じる。例えば、表1中の国では、ナイジェリアとイエメンが下位中所得国に分類されてしまう。

一般的に、一人当たりGNIもしくは一人当たりGDPが四〇〇〇ドルを超えると、途上国状態を脱し中進国とされ、しばらく前までは、一万ドルが先進国の目安とされていた。世銀は、融資を目的に分類している。よって、我々が世銀の分類方法に従う必要はない。そこで本稿では、高所得国、中所得国、低所得国を、それぞれ上位、中位、下位の三グループに分割し、さらに、低所得国の下に極貧国という分類を設け、計一〇グループに分類する。二〇一〇年の一人当たりGNIが、一万ドル以上を高所得国とし、三万ドル以上を高所得国上位、二万ドル台を高所得国中位、一万ドル台を高所得国下位グループとする。中所得国は四〇〇〇ドル以上一万ドル未満とし、二〇〇〇ドル刻みで上位、中位、下位に分ける。一〇〇〇ドル以上四〇〇〇ドル未満を低所得国とし、一〇〇〇ドル刻みで上位、中位、下位に分ける。一〇〇〇ドル未満を極貧国とする。

表1より明らかなことは、高所得国下位のリビアと、中所得国下位のチュニジアを例外として、残り七カ国は低所得国及び極貧国である。しかも、低所得国上位グループに属する国はなく、シリアとエジプトが低所得国中位に属するだけで、三カ国は低所得国下位で、二カ国が極貧国である。

もっとも、人道危機発生国だけを見ても、それらの国の特徴を把握できない。特徴把握には、異なる国々との比較が必要である。そこで、表2では、二〇一一年から現在までのところ、政権が比較的安定している西アジア以西の主なイスラム教諸国をリストアップした。表2では、モロッコが例外的に低所得国だが、残りの国々は高所得国か中所得国である。再び、外務省の「海外安全ホームページ」に基づいて、安全度の高い国から順に並べよう。オマーンは前述した。トルコは、シリアとの国境地域が退避勧告でイラクとの国境地域が渡航延期だが、大部分の地域には危険情報が出ていない。モロッコは全土が十分注意、ヨルダンはシリアとイラクの国境地域が渡航の是非検討だが、それ以外の地域は十分注意、サウジアラビアはイエメンとイラクの国境地域は渡航延期と

表2 主な政権安定イスラム教諸国

国名／項目	1人当たりGNI	人口（万人）			小麦純輸入量	小麦生産量	穀物自給率	小麦自給率
		1990年	2010年	増加指数	2010年	2010年	2010年	2010年
オマーン	19545	187	278	149	31	0.2	8	0.6
サウジアラビア	16061	1614	2745	170	175	135	11	44
トルコ	10097	5413	7275	134	純輸出126	1967	103	107
イラン	5159	5487	7397	135	75	1350	73	95
ヨルダン	4553	342	619	181	50	3	7	6
アルジェリア	4441	2530	3547	140	507	255	32	33
モロッコ	2910	2478	3195	129	313	488	59	61

(注) 表1と同じ。サウジアラビア、ヨルダン、モロッコは王国で、オマーンはスルタンによる君主制。
(出典) 表1と同じ。

渡航の是非検討だが、それ以外の地域は十分注意、イランは、イラクとパキスタンの国境地域が退避勧告で、一部の地域が渡航延期と渡航の是非検討だが、大部分の地域は十分注意である。アルジェリアは、首都は治安が安定していて十分注意だが、国土の大部分は渡航延期と渡航の是非検討で、国境地域は退避勧告である。外務省の判断では、アルジェリアは、チュニジアやエジプトよりも若干危険であるが、政権が安定しているため表2に加えた。

なお、中東の産油国アラブ首長国連邦、カタール、クウェートは高所得国上位グループであるため、バーレーンは一人当たりGNIが一・五万ドルの高所得国下位グループだが一三三万人の人口小国である（矢野［二〇一二］二六～二七頁）ため、表2から外した。

表1と表2から、深刻な人道危機は、高所得国では発生しにくく、低所得国では発生しやすいことが見て取れる。その理由は、国際価格の変動が国内価格に与える影響は、高所得国では小さいのに対し、低所得国では大きいからだ。なぜなら、高所得国では、商品の小売価格に占める比率は、人件費が高く原材料費が低いのに対し、

低所得国では、人件費が低く、原材料費の比率が高いからである。

例えば仮に、小麦自給率〇%の高所得国A国と、低所得国B国があるとする。高所得国A国では、食パンの小売価格に占める原材料費、すなわち小麦代が一〇%だとする。小売店の利益が二〇%で、テレビCMなどの宣伝広告費が三〇%、残り四〇%が人件費・輸送費・光熱費等だとする。このケースにおいて、国際小麦価格が二倍に高騰した時、高所得国A国の食パンの小売価格は、どの程度上昇するだろうか。小麦代が二倍になるため、その価格上昇分を小売価格にそのまま転嫁すると、従来価格の一一〇%となる。つまり、国際小麦価格が二倍に高騰しても、高所得国A国では、国内の小売価格は一割しか上昇しない。製パンメーカーの企業努力により、人件費などの削減ができれば、従来価格の維持も可能である。また、販売戦略を転換し、テレビCMなどの宣伝広告費を全額削減すれば、従来価格よりも二割も安い価格で販売できる。

一方、低所得国では、大きく異なる。低所得国B国では、食パンの小売価格に占める小麦代が五〇%を占めたとする。国際小麦価格が二倍となった場合、小麦代も二倍となる。価格上昇分をそのまま小売価格に転嫁すれば、小売価格は従来価格の一五〇%となる。企業努力で人件費などを削減しても、従来価格を大きく上回る。どのような販売戦略や経営戦略を用いようと、従来価格の維持は不可能だ。このように低所得国は、国際価格が国内価格に与える影響が、極めて大きい。

具体的に検討してみよう。FAOの「小麦価格が最も高い国トップ一〇」によると、二〇〇一年～〇五年（平均）において、日本は一三四九ドルで世界第一位、イエメンは二九六ドルで世界四位であった。だが二〇一一年になると、イエメンは六五三ドルで世界三位に上昇したのに対し、日本は六三四ドルで世界五位へと低下した（FAOSTAT : Top 10 countries with highest prices for the selected commodity : Wheat）。イエメンの国内小麦価格は、二〇〇一年～〇五年（平均）も、一一年も、共に国際価格の二倍弱である。一方、日本の場合、二〇〇一年～〇五年（平均）は国際価格の八倍以上だったが、二〇一一年は二倍弱の価格となった。日本では、企業努力や経営・販売戦略の変更により、小売価格が低下したのに対し、イエメンでは、もともと高かった国内輸送費や流通経費を削減できなかったため、内戦による価格上昇も加わり、国際価格と連動して国内小売価格が二倍に上昇した。ちなみにイエメンは、二〇一〇年の段階でも国内小麦価格は五七八ドルと高騰している（FAOSTAT：同上）。

　高所得国では、エンゲル係数、すなわち、家計支出に占める食費の比率が低く、食費に占める穀物購入費の比率も低い。逆に低所得国では、エンゲル係数が高く、食費に占める穀物購入費が高い。つまり、低所得国では、収入の多くを小麦代に充てている庶民が多い。一人当たりＧＮＩが約四万四千ドル（二〇一〇年）で高所得国上位グループに属する日本（矢野［二〇一二］二七頁）と、一三七五ドルで低所得国下位のイエメンとが、共に、小麦の国内価格が六〇〇ドル台となったことは、驚くべきことだ。イエメンの庶民は、深刻な生活苦に陥ったはずである。内戦が発生するのも頷ける。

　次に、表1の各国の穀物と小麦の自給率を検討しよう。パキスタンを除き、自給率が著しく低い国が多い。もっとも、日本の穀物自給率を基準にすると、中東及び北アフリカ諸国の穀物・小麦自給率の低さが、異常であることが分からなくなってしまう。

　日本の農林水産省によると、日本の穀物自給率（二〇〇九年）は、一七六の国・地域中一二七番目で、先進国クラブとも呼ばれるＯＥＣＤ（経済協力開発機構）加盟三四カ国中三〇番目である。Ｇ７（主要先進七カ国）の穀物自給率を、高い国から順に並べると、カナダ一八〇%、フランス一七四%、米国一二五%、ドイツ一二四%、英国一〇一%、イタリア六八%、日本二六%である。アジアの主な国を並べると、タイ一四四%、ベトナム一一六%、インド一〇四%、中国一〇三%、フィリピン八五%、韓国三三%などである（農水省［二〇一二］）。

　Ｇ７で穀物を自給できていないのは、イタリアと日本だけである。また、日本と韓国は、穀物自給率が二割台から三割台であり、異常に低い。だがその理由は、家畜の飼料用トウモロコシを大量に輸入しているからだ。日本人と韓国人の主食であるコメの自給率（二〇〇九年）は、韓国一〇六%、日本九五%である（矢野［二〇一二］二一六頁）。国民の主食用穀物の自給率という視点では、日本は最低限の食料の安全保障を守っているとの見方も可能である。

一方、人道危機が発生しているイスラム教諸国はどうか。表1の低所得国中位グループから検討しよう。まずは二〇一〇年の自給率を確認する。エジプトは小麦が主食だが、小麦自給率は四一％しかない。国際小麦価格が高止まりしている間は、国内価格も高止まりし続ける。よって、独裁政権が倒れて民主化しても、庶民の生活苦は改善されないため、社会は安定しない。シリアは、前述のように、小麦以外に大麦も比較的多く消費する国である。シリアの小麦自給率は一九九〇年の五六％から、二〇一〇年には七五％へと上昇している。だが穀物全体の自給率を見ると、同期間に六〇％から五三％へと低下している。(2)

エジプトとシリアは、一人当たりGNIが低い低所得国中位グループであるのに加え、前者は小麦自給率が四割、後者は穀物自給率が五割強しかないため、国際価格の影響が国内価格に反映されやすい。さらに両国では、二十一世紀初頭頃から新自由主義的改革が推進されたため、貧困層への公的支援は削減され、貧富の格差が拡大していた（拙著［二〇一二］一八九頁）。

新自由主義とは、自由貿易や規制緩和の促進により、市場メカニズムをより一層貫徹させれば、経済成長が促進されるはずだ、というイデオロギーである。しかし第一に、自由貿易によって経済成長が実現するための大前提には、失業が発生しないこと、もしくは失業者がすみやかに再就職できること、がある。だが現実には、多くの労働者が長期間失業し続けるケースもある。これまで世界各国で推進された規制緩和は、経済成長に貢献したケースと、うまくいかずに失敗したケースとがあることは、規制緩和推進派の経済学者も認めている（若田部［二〇一五］五〇～五二頁）。

しかも、例え経済成長が実現しても、市場メカニズムのより一層の貫徹とは、低所得層にとって、食糧などの生きるために必要な商品を、市場で充分に購入できなくなることを意味する。この問題を、新自由主義者は、いったいどう考えているのか。実は、米国の新自由主義思想ないしは市場原理主義思想の背景には、プロテスタント系のキリスト教原理主義思想がある。彼らにとって、市場メカニズムは、天地を創造した神によって創られたものであり、ゆえに神の秩序である。そのため、市場メカニズムは、敬虔な信者の自分達には富をもたらすはずだが、不信心者、カトリック教徒、イスラム教徒などに対しては、失業や貧困という懲罰を与える、と考えている（拙著［二〇〇八］第一章、拙著［二〇一一］七四〜八一頁）。

こうした新自由主義思想は、一九九〇年代以降、米国に留学したエリート層が中心となって、宗教的背景を理解せずに、世界各国で広められた。新自由主義社会ないしは市場原理主義社会も、他の社会システムと同様にクローニー（縁故）社会であるため、権力者と縁故関係にある者が、規制緩和の名の下に、規制などを自分達に有利に付け替えることが可能である（拙著［二〇〇八］五八〜六二頁）。

そのため、エジプトやシリアのように独裁政権だった国では、新自由主義的改革は巨大な利権と化す。独裁者の家族等の関係者に莫大な富をもたらす一方で、多くの庶民を貧困化させる。そうした最中に国際穀物価格が高騰したため、多くの国民が深刻な生活苦に陥ったのである。

加えて、穀物価格の高騰は、国全体の経済成長にマイナスの影響を与える。なぜなら、低所得国の庶民は、家計支出に占める穀物購入費の比率が高い。そのため、穀物価格が上昇すると、衣服、日用雑貨、大衆家電製品などの購入を控えざるを得ない。その結果、それらの商品を販売・生産する自営業者や企業の売り上げが減少する。自営業者は、穀物価格の上昇と収入減少のダブルパンチで、より一層の生活苦に陥る。売り上げが減少した企業は雇用を削減するため、失業者が街に溢れる。失業者は最低限の消費しかしないため、失業者が増加すればするほど、国全体で企業の売り上げが減少し、景気が悪化する。

もちろん逆に、穀物価格が低下すれば、経済成長にプラスの影響を与える。

ところで、シリアもエジプトも、古代文明の時代は、穀倉地帯を抱えた食料の豊かな国だったはずである。それがなぜ現在では、穀物自給率が半分ほどしかないのか。その最大の理由は、人口増加である。一九九〇年から二〇一〇年の二十年間の間に、シリアは一・六倍以上に、エジプトは一・四倍強に人口が増加した。穀物生産も増加したが、その増産速度は人口増加速度より劣るため、穀物自給率が低下した。同期間中に、シリアは六〇％から五三％へ、エジプトは六一％から五五％へ低下している。二百年以上昔に、トマス・ロバート・マルサスが『人口論』で唱えた人口増加と食糧増産との関係が、残念ながら、現代の中東・北アフリカ地域には当てはまる。

次に、低所得国下位グループを検討する。イエメンはもともと自給率が低いが、一九九〇年から二〇一〇年にかけて、穀物自給率は三七％から二三％へ、小麦自給率は一二％から九％へ、下落した。その理由は、同期間に人口が二倍に増加したからだ。同国は一人当たりＧＮＩも著しく低いため、前述のように国際小麦価格の高騰が国内小麦価格の高騰に直結し、民衆は生活苦に陥った。そうした中、以前から対立関係にある各宗派に対し、近隣の諸外国が支援したため、内戦が激化・長期化している。二〇一五年三月からは、スンニ派の盟主を自認するサウジアラビアが、イランの支援を受けるシーア派系武装組織「フーシ派」を排除するために、イエメンに軍事介入している（新聞各紙の報道による）。

ナイジェリアは、もともと小麦を食べる食文化ではなかった。西アフリカでは、雑穀類のソルガムやミレット、あるいはトウモロコシを主食とする食文化がある（拙著［二〇〇八］二三二頁、註一九）。二〇一〇年の各種穀物の生産量は、多いものから順に、第一位トウモロコシ七六八万トン、第二位ソルガム七一四万トン、第三位ミレット五一七万トン、第四位コメ四四七万トンである（FAOSTAT）。一九九〇年から二〇一〇年にかけて、小麦の純輸入量は二五万トンから三九七万トンへと急激に拡大した。この小麦輸入の急拡大により、同国の穀物自給率は、同期間に九七％から八一％へと低下した。

ナイジェリアは多民族国家で、南西部のヨルバ人（全人口の一八％）、北部のハウサ人（一七％）、南東部のイボ人（一三％）など二五〇以上の民族からなる。イスラム教徒は人口の約半分を占め、キリスト教徒は、プロテスタントとカトリックが、それぞれ人口の十数％ずつを占める。アフリカ最大の産油国だが、民族対立や宗教対立が根深いため、原油収入は貧困解消やインフラ整備に生かされていない（二宮［二〇一五］二九六頁）。

そうした事情を考慮すると、輸入された小麦の多くは、欧米的なライフスタイルを享受可能な大都市の高所得層と中所得層が消費し、地方の住民は、国内生産のトウモロコシ、雑穀、コメが主食だと推測される。また、同国の穀物輸出量は、二〇〇二年に九・六万トンとなってピークに達したあと減少し、一〇年はわずか二五九トンである（FAOSTAT）。二〇〇〇年代後半に国際穀物価格が高騰したにもかかわらず、逆に穀物輸出がほぼ消滅したため、同国への国際穀物価格の影響は、大きいとは言えない。同国は、高所得者上位二〇％が国全体の富の五割以上を保有する一方で、低所得者下位二〇％が国全体の富の五％程度しか保有していない格差の大きな社会である（矢野［二〇一二］四五〇頁）。よって同国は、一人当たりGNIでは低所得国下位グループに属するが、実際の庶民の生活水準は、極貧国並の貧しさである。同国で深刻な人道危機が発生している最大の要因は、極度の貧困と格差である。その貧困と格差が、民族対立や宗教対立を激化させている。

次に、ギリギリで低所得国下位グループに属するパキスタンを検討しよう。一九九〇年から二〇一〇年にかけて、人口は一・五倍以上に増加したが、それ以上に穀物が増産されたため、穀物自給率は、同期間に九四％から一一四％に増加した。小麦自給率も八七％から九九％へと増加した。

ではパキスタンは、この自給率の高さゆえに、国際穀物価格の影響を受けていないのか。実は、大きな影響を受けている。なぜなら、小麦の輸出が急増したからだ。同国の小麦（小麦粉含む）の輸出量は、二〇一〇年はわずか一万トンだったが、一一年には三三三万トンへと急増した。一トンの穀物は年間六・七人の成人を養うことができる（拙著［二〇〇八］二二一頁の註一七）ため、二二三一万人分の食糧に相当する膨大な輸出量である。だが、パキスタン国内の小麦生産量は、二〇一〇年から一一年にかけて、一九〇万トン増加しただけである（FAOSTAT）。

国際穀物価格の推移を月間価格で見ると、二〇一〇年の夏頃から一一年初めにかけて、急上昇した（本川［二〇一五］）。そのため、パキスタンの農民達は、より多くの収入を得ようと、一一年の春以降、穀物の増産に努めた。だが、小麦の増産能力を遥かに超える量の小麦が、輸出されてしまった。こうした事実は、パキスタン国内の小麦価格が、国際価格に敏感に反応したことを意味する。

二〇一〇年におけるパキスタンの小麦、コメ、トウモロコシの三大穀物生産量の比率は、それぞれ順に、六八%、二一%、一一%である（FAOSTAT）。つまり、パキスタン国民の七割は小麦を主食としている。だが二〇一一年以降、パキスタン国内では、増産量以上の小麦が輸出されたため、小麦不足に陥り、小麦を主食とする消費者に、打撃を与えた。二〇一〇年から一一年にかけて、トウモロコシは五六万トン、コメは一九六万トン増産された（FAOSTAT）。したがって、国全体では穀物不足ではない。だが、国際コメ価格は、国際小麦価格の二倍前後である。コメは小麦よりも高価格なため、それまで小麦を消費していた庶民にとって、コメの購入は、生活を大いに圧迫する。

パキスタンでは、凶悪なテロ組織が深刻な人道危機を引き起こしている。その一方で、現在の政権は、比較的安定している。その理由は、以下のようなものである。二〇一一年以降の同国では、国際穀物価格の高騰が、国内穀物価格の上昇をもたらした。穀物生産農家は大いに生産意欲が刺激され、穀物の生産量を増加させた。価格上昇と生産量増加により、穀物生産農家の収入は増加した。それが、穀物生産農家達の政権への支持へとつながった。だが商工業従事者は、穀物価格の上昇により、生活苦に陥る者もいた。特に、小麦を主食とする低所得の商工業従事者は、小麦不足から、高価格のコメか、小麦の下級代替財であるトウモロコシの消費を増やさざるを得ない。生活苦は、政府や社会への不満に結びつく。不満を持つ者の増加は、テロ組織が活動しやすい環境を生み出す。国際穀物価格の高騰を契機に、パキスタンでは、利益を得た国民と、打撃を受けた国民の両者に分断されたことが、テロ組織の活動活発化の背景である。

次に、極貧国に属するイラクとアフガニスタンを検討しよう。イラクは、一九九一年の湾岸戦争以前は中所得国であった。一九九〇年の一人当たりGDPは四一一〇ドルである（二宮［一九九六］一九頁）。だがそれ以降、敗戦と経済制裁などによって、一人当たりGDPは数百ドル程度に落ち込んでしまう。その後、二〇〇三年のイラク戦争により、フセイン政権は米国によって打倒されたが、社会の混乱が続いた。とは言え、石油の生産量の回復と、国際石油価格の高止まりを背景に、二〇一一年、一二年と、一人当たりGNIは上昇している。一一年は二四八四ドルで、一二年は四六七五ドルである(3)（矢野

［二〇一三］二七頁、矢野［二〇一四］二七頁）。

イラクのような産油国は、国際石油価格の高止まりによって国全体としては利益を得る。だが、国際石油価格の上昇は国際穀物価格の上昇を引き起こす。イラクの小麦自給率は、二〇一〇年において五〇％を下回っているため、国際価格の影響が国内価格に反映されやすい。よって、石油産業などに携わっていない庶民は、小麦価格の上昇によって生活苦に陥る。国家が石油収入によって得た富を、国民全体に再分配しない限り、生活苦に陥った庶民は政府に対する不満を高める。だがシーア派のマリキ政権（二〇〇六年五月～一四年九月）は、シーア派を優遇し、スンニ派への再分配を拒否したため、スンニ派住民の居住地域を中心に、スンニ派系の過激派組織ISが支配地域を拡大するに至った。

アフガニスタンは、表1の中で、一人当たりGNIが最も低い。深刻な人道危機が発生するのも頷ける。加えて、二〇一〇年の穀物自給率と小麦自給率は八〇％前後しかない。陸上輸送費は水上輸送費と比べて遙かに高価格なため、内陸国のアフガニスタンでは、輸入小麦の国内販売価格は高くなる。極貧国で内陸国である同国が穀物を輸入せざるを得ない理由は、人口爆発が原因である。一九九〇年から二〇一〇年の二十年間で、人口は二・四倍に急増している。人口の増加指数は、表1の中で最も高い。人口成長率と経済成長率が同じ数値の場合、一人当たりGNIは増加しない。つまり、人口成長率の高い国は、それを上回る高度経済成長を実現しない限り、永遠に極貧国のままである。

具体的には、アフガニスタンの一九九〇年から二〇〇〇年の平均人口増加率は五・八％である（矢野［二〇一二］五九頁）。この場合、経済成長率が五・八％以上でないと、一人当たりGNIは増加しない。二〇〇〇年から一一年の平均人口増加率は三・二％に低下したが、その理由は死亡率が増加したからだ。〇五年から一〇年の死亡率は、人口千人当たり一六・八人である。同期間のイラクは六・三人で、高所得国のアラブ首長国連邦は一・四人である（矢野［二〇一二］五九頁、六一頁）。イラクを遙かに上回るアフガニスタンの死亡率は、あまりにも高すぎる。

治安が悪い地域では、自分と家族の命を守るのは、自分とその兄弟達である。そのため、家族の成員の増加によって、家族の安全を高めようとするため、人口増加率も高まる（拙著［二〇一二］一六八〜一七一頁）。よって、アフガニスタンのような国では、それぞれの家族が自らのために子供を増やすが、それにより貧困状態から脱することが困難となる。個々の主体が合理的に行動したにもかかわらず、社会全体としてはマイナスの影響が発生する。まさに、経済学で言うところの合成の誤謬が発生している。

次に、高所得国のリビアと、中所得国のチュニジアを検討しよう。表1と表2を比較すると、一人当たりGNIが四〇〇〇ドル以上の国では、政権崩壊や、内戦等の深刻な人道危機は起こりにくいはずである。

ではなぜ、リビアではカダフィ政権が崩壊したのか。リビアの一人当たりGNIが高いのは、石油収入によるものであり、輸出額の多くを石油が占める。その石油収入による富を独占していたのが、カダフィ独裁政権である。したがって、リビアの一般庶民の生活水準は、一人当たりGNIの数値を、かなり下回る。

とは言え、カダフィは、もともとは社会主義的・民族主義的国家の建設を目指していた。そのため、かつては労働人口の四分の三が公的セクターに属していた。つまり、石油収入によって得た富の一部を、国民に広く再分配していた。だが、二〇〇六年に米国との関係を正常化したため、米国はリビアに対しテロ指定国家の指定を解除した。それを期にリビアは、国家統制経済から市場経済への移行を進めたため、〇九年には失業率が推定三〇％に達した（二宮［二〇一三］三一七〜三一九頁、二宮［二〇〇八］三一七〜三一八頁）。そうした中、国際穀物価格が高騰した。二〇一〇年のリビアの自給率は、穀物も小麦も一割未満である。国民の三割が失業している状態で、穀物価格が高騰すれば、多くの国民は生活苦に陥る。しかも国全体では、石油による収入が充分にある。国民の不満と怒りが独裁者に向けられたのは当然であろう。

では次に、チュニジアのベンアリ政権は、なぜ崩壊したのか。これも、新自由主義の影響が背景にある。ベンアリ独裁政権は、二〇〇一年から四一公社の民営化に着手し、失業者を増加させた。〇八年秋からの世界的な大不況により、主要産業の観光業も打撃を受け、〇九年、一〇年と、経済成長率は鈍化した。一〇年の失業率は一三％に達し、その半数が若年層であった（二宮［二〇〇八］二九四〜二九五頁、二宮［二〇一三］二九三〜二九四頁）。そうした中、国際穀物価格が高騰した。一〇年の小麦自給率は三割しかないため、中所得国であっても、ある程度の影響を受けたはずである。特に、血気盛んな若者の失業者達の間で、生活苦による怒りが、不当な独裁政治に対する怒りへと転化したことは、想像に難くない。

ところで、表2のアルジェリアは、一人当たりGNIがチュニジアとほとんど変わらない中所得国である。二〇一〇年の穀物と小麦の自給率は共に三割強で、この点でもチュニジアと大差ない。アルジェリアでは、二〇一三年一月に、石油天然ガスのプラントがイスラム武装勢力の襲撃を受け、日本人一〇人を含む多数の人質が死亡する惨事があった。そのため、社会全体としては安定しているとは言い難いが、ブーフテリカ大統領が一四年四月に四選を果たすなど、政権自体は安定している。アルジェリアとチュニジアの相違は、どこにあるのか。

一つの要因として、外貨準備高の相違がある。二〇一〇年の外貨準備高は、アルジェリアの一六二九億ドルに対し、チュニジアは九五億ドルしかない（矢野［二〇一二］三五七頁）。外貨準備高は、本来は、政府が国民全体の利益のために使うものである。だが現実には、独裁国家では、独裁者やその縁故関係者、富裕層が欲する贅沢品などの輸入に用いられる。外貨準備高の金額が大きければ、独裁者は、ほんのわずかな部分を、国民のために使うことができる。それにより貧しい庶民は、生活の維持が可能になるかもしれない。だが、外貨準備高が少なければ、独裁者とその縁故関係者にとって、国民のために使う資金はない。

例えば、二〇一一年の国際小麦価格で計算してみよう。チュニジアの全国民が生きるために必要な小麦（一トンで六・七人扶養可能）を国際市場で購入すると、五・四億ドル必要である。同国外貨準備高の六％弱に相当する。もしベンアリ政権が、それだけの小麦を、いや、その半分でも、政府が輸入し、全国民に無償配給していれば、政権崩壊は免れていたはずだ。だが、国民を見下し、庶民の生活苦を理解できない独裁者にとって、自分の資産だと思い込んでいる外貨準備高を、数％も国民のために使うのは、心理的に困難である。

モロッコは低所得国だが、安定している。その理由は何か。二〇一〇年のモロッコの自給率は、穀物も小麦も約六割である。三割のチュニジアと比べればだいぶ高い。また、一次産業従事者の比率は、チュニジアの一六％に対し、モロッコは三九％である（二宮［二〇一五］二九四頁、三一六頁）。モロッコはチュニジアよりも遙かに農民の比率が高いため、穀物価格上昇によって打撃を受ける人々の比率が低かった。

もちろん、政治体制の相違も重要である。モロッコは一九六二年以来、立憲君主制である。二〇一一年初頭から、民主化要求のデモが活発化した結果、同年七月に国民投票が行われ、国王の権限縮小などを盛り込んだ憲法改正が承認され、十一月には総選挙も行われた（二宮［二〇一五］三一六頁）。

極貧国以外では、民主主義が機能することが、社会の安定化につながると言えそうだ。例えばヨルダンは、一人当たりGNIはチュニジアとほぼ同じだが、二〇一〇年の自給率は穀物も小麦も一割未満でチュニジアよりも悪い。だが立憲君主制のため、選挙も実施されており、民主主義が機能している。一一年初頭から国内各地でデモが発生したが、その結果、二月にリファーイ内閣が総辞職している（二宮［二〇一三］二四五頁）。

最後に、米を主食とするイスラム教諸国マレーシア、インドネシア、バングラデシュを検討しよう。一人当たりGNI（二〇一〇年）は、マレーシア八〇八三ドル、インドネシア二六一一ドル、バングラデシュ七二〇ドルである。穀物とコメの自給率（二〇〇九年）は、それぞれ順に、マレーシアは二三％と七六％、インドネシアは九二％と一〇二％、バングラデシュは九六％と一〇三％である（矢野［二〇一二］二六〜二九頁、二一六頁）。

マレーシアは、穀物自給率が日本並みに低いが、主食のコメの自給率は七割台のため、中東・北アフリカ諸国の小麦自給率と比べると、そう悪くない。加えて、中所得国上位グループに属するため、国際穀物価格高騰の影響も小さい。

インドネシアは、一人当たりGNIの点ではシリアやエジプト並みで、低所得国中位グループに属する。同国では、二〇〇二年と〇五年には、観光地のバリ島で、イスラム過激派による爆弾テロが発生した。最近では、シリアやイラクに渡航し、過激派組織ISに加わる若者もいる。その背景には、低所得国であること、すなわち貧困がある。とは言え、二〇一一年以降に限ると、政権も社会も、以前と比べて不安定になったわけではない。その理由は、コメが主食で、コメ自給率が一〇〇%を超えているからだ。

バングラデシュは、一人当たりGNIの点では極貧国に属する。だが、インドネシアと同様に、コメが主食で、コメ自給率が一〇〇%を超えているため、二〇一一年以降に限ってみると、政権も社会も安定している。

3 結論 人道危機発生の防止方法

以上の分析により、二〇一一年以降、イスラム教諸国で発生している深刻な人道危機は、国際穀物価格、穀物自給率、一人当たりGNIの三点によって、説明可能なことが明らかとなった。二〇一〇年の名目価格で、一人当たりGNIが四〇〇〇ドルを超えると、国際穀物価格の国内価格への影響が小さくなり、政権も社会も安定しやすい。

チュニジア、エジプト、リビア、シリアのように、穀物自給率が低く、市場メカニズムを重視した改革を進めていた国は、国際穀物価格の高騰が国内価格に反映されやすい。それは国内の貧困層の生活苦を悪化させ、社会の安定にマイナスの影響を与える。

こうした分析結果に基づけば、内戦やテロなどの深刻な人道危機を防止する方法は、明らかだ。

必要なのは、国内穀物価格の安定化である。穀物価格が安定すれば、庶民の生活も安定し、社会も安定する。

穀物自給率が低い低所得国であっても、国内穀物価格を安定化させる方法はある。最も容易な方法は、穀物の国内備蓄である。国際穀物価格が高騰した時に、備蓄穀物を低価格で国内市場に放出すれば、国内穀物価格の高騰を阻止できる。国際価格が高止まりし続け、備蓄穀物が払底した場合は、国家が国際市場から買い付け、国内で低価格で販売すれば良い。前述のチュニジアで検討したように、国民のための穀物購入資金は、国家的視点では少額である。国家を私物化していない限り、捻出できない金額ではない。

だがこうした手法の場合、穀物を輸出禁止にする必要がある。国内価格より国際価格のほうが高ければ、国内の穀物が国外に流出してしまう。ゆえに、国家による貿易規制が必要不可欠だ。もちろん、社会主義体制にせよ、との主張ではない。国民の主食用穀物に限定して規制を加えるだけだ。

とは言え、新自由主義者は、猛反対するだろう。なぜなら、米国が発生源となって世界に流布されている新自由主義思想は、国家による全ての規制を撤廃すべきとするイデオロギーだからだ。我々は、まずは愚かな新自由主義思想を克服し、スマート・ガバメント（賢い政府）の役割の強化を推進しなければならない。

これに加えて、一人当たりＧＮＩを引き上げる必要がある。低所得は、様々な問題を引き起こし、社会を不安定化させるからだ。ボコ・ハラムや過激派組織ＩＳなどによる女性への攻撃は、近世欧州で多発した魔女狩りと、本質的には同じである。近世魔女狩りの背景には、寒冷化による農産物の不作と、それによる民衆の生活苦があった。欧州の民衆は、天候魔女が冷夏をもたらしたと考え、多くの女性を魔女に仕立て上げて処刑した。そのようにして、生活苦による精神的ストレスを緩和したのである（安田［二〇〇四］一五二〜一六三頁）。ボコ・ハラム等の蛮行も、自分よりも弱い女性や子供を迫害することで、貧困による精神的ストレスを解消しているだけである。こうした極悪非道の犯罪組織は撲滅しなければならないが、一人当たりＧＮＩを引き上げて貧困問題を解決しない限り、同様の犯罪組織が次々に誕生して跋扈し続けることになる。

一人当たりＧＮＩの引き上げは、目標が四〇〇〇ドルならば、実は、多くの国にとって、困難ではない。近年、「中進国の罠（middle income trap）」という用語がある。途上国が、一人当たりＧＮＩ四〇〇〇ドル以上の中進国へと成長するのは比較的容易だが、それ以降は経済成長が鈍化し、中進国状態で足踏みし、先進国に移行できない状態を現した用語である。つまり、先進国に成長するのは困難だが、中進国になるのは困難ではない。

例えば、中高年の日本人のイメージでは、タイ王国は、農業を中心とした途上国である。だがそれは、三十年前の姿である。二〇一〇年の一人当たりＧＮＩは、四四一四ドルである。製造業の生産額は、農林水産業生産額の約三倍もある（矢野［二〇一二］二六〜二七頁、一四三頁）。タイは既に中進国で工業国である。

二十世紀後半以降、日本を含めた先進国は、多額のＯＤＡ（政府開発援助）や、世界銀行やアジア開発銀行を通じた多額の融資により、途上国の経済成長のために、多大な貢献をしてきた。タイは、そうした国際的な支援をうまく利用し、中進国に成長した一例である。ＯＤＡにも世銀の融資にも、細部を見れば問題点も多いが、マクロ的長期的視点では、概ね成功と言える。

二〇一〇年のシリアやエジプトは、一人当たりＧＮＩが二〇〇〇ドル台後半だったため、中進国への移行は、もうあと一息だった。

現在、イスラム教諸国では、深刻な人道危機が発生している。凄惨なテロを映像で見せつけられ、悲観的な分析を耳にすれば、我々は絶望に打ちのめされる。だが、冷静に経済学的な分析を行えば、二十一世紀の世界は、絶望の世紀ではない。希望を充分に持てる時代なのである。

注

（1）拙著［二〇一一］（一八八～一八九頁）では、当時最新のFAOSTATを用いて、〇八年のイエメンとシリアの穀物自給率を計算したが、現在の最新の統計を用いて再計算すると、穀物自給率は、イエメンは二一％で、シリアは五四％、小麦自給率は、イエメン八％である。シリアは、小麦生産量が〇七年の四〇四万トンから〇八年には二一四万トンに半減したが、一三万トンの小麦（小麦粉等含む）の純輸出があった（自給率は一〇六％）。

（2）シリアは、二〇〇一年に穀物生産量が六九二万トン（穀物自給率九四％）とピークに達した後、生産量は減少に転じ、〇八年は二六八万トン、〇九年四七四万トン、一〇年三九〇万トンと、生産量が安定しない（FAOSTAT）。シリアは、生産量が減少すると輸入量が増加するが、穀物の年間国内供給量も増減が激しく、判断が難しい。

（3）イラクの一人当たりＧＮＩは、別のデータによると、二〇一〇年が二三四〇ドルで、一二年が六一三〇ドルである（二宮［二〇一三］一九頁、二宮［二〇一五］一九頁）。

引用文献

拙著［二〇〇八］金子晋右『文明の衝突と地球環境問題：グローバル時代と日本文明』論創社
――［二〇一一］金子『世界大不況と環境危機：日本再生と百億人の未来』論創社
――［二〇一五］金子「危機の時代二十一世紀と日本文明：経済史的視点より」『文明研究・九州』第九号
川島［二〇一二］川島博之「過剰生産時代としての『長い二一世紀』」『比較文明』二八号
――［二〇一三］川島「これから世界は食料の『過剰時代』へ突入する」水野和夫・川島博之『世界史の中の資本主義：エネルギー、食料、国家はどうなるか』東洋経済新報社トッド［二〇一一］エマニュエル・トッド著、石崎晴己訳・解説『アラブ革命はなぜ起きたか　デモグラフィーとデモクラシー』藤原書店

トッド及びクルバージュ［二〇〇八］エマニュエル・トッド及びユセフ・クルバージュ著、石崎晴己訳『文明の接近「イスラームVS西洋」の虚構』藤原書店

二宮［一九九六］二宮道明編集『地理統計要覧　一九九六年版』二宮書店

二宮［二〇〇八］［二〇一三］［二〇一五］二宮健二・二宮書店編集部『データブック　オブ・ザ・ワールド　世界各国要覧と最新統計』各年版、二宮書店

農水省［二〇一二］農林水産省「国際比較　諸外国・地域の穀物自給率（二〇〇九年）（試算）」『平成二四年度食糧需給表』農林水産省ホームページ

本川［二〇一五］本川裕『社会実情データ図録』社会実情データ図録ホームページ

安田［二〇〇四］安田喜憲『気候変動の文明史』ＮＴＴ出版

矢野［二〇一二］［二〇一三］［二〇一四］矢野恒太郎記念会編集・発行『世界国勢図絵』各年版

若田部［二〇一五］若田部昌澄『ネオアベノミクスの論点　レジームチェンジの貫徹で日本経済は復活する』ＰＨＰ研究所

World Bank［2015］World Development Indicators.

国家と情報革命

福永英雄

はじめに

およそ「国家」という巨大な集合態をメイン・テーマに据えた議論は、通例「論文」の態様として推奨されることが多いものと見受けられる〈単線的な論考のかたち〉ではなく、広角度の論点について——もちろんそれらの相互関係を考慮に入れつつ——次々と押さえていくような展開となることを予め記しておきたい。——ただそれ以前に、そもそも一般的に言って、会話の中で「国家」というタームが出される場合、「或る国の領土内の全体社会」と必ずしも同一視するわけではないにしても、明瞭に区別して用いられるわけでもない——この区別をしておかないことが、「国家」にまつわる立論を通例は曖昧なものにしている、という問題から先ず考察していく必要があるものと考えられるのである。「国家」の定義だけで一四五種類に上るという試算もみられるが、(1)当論文は「国家」についてだけ論ずるものではないにしても、「国家と情報革命」という主題について論じていく前に、先ずは「国家」というものの見取り図を描いておくことが緊要であろう。(2)

「国家行政組織法」という実定法の名が象徴しているように、およそ「国家」といえども、実地には一定の法的・手続き的・集合体的枠組を備えた「組織」体である。もちろんこのリジッドな関係性は、「行政」のみならず、「立法」および「司法」の側面についても、それぞれ固有のかたちで具備しているものとみなし得よう。(3)「国家」というカテゴリーから導き出される分節がこのようにリジッドな組織性を具備しているのに比べて、例えば「社会」というコンセプトにはリジッドな組織体が対応しない。顧みれば、典型的実例としてはおよそ〈社会主義国家〉が、元来原理論的には〈社会的所有〉を唱えながらも、実地には〈国家的所有・国家的帰属〉が強力に前面化したのもまた、相同の関係性として捉えることが可能ではなかろうか。

　国家を組織体として捉えるならば、国家もまた基本的には他の諸組織と同様に《組織の利益》をひとつの軸として動いていく面を見逃せない。国家も内に膨大な成員をかかえ、成員自身もまた国家の組織体を「資源」（イギリスの社会学者A・ギデンズのターム）として自己の利益の増大を図る行動を展開していく。国家および国家組織体の成員も言わば必ずしも超俗的に行動するわけでもなく、国家だけを他の諸組織と完全に異次元のものとして捉えるわけにはいかない。——この把握に関しては、典型的には現代の reflexive な——従って、〈再帰的にグローバル・ステージも内蔵する〉「ポスト・グローバル」のステージもおのずから射程に入る——機能—構造社会システム理論社会学者N・ルーマンが端的に指摘する「……国家は社会の外部にはなく、社会の機能システムの一つである」(4)という機能システム分化論も、言わば〈反照的に〉参考にし得る。

　但し、国家という組織体は、概ね他のどの組織体にもまして、リジッドな《凝集性》を持つ。よく指摘されるように、社会の共同体・共同性・協同性・社会関係資本等々が低落し、「個人化」の趨勢が昂進していく一方で、国家の《凝集性》の低落傾向を指摘する立論は通例見受けられない。むしろ、例えば社会一般の《凝集性》を解体する色合いが強い「新自由主義」という趨勢も、国家の《凝集性》に関しては逆に強化する面がよく指摘される。「新自由主義」は多くの社会のアクターから軒並み何らかの言わば〈政治的関与〉の力を抜き取る作用をしている、という部分に注目することが必要であろう。

しかも国家は、〔国民主権制度のもとでは国民による国政選挙を経た上で〕「主権」という最終決定権力を担保していることも考慮に入れねばならない。〔ちなみに、「憲法」＝Constitutionとは「（国家の）構成」の意味でもあり、つまりは「立憲」の意味である。（但し、他の説もある。）既に「立憲」をして国家の振り幅を画定している限り、そこに国家の「主権」も画定されることになるものと解される。〕例えば、国際法的な国家間関係において、主権を有する法的主体となり得るのは、およそ国家にほかならない。

通例国家の働きは、「立法」「司法」「行政」の三権に区分される。このうち、国家組織以外のものが最も直接的に関与し得るのは「行政」である。典型的には例えば〈民間へのアウトソーシング〉等という大きなうねりがある。「司法」については限定的ではあるが裁判員制度（・陪審制度・参審制度）や緊急時における現行犯逮捕権等が典型的と言えよう。だが「立法」だけは、国家——地方公共団体の法律たる「条例」は国家が定立した法の範囲内に限られる——の専権事項であり、イタリアの政治学者A・P・ダントレーヴも強調した[1]ように、恣意的支配を斥ける「法による統治」（それは、正当性・正統性を持つ「権威」よってても支えられる）は国家の最も重要な土台のひとつである。

他方、国家が特有のリジッドな「組織体」であるのに対して、「情報革命」のほうは必ずしもリジッドな「組織体」や「組織的行動」に関わる事態に限られるわけではない。国家の諸組織や企業等が夙にコンピュータを活用してきた一方で、とりわけここ約二十年ほどの間にパソコンをはじめとする高度情報ツールが一般の人々の間にも普及してきた。諸個人が所有し使用する高度情報ツールも、パソコンのみならず、自動車電話やPDA等を経て、PHS、多機能携帯電話、スマートフォン等へと、ますます高度多機能化してきている。一般の人々の間のレベルでは、このような高度情報ツールの普及に伴って、《凝集性》低落の傾向は見出せても、リジッドな《凝集性》への趨勢を見出すことは難しいとみられるのである。〔「個メディア化」という性格付けも、この趨勢と結び付けることができよう。〕

以上のような前段的把握を先ずは敷いた上で、「国家と情報革命」という主題について超領域的コンテクストを展開し、かつそのコンテクストの中で、（社会学的なコンセプトを用いるならば）「再帰的に（reflexively）」グローバルなものの帰結から反照して「ポスト・グローバル」な面もおのずから浮かび上がって来る、というような筆致を心がけて論を進めていきたい。

1　高度情報流の審判・ゲートキーパーたり得ない国家組織

社会を超高速度で駆けめぐる膨大な情報にまつわる質的または量的な全面的管理を、国家的組織をはじめとして何らかの組織が遂行することはおよそ不可能であろう。この不可能性は、経済的交換価値を担うマネーという物象についても然りである。今日では国家組織といえども、高度情報化し超高速でやりとりされる経済的交換価値の動きを把捉し操作することは概ね不可能となっている。膨大な情報流が生み出す危険性のあるリスクに対しては、せいぜい他の自由権・社会権との衝突を回避しつつ、可能な範囲で何らかの予備的措置を敷いておくことができるくらいではなかろうか。以前にもいくつかの拙稿においてとり上げた通り、情報の次元においても「予防原則（precautionary principle）」という視点を先ずは了解しておくことが必要と考えられるのである。

当稿は、国家と情報革命にまつわる状況についてコンテクストを展開していくものであり、単に情報次元にまつわる「リスク」に特化する趣旨ではない。また、国家は、情報革命に由来するリスクを調整していく側に関わるだけでなく、そのリスクを産み出す側としても、議論の俎上に上げられ得ることは、早い内に銘記しておくことが必要であろう。

そもそも国家という巨大な公的組織は、およそ政治過程・政策過程の全面にわたって関与していく力を持つことに変わりはない。ごく平たい例を挙げるならば、文部科学大臣＝文部科学省の発信名で、一部の学校で維持されていた多数決議決機関としての職員会議をあらためる方向の指示を出したところ、該当する学校現場がそれに即応した、という事実が観察された。この場合は、省令における職員会議規定という法的土台（但し、省令という法律より下位の法令であるため、協議機関としての慣習法職員会議が否定されたわけではない、という異論はある〔三省堂版『教育六法』における解説、また、文部科学省における職員会議に関わる審議プロセス等も参照〕があるため、状況は比較的明らかになりやすい。逆に問題は、最前線の現場の状況について仔細に把握し得るのはやはり最前線の現場であり、国家次元で描かれる設計図との間に懸隔が出て来ることだ。このような懸隔について、国家はどのように現場とコミュニケートし、懸隔を埋めていくのか、国家組織の重要な課題であろう。

さらに、例えば、大きなリスクおよび危険に関わるような複雑性の大きい問題に対しては、国家といえどももはや充分な判定主体たり得ないとみられるのである。大災害、大規模な国際問題、地球規模の環境問題、国際的金融問題等々、ひとつの国家が充分に妥当な結論を出すことができる主体たり得る、とみなすことは困難である。併せて、先述のように、国家もまた自らの組織の利益を斟酌せねばならない。このような関係性は、高度な情報流にまつわっても相同とみられる。典型的には、一定の情報流に対する規制等に関して、国家が不偏・正当・無謬・妥当な策を実施し得る客観的保証はない、という問題性がある。国家は、高度情報流の「ゲートキーパー」たり得ない、という面も見逃せない。

そもそも今日の高度情報ネットワーク化の契機がアメリカ国家組織内のＡＲＰＡネット絡みであることは知られているが、但しラジオやテレビ等の電波媒体に関しても、アメリカ国家が計略的に〈一方向のマス・メディア〉の範囲に閉じ込めておくよう誘導したことにも注意を向けておく必要がある。[5] つまり国家は、情報ネットワーク化の端緒から、自らの組織的利益に悖らないように方向付けるべく計略的に関与してきたのである。殊にアメリカの場合は、高度な information ネットワークのみならず、高度な intelligence ネットワークも敷かれているため、[6] そのような動きは実に機動的に為される。

2 高度情報ネットワーク規制の「主権者」たり得ない国家組織

「主権」は、――特に「国家主権」は――実地の国際的な政治的・法的関係において何よりも重きを置かれる枢要なコンセプトであることは間違いなかろう。例えば実際、日本の近隣において問題になっている領土問題は、文字通り直接に国家主権に関わる問題にほかならない。また、さまざまなる社会分化（soziale Differenzierung）・機能的分化（functional differentiation）が進めば進むほど国家的統合力の位置価が一層重きを成していくという連関が認められよう。というのも、社会が細分化されればされるほど、とりわけ経済的にも市場化のもとでの局地的なやりとりに委ねざるを得なくなる一方で、強力な統一性を持つただひとつの集合体は、「国家」にほかならないからだ。だからこそ近年ますます「国家」にまつわる考察が増えてきているとみることもできるだろう。「新自由主義」というタームに代表される、言わばさまざまなる共同性を解体する傾きの強い政策が、強力な国家主導のもとに進められるのは、逆説ではないと考えられるのである。社会分化・社会の細分化・機能的分化の昂進と国家主権の強力化とは、必ずしも矛盾しないわけである。「ポスト・グローバル」状況における《国家の復権》も、この連環のもとにあるとみられる。M・フーコー等は「主権」「国家主権」のコンセプトに疑義を唱えるわけだが、実地の国際政治においては、「国家主権」こそますます枢要なコンセプトとなってきているのが実情とみられるし、実際報道等においても日々トピックとしてとり上げられない日はないと言ってもよいほどである。

国家領土内において、およそ物的形態を伴うモノに関わる国際的権利関係については、国家が終局的主権者となって、他国と乃至は多国間レベルで取り決めを醸成していくことが比較的明瞭なかたちで可能〔もしくは不可能〕と言えよう。このような領土的・物的画定の明瞭さは、典型的には、大使館においては（広義の）治外法権が実質的には適用され得ることに言わば象徴的に示されている。

情報流にまつわる場合であっても、まだ情報内容と物的媒体とが一体のものである限りにおいてはそのような画定も比較的明瞭であった。つまり、たとえ情報記録方式がデジタルであっても、CDやDVDのように物的媒体の中に情報内容が一体化している間は、その情報流に権利や権限等が及ぶ範囲の画定がまだ明瞭であった。

ところが、情報革命を経た高度情報ネットワークにあっては、そのような画定を為すことは難しい。高度情報ネットワークの核心は、文字通りborderless＝境界がないことなのであって、物体が領域移動するのとは違うので、典型的には〈領域侵犯について明瞭な画定を行なうことが困難である〉という関係性にある。加えて、国際条約たる国際人権規約の自由権規約第一九条においても「国境とのかかわりなく」受けかつ伝える権利を明記している。(7)

国連も情報通信分野の発展に関する政府専門家グループを設置したが、例えば二〇一三年の報告書を読むと、(8) state sovereignty「国家主権」のタームが記されている。但し、少なくともこの国際的報告においては、ＩＣＴ関連の国家行為や国家間の協力、また国家的領域内のＩＣＴインフラに対する管轄権にとりわけ焦点が当てられている観が強く、情報流全般にわたっているわけではない。例えば、或る国家の領域内でサイバー犯罪の捜査を行なう場合は、当然その当該領域の主権に従わねばならないこととなる。

つまり、一国内の権限に関わる最大の組織体は国家であるが、その「国家主権」も、国家的領域の明瞭な物的画定が為され難い情報流に関わっては実態として〈主権〉を行使し難い、という関係性にある。このような状況の中にあってもなお国家組織が高い精度で掌握し得る個別情報こそ、「個人情報」にほかならないわけである。

3　国家組織と《個人情報相関》

2では、国家組織が情報流規制の「主権者」たり得ない事態を指摘したのであったが、但し同時に、情報流が高度化するにつれて、国家組織が個人情報をますます高度に統合的に管理するようになっていく事態もみておかねばならない。要するに、膨大な高度情報流が渦巻き、個々の情報の位置価を特定し得ない言わば《情報の不定性》状況にあって、個々人の個人情報は、身元を明瞭に特定し得る最たる情報にほかならないのである。〈個人情報保護〉というが、実質はむしろ《個人情報の個人間保護》とでもカテゴライズすべきであって、国家および関係する公的組織・行政組織、そして私企業組織等には、夥しい個人情報が流出入しているわけだ。典型的には、ネット検索による個々人の性向を示すキー・ワードの個人別累積によってこそ、例えば微細な推奨商品提示を為し得るわけだが、さらにそのフィードバックの連環も含めて情報を包括的に掌握する組織は、個々人の諸性向をリアルタイムで掌握し、そして他の諸情報と関連付けることも縦横に為し得るわけである。〔それに比べれば、個人間の個人情報共有はスムーズとは言えないだろう。私のフィールド・ワークによる限り、例えば高等学校において、かつては生徒の氏名・住所・電話番号・出身中学校・所属クラブ等が学校名簿に明記され、学校に所属する者全員に配付されていたが、それも今や通例は作成されなくなり、身近なクラスメートについても名前以外の個人情報を〈知らない〉という生徒も珍しくなくなっている。〕このような状況は、作為的か不作為的かは措くとして、少なくとも実態としては国家や企業組織にとって「各個撃破」とでも言うべき状況を出来させているとみることもできる。個人間の個人情報共有がかつてなく困難となり、勢い、諸個人による集合体や中間団体的なものの醸成は後退していくことに連なる。事の是非は別として各種の組合的集合体のようなものが後退し、端的な例としては、〈生徒・児童間のいじめ対策〉に関わるホットラインまでもが国家組織主導のもとに置かれるようにもなっていることを挙げ得るのではなかろうか。

日本で二〇一六年から本格的に実施される「マイナンバー制度」は、国家的組織の場合のわかりやすい実例ともみなし得よう。個々人には十二桁の「個人番号」が付与され、「社会基盤（インフラ）」として国家組織によって活用されるようになる。しかも、その「マイナンバー制度」を「保護評価」する組織も、内閣府外局にあたる「特定個人情報保護委員会」である。さらに、その「特定個人情報保護委員会」が〈特定個人情報保護評価書〉を公刊する。つまりは事実上、国家組織が統括的に「マイナンバー」を管理するわけである。――このわかりやすい実例からしても、国家組織にとっては個人情報こそが社会的諸関係のひとつの軸を成す部位に接続し得る貴重な接点たり得るとみなすことができるのではなかろうか。だからこそ、「政府広報オンライン」においても、文字通り「社会基盤（インフラ）」となることが明記されている[9]のではなかろうか。

さらには、身元が特定される「個人情報」を突き合わせることで、《個人情報相関》とも呼ぶべき把握にも広がっていき得ることを指摘しておきたい。なにしろ、「個人情報」は文字通り身元を明瞭に特定し得る情報なのであるから、それらを相関させることによって、一層広角度の把握へと連なり得る。この可能性は、information の次元のみならず、intelligence の次元にまで及ぶ。実地にも、例えばアメリカ国家の intelligence 諸組織は、グローバル・スケールで通例ターゲットを絞った《個人情報相関》を構成することが、その枢要な任務のひとつだと言ってもいいだろう。（ちなみに、アメリカの intelligence 系の映画・ドラマ等には、この問題構制を展開した作品が数多くある。）

法学の界で通説的地位を占めている「個人情報（・自己情報）コントロール権」は、「プライバシー権」の言わば情報ヴァージョンとして一応は捉え得る、というのが私の見解だが、もちろん依然個人の尊厳の根幹の部位に当たる枢要な人権・権利であることに変わりない。それを、国家乃至企業等の組織がますます包括的に掌握し管理している、という関係性にあることを注視していく必要があろう。[10]

4　国家の装置系と制度系、《シグナル化》と《二進法化》、そして環流文明

私が「文明」を捉える視座は、かねてより明記している通り梅棹忠夫氏および杉田繁治氏が明確にした「文明」＝「装置系・制度系（・システム系）」という把握である。[11] この把握は、文字通り装置系・制度系の大規模組織体とも言える国家というものを捉える際にもとりわけ力を発揮する。

先述のように、「法による統治」（A・P・ダントレーヴ[12]）を国家の枢要なひとつの土台として措定することに鑑みれば、先ずは国家は制度系を定立していく元締めとしてリジッドな位置を占めることとなる。社会にはさまざまなる理工学的・社会的・政治的等の装置系がある。問題は、近現代の法治国家において、それら装置系が法という根幹的制度系の制御に実態としてどれほど応じるのか、ということだろう。一方、装置系の飛躍的進展はむしろ〈制度としての国家〉とは異なる次元からもたらされるのが通例と言えよう。それは概ね技術的次元由来の進展であり、法をはじめとする制度系による制御に収

まりきらない。

但し、「情報革命」後の情報ツールにまつわる最大の特徴のひとつは、かつてなら国家的レベルの組織〔例えば intelligence 組織〕をはじめとするごく限られた組織だけが所有し使用していたような（超）高度情報通信ツールを、多数の一般の人々が所持していることであるとも捉えられ得る。実際このような時世にあって、一九九七年頃を境に、携帯電話やスマートフォン等一般に広く所持し使用される高度通信モバイル・ツールに軍事用レベルの機能を持つ装置が内蔵されるようになり、intelligence 的任務の遂行が困難になったとアメリカ国防総省の国防高等研究計画局副長官が指摘しているのである[13]。なにしろ、グローバル・スケールで何億もの人々が、かつてなら軍事の特殊装置レベルだったはずの最先端機器を日常的に携帯しているのである。超高度情報通信ツールの小型化・多機能化・操作簡易化はとどまるところがないが、その超高度化に伴って、通信回線の使用のされ方も極めて複雑・多様になり、勢い、ＩＣＴを利用する intelligence 活動も困難性を増すわけである。

このような高度情報文明化が昂進していくに任せるならば、情報ネットワーク装置系が予期せざる弊害を誘発させた際に、それを捉え返す術をただ手にできないままとなるリスクが増大していくに違いなかろう。なにしろ今日、高度情報ネットワーク装置系そのものがグローバルなインフラとなっており、その上に、電力をはじめとする物的インフラもコントロールされているわけである。ここでひとつ提起しておきたいのは、本当にいかなる場合にも〈高度情報ネットワーク〉というかたちが妥当と言えるのか、というプロブレマティークなのである。やはり場合によって、その妥当件を判別していく必要があろう。

〈ネットワーク〉は「網」以上でも以下でもない。「網」が有線か無線かを問わず、言うならば〈自立していない〉という状態にほかならない。基本的に〈自立していない〉のであるから、より大きなネットワークには呑み込まれるのも尤もと言えよう。インフラの場合だけでなく、人と人との間のコミュニケーションの場合は、呑み込まれてしまったネットワークは、「シンボル系の双方向コミュニケーション」の場ではなく、《シグナル化[14]》されたプロセス（つまり、双方向のディスクルスではなく、物象化された reified）既定の手続き〉となっていく部分を増大させる。とすれば、課題は、呑み込まれてしまうのではない関係性をいかにして築いていくか、ということにもなろう。ただ、《二進法化》とも言うべき趨勢として《シグナル化》とともに見逃せない趨勢として《二進法化》とも言うべき趨勢をも挙げておきたいのである。近年、とりわけ政治学・政治社会学の領域において「熟議民主主義 deliberative democracy」への時代的趨勢を説く言説が多くみられるようになっている。政治理論的には、H・アレントやJ・ハーバマス等の言わば「公共圏論」を土台にして、J・S・ドライゼク等の文字通り deliberative democracy へと続き、現代の〈民主主義の隘路＝アポリア〉を超克していこうという方向性が示唆される場合が多いものと一応簡潔にはまとめられるであろう。ただ、さらに進んで〈情報革命的状況に至った今日こそ、熟議民主主義への機は熟しつつある〉と直線的に〈近代的プロジェクト〉の進捗として捉えることには安易に賛同することはできない、とここで強調しておきたいのである。これは先述の《シグナル化》の趨勢とも密接に関連するわけだが、今や社会関係の多くの部分が高度情報ネットワークに〈既定のプロセス〉として予め組み込まれ、既にそのネットワークに多くの部分を依存するようになっている一般の人々はネットワーク上で既定の選択肢――多くは〔はい／いいえ〕の二択の選択に次々と Enter していくことを余儀なくされるに至っている。このような事態を私は、社会関係の《二進法化》と呼ぶのである。

だからこそ、そのような趨勢とは言わば正反対の視座・展望を明瞭に打ち出すことが緊要となってくる道理である。私はここでやはり、染谷臣道氏が主唱する「環流文明」⑮のコンセプトを導入したい。「環流文明」は「収奪文明」に対置される共生ベクトルの文明態様であり、〔呑み込み／呑み込まれる〕のではない「環流」への展望を据える。「収奪されない」「呑み込まれない」とは、自立していながらも言わば《共生の環流》を維持していく文明の態様である。梅棹忠夫氏・杉田繁治氏説に立つ私の立場からは、「文明の」態様ということはすなわち第一次的に「装置系・制度系」の次元の態様であることを指す。先ずは、ほかならぬ超高度情報ネットワーク装置系によって呑み込まれている、または、呑み込まれかねない関係性を《共生の環流》のコンセプトから捉え返し、自立していると同時に共生していくべく環流していくような「装置系・制度系」に組み換えることが第一次的課題となる。その上で、「文化」的なるものの次元の共生へと進んでいくという展望である。

5 国家領域的なものと、情報流次元の環流
――KARAをひとつの例に

国家領域的なもの【但しここでは、差し当たりこのタームに、帰属意識的なものや民族―生活特有の文化的なもの・ナショナリスティックなものを含むものとしておきたい】は、空間的・場所的・地政学的次元にあるため、情報流次元との齟齬が出来することに連なり得る。

理解しやすい例を挙げるならば、例えば今や誰もが世界の音楽動画をほとんど瞬時にブラウズすることができるようになった。この限りでは、文字通りボーダーレスな情報流およびコミュニケーションがグローバル・スケールで浸透している。ただそこにここでいう国家領域的なものが入るならば、情況はもっと複雑なものとなる。加えて、外国のマス・メディアの流す報道が、個々人の高度情報ツールを通して、「情報革命」以前とは比較にならないほど容易かつ大量に国内でキャッチし得る状況となっていることも特筆しておく必要はあるだろう。言わば、《マス・メディア報道の個メディア経由グローバル化》という事態が出来しているわけである。さらに、殊更ではあるが、何らかの程度の「ゲートキーパー」の審判を受けた「報道」に対して、全くもしくはほとんど審判を受けることのない個々人の意見・感想等をネット上に手軽に送信し得る状況も、さまざまな問題を触発しているとみられるのである。従来から「マスコミが煽る」ということがしばしば指摘されてきたのだったが、今や、《マスコミが煽ることを（または、明示的に煽らなくとも）、個々人が個メディアを経由させてネットで煽る》といった情況も出来しているわけである。

例えば、或る日本人が純粋に音楽的次元からK-POPを代表する著名なガールズ・グループであるKARAの《楽曲のレベルが極めて高い》とネット上で（もしくは、マスコミで）公言したとしよう。その場合、――国家領域的なものを問わず幅広くオープンに音楽を享受す

る私が見聞する限り――、純粋に音楽のトピックとして済まされないケースも少なくないのが実情なのである。空間的・場所的に遙かに遠方から送られるブリティッシュPOPS絡みでは国家領域的な問題はほとんど生じないが、国家領域的に近いK-POPだとそうはいかない事態が生じやすい情況がある。いくら純粋に《楽曲のレベルの高さ》にトピックの照準を合わせても、何がしか国家領域的な次元の言説が打ち出されることが多いのである。ただ、KARAの場合は大方の他のK-POPのガールズ・グループに比べても概ね一層頻繁に来日し、積極的に日常的に日本の番組やイベント・催しもの等に出ており、日本語を話し、日本の文化に近付く機会もかなり多いこともあって、既にpratiquesレベルで親和度が大きい部分がある。日本の生活現場に近付くことで、そのような限界を乗り越えている部分が大きいということだ。〔国家領域の関係が逆の場合も、基本的には相同とみていいだろう。〕

理解しやすい例を挙げてみたが、いかに情報流およびコミュニケーションがボーダーレスになったとはいえ、国家領域的に近接している場合はなおさら、何らかの摩擦が生じ得る面も見逃せない。近接していることで、大量の双方向即時的情報通信が摩擦を助長することに連なり得るわけである。人間的・実践的な交流・コミュニケーションという次元からするならば、ネット上の情報流だけでは少なからぬ限界を蔵していることも表面化する、といった見方も可能ではなかろうか。もちろんK-POPだけで情況を代表させることには難もあろうが、ひとつの実例として諒解されやすいものと考えられるのである。

ただ逆に、音楽活動およびその周辺という文化的pratiquesの次元から国家領域的なものから来る軋みを逆照射し得る両義性を蔵している、とも言えるのではなかろうか。例えば、KARAの或る新曲披露イベント会場に、KARAの諸活動が日本との架け橋となることを切望するメッセージが書かれた札を付けた花輪が飾られていた［二〇一二年八月二二日のShowcase］ことは、象徴的な事例ではなかろうか。「再帰的近現代」論を前面に出して言うならば、まさに当論文のコンテクストにこの事実を提示できるのもまた現代の「情報革命」の成果にほかならないということである。高度情報ネットワークは、情報流にネガティヴなコンセプトを負荷させることも可能だし、ポジティヴなコンセプトを再帰的にネットワーク化させ環流させていくことも可能なのである。

6　情報革命状況下で国家が拍車を掛けるアカデミック・キャピタリズム

いずれの国家も文部科学政策に関わる中央官庁をかかえ、大きな権限を持っている。ただ、「文部科学政策」と一括りに言っても、教育の次元と学問（・「科学」）の次元とを先ずは明瞭に区別しておくことが先決問題であろう。

「民族教育」とは言っても、「民族学問」（もしくは「民族科学」）とはふつう言わない。「教育」の次元では民族的・ナショナリスティックな傾きが入り込む部分があるが、「学問」（・「科学」）の次元では普遍的な立論・プリンシプル・公理系等が軸になることを、この事実は象徴している。端的な言い方をすることが許されるならば、「教育」は地方区であり、「学問」は出発点から全国区～universal 区である。〔「学校」の中で特に大学および大学院が全国区～universal 区であることは、このことのひとつのあらわれとみることも可能だろう。〕「大学」を表わす university の語源たるラテン語 universitas が「普遍性」を含意していることにみられるように、少なくとも universities についてはナショナリスティックな範囲内にとどまることは妥当ではなかろう。この道理は、近年ナショナリスティックな、乃至は、エスノセントリックな――見方によってはポスト・グローバルな――傾向を強めてきている観のある「教育」や「学問」のあり方にまつわって、建設的な示唆を蔵していると考えられるのである。

専ら普遍妥当的立論をこそ本務とする学問は、自律・自立していなければならない。ただ、その自律性・自立性の確保の方向性については、二つの大きなベクトルに分け得るものと考えられる。ひとつは国際基準化へのベクトルであり、もうひとつは〈近年の大学・大学院等のように機能主義的に合理化していく趨勢にあるゲゼルシャフト〉とは別に、文字通り自律的かつ自立的な共同体を立ち上げて運営していくベクトルである。

情報革命的状況は大学・大学院にも「世界調達」を迫るに至っている。但し、その「世界調達」については、二つの次元を峻別しておくことが必要である。ひとつは、学問そのものに関わる情報が世界スケールでやりとりされるようになったという次元、もうひとつは、主に経済的パフォーマンスを上げるためという学問外の力による事前限定内での調達の次元である。この差異は、学問対象そのものの中にエリア特有のものや文化負荷的なものが含まれているという事実的次元と、学問的遂行プロセスそのものの中に価値判断が割り込んでいるという言わば〈政治的〉次元との差異に呼応するものと言えよう。〔研究者でさえ、この両者を峻別できていないケースが相当多くみられることを、私は機会あるごとに指摘してきている。〕実地の大学・大学院においては既に後者のヘゲモニーが優勢になってきており、大学・大学院では「学の自律（・自立）」を維持していくことは困難と言うべき段階にまで至っていると言っていいのではなかろうか。しかも、国家による〈文部科学政策〉もがその傾きを後押しまたは先導するようになってしまっている。中には、社会学系の学問にさえ否定的で――科学相関研究的視野からする私の見解では、逆に、社会学系が学問的にとりわけ重要な位置価を持つ――、文系については、価値負荷的・機能主義的事前限定となる〈スキル〉の次元ばかりを率先して評価する本末転倒まで横行するに至っている。[16] 今や「学問の自律・自立」ひいては「学府としての自治」は大方死語となり、実際そのようなコンセプトを見かけることもほとんどなくなってきた。ならば、国家的施策および大学・大学院の外部に「学の自律（・自立）への基準・指針」を求めるしかない。そもそも「研究」という営為の基準・指針の発信元を大学・大学院というゲゼルシャフトに限定する謂われはないのである。

その場合、実行可能なベクトルとしては、端的に二つのベクトルが考えられる。[17] ひとつは自律的・自立的学問共同体を立ち上げるベクトルであり、もうひとつは国際的基準を学府の自律性・自立性へのトリガーとするベクトルである。前者は専ら各学問主体による自律・自立に俟つしかないわけだが、その立ち上げや運営にも高度情報ネットワークを利用することができ、低コストで成員間の情報通信およびコミュニケーションを継続していくことが可能となっている。後者については既に国際的機関によって国際的基準のドキュメントが打ち出されている。例えば、一九七四年には「科学研究者の地位に関する勧告」が、そしていよいよ情報革命下で〈アカデミック・キャピタリズム〉が本格的に席捲するようになって以降の時期に入る一九九七年には「高等教育教員の地位に関する勧告」が、いずれもＵＮＥＳＣＯ総会において採択されたのであった(18)。学問の自律・自立を立て直していくに当たっては、その普遍性を考慮に入れて定立されたこれらの国際的基準を実地に活かしていくことが緊要であろう。

結　国際法化、国際的基準化、universalizing、および、若干の付記

以上、国家と情報革命というテーマを主軸に、文字通り超領域的コンテクストを展開してきた。超領域的・広角度であるため、多くの論稿が行なう単線型の展開ではなく、言わば輻輳型の展開を敢行した。

先ずは、政治学・政治社会学においても極めて重要な問題である「国家」さらには「主権」について簡潔にまとめた後、国家組織は情報流総体の「審判」・「ゲートキーパー」や「主権者」たり得ない、という限界について論じた。

また、通例〈個人情報保護〉と呼び習わされているのは実質は《個人情報個人間保護》とも言うべきものなのであって、皮肉なことに〈個人情報保護〉には国家組織が積極的に動く反面をみるならば、「マイナンバー制度」に象徴されるように、言わば〈個人情報の機動的掌握〉の位置を国家組織自身は確保することに繋がり得る、といった関係性を指摘した。

いずれにしても、とりわけ現代の高度情報化時代において、それぞれの国家領域単独でとりわけ重大なイシューについて、首尾よく規制を掛けてまわしていくことはできないのは明らかと言えよう。従って、グローバルな、もしくはポスト・グローバルな高度情報ネットワークの次元はもちろんのこと、環境問題、資源問題、外交問題等々大規模な諸問題にまつわって、先ずは国際法化もしくは国際的基準化の整備が緊要と言っていいだろう。（ちなみに、経済産業省［二〇一四年］『制御システ

ムのサイバーセキュリティに関する我が国の取組み』特に3-(3)-① 等も参照。）ただ、国際法化・国際的基準化というと〈よく練られた国際法・国際的基準をつくっても、必ずしも各国が遵守するとは限らないのが問題である〉などと批判されることがあるが、遵守しない事態を明確にできるのも国際法・国際的基準が規定されてこそであることを銘記すべきであろう。みてきたように、〈ボーダーレスになった〉という言説が浸透しているにしても、ナショナリスティックな問題は依然複雑である。だからといって、そのまま放置しておくわけにもいかない。「環流文明」への展望も、国際法化・国際的基準化の制度系プロセスを踏んでこそ開けると考えられるのである。さまざまなる〈ボーダーレス化〉、そして同時にポスト・グローバル的な〈ナショナリスティックな次元での複雑化〉も進んでいるからこそ、国際レベルの法的・制度的枠組をリジッドなものにしていくことが急務となるわけである。このような急務を私は《universalizing の必備》と呼ぶことにしたい。梅棹忠夫氏・杉田繁治氏の「文化は衝突するが、文明は衝突しない」〈国立民族学博物館における発表等〉という把握に則って、先ずは装置系・制度系の次元で universalizing を敢行していくことこそ急務であろう。それはひいては、universities の本務にも連なるはずの関係性にあることをここで強調しておきたい。

最後に、当論文のコンテクストから示唆される五つのポイントを〈付記〉して、締め括りたい。

① 国家的情報・公的情報への「アクセス」の問題：高度情報ネットワークへのアクセスが容易に為されるようになったこともあり、かつて〈サンケイ新聞意見広告事件〉（一九七三年一二月二日掲載の意見広告にまつわって、最高裁判所判決一九八七年四月二四日）の時代に問題になっていたようなかたちで「アクセス権[19]」が社会的問題とされることはほとんど見受けられなくなったが、アクセスそのものが言わば〈脱社会化〉し「個人化」してしまっていること。つまり問題性が社会化し難くなってきている面があること。

② 社会化しないうちに国家的問題に対して国民投票的プロセスで大きな問題を決めていくことに伴う危険性：今日高度情報化のもとにおける「個メディア化」や「個人化」の趨勢は、言わば《社会化せざる〈総

意〉の暴走》に繋がりかねない危険性を孕んでいる、という問題性。

③ Universal な環流文明の展開に資する装置系・制度系の充実化が急務であること。[20]

④ グローバルなものと「ポスト・グローバル」なものとが再帰的にフィードバックを重ねていくことの位置価：5においても垣間見たように、グローバル的なものの席捲は、言わば反照的に「国家領域的なもの（5でも触れたように、ここでは、民族的なもの・ナショナリスティックなもの等を含めるものとする）」の枠組を明瞭化する作用をも持つ。このような関係性は、〔グローバル―ポスト・グローバル〕の再帰的連環とみられること。

⑤ ④と密接に連関して、reflexive なポスト・グローバル化のステージにおいてこそ、グローバル・ステージから反照的に巨大組織としての国家そのものの復権が具体化する。そして、グローバル・ステージ、つまり《国家の復権》以前においては実質的に国家そのものの「主権」を前面化する部分も今日ほどではなかったこともあり、「国家」の最もリジッドなひとつの土台は国内法であった。が、ポスト・グローバル化ステージにおいては《国家の復権》が具体化してきているため、この国家という巨大組織間の関係を調整する universal な国際法・国際的基準が、各国家にとっても緊要な土台たり得べきこと。

注

（1） 例えば、Alexander Passerin d'Entrèves［1973］"The State"〔邦訳［一九八八年］A・P・ダントレーヴ「国家」佐々木毅・訳〕――併せて、その訳者による解説「トポスとしての国家」（『国家への視座』平凡社）等参照。

（2） ちなみに、（あくまで伏線的参照となるが、）『文部科学白書』において、二〇〇四年度版〜二〇〇八年度版までは一貫して「世界最先端のIT国家に向けて」というタイトルの節が設けられていた。二〇〇九年度版〜二〇一〇年度版では「情報社会革命」というタームが節に付されるようになった。二〇一一年度版〜二〇一三年度版では節のタイトルには「国家」「社会」というタームが付されなくなった、といった事実も付記しておきたい。

（3） 但し、「行政」というタームを「政治」「立法」をも包含する最広義のカテゴリーとして用いる用語法もあることを、ここに記しておく。いずれにせよ、特に重要な文献として、Niklas Luhmann［1981］, *Politische Theorie im Wohlfahrtsstaat*, Günter Olzog Verlag.〔邦訳［二〇〇七年］N・ルーマン『福祉国家における政治理論』徳安彰・訳、勁草書房〕が参照されるべきであろう。

（4） 前掲（3）〔邦訳〕一五頁。

（5） この種の、通信技術にまつわる国家と民間・国民とのせめぎ合いについては特に、和田伸一郎［二〇一三年］『国家とインターネット』講談社選書メチエ 参照。

（6） かつて日本では、intelligence というタームの主な和訳が「情報」であり、そこからオーバーラップして information を「情報」と和訳するようになったことも考慮に入れるべきとみられる。関連して、例えば、佐藤卓己［二〇〇六年］『メディア社会』岩波新書 参照。

（7） 関連する文献として、特に、戦略研究学会・編集［二〇一五年］『戦略研究⑮〔特集〕サイバー領域の新戦略』芙蓉書房出版 参照。

（8） 国連ＧＧＥ（ＩＣＴにまつわる国際的セキュリティに関する政府専門家グループ）［2013］報告書 *Report of the Group of Governmental Experts on Developments in the Field of Information and Telecommunications in the Context of International Security*, ――III.20. State sovereignty and international norms and principles that flow from sovereignty apply to State conduct of ICT-related activities, and to their jurisdiction over ICT infrastructure within their territory. また、――III.19. International law, and in particular the Charter of the United Nations, is applicable and is essential to maintaining peace and stability and promoting an open, secure, peaceful and accessible ICT environment.

（9） 二〇一五年五月九日アクセス。

（10） 日本弁護士連合会［一九九〇年］『情報主権の確立に関する宣言』は、夙にこう述定している。――「また、国等が保有している個人情報は、プライバシーをはじめとする個人の尊厳と権利の問題に深くかかわっている。それらの個人情報の収集・管理・利用・閲覧・訂正等のすべてにわたって本人のコントロール権が保障されていない限り、基本的人権の保障はありえない。」また、日本弁護士連合会［二〇一〇年］『「高度情報通信ネットワーク社会」におけるプライバシー権保障システムの実現を求める決議』――「いうまでもなく憲法一三条で保障されるプライバシーの権利（自己情報コントロール権）は、人権の中でも中核ともいうべき重要な人権である。」

（11） 特に、梅棹忠夫［二〇〇〇年］『近代世界における日本文明』中央公論新社、梅棹忠夫［一九八九年］『梅棹忠夫著作集 第五巻 比較文明学研究』（杉田繁治「梅棹文明学の根幹」を含む）中央公論社、杉田繁治［二〇〇八年］「文明のシステム史観」梅棹忠夫・監修、比較文明学会関西支部・編『地球時代の文明学』京都通信社、また、福永英雄［二〇一四年］「リスク、文明、環流」比較文明学会・編『比較文明 三〇』行人社 等参照。

（12） ここではさらに加えて、Alexander Passerin d'Entrèves［1967］*The Notion of the State*〔邦訳［二〇〇二年］Ａ・Ｐ・ダントレーヴ『国家とは何か［新装版］』石上良平・訳、みすず書房〕も参照。

（13） 『日本経済新聞 Ｗｅｂ刊 二〇一二年三月一一日付』〔ワ

シントン＝共同〕「スマホは軍事的脅威〔米国防総省が危機感〕」――ＤＡＲＰＡ（旧ＡＲＰＡ）＝アメリカ国防高等研究計画局の副長官Ｋ・Ｊ・ガブリエルが、アメリカ下院主催のパネルディスカッションにおいて報告。英語タイトルと、報告の一部を引用しておく。 *Darpa Warns: Your iPhone Is a Military Threat* ――'Commercial consumer electronics has created vulnerabilities by enabling sensors, computing, imaging, and communications capabilities that as recently as 15 years ago, were the exclusive domain of military systems,' Darpa deputy director Kaigham (Ken) Gabriel tells the House Armed Services Committee's panel on emerging threats. 'These capabilities now are in the hands of hundreds of millions of people around the world and in use every day.'――

(14)　《シグナル化》について特に、福永英雄〔二〇一四年〕（注（11）に記載）参照。さらに当節の論脈にまつわって、福永英雄〔二〇〇八年〕「高度情報化と現代文明――《当事者性》の低落をめぐって」梅棹忠夫・監修、比較文明学会関西支部・編『地球時代の文明学』京都通信社　参照。【福永英雄〔二〇〇八年〕および〔二〇一四年〕においても高度情報化と現代文明の動向、高度情報化と経済・文化・政治との連関、さらには、高度情報化とグローバル化〔実質的には、「ポスト・グローバル化」的状況も含む〕に関わるコンテクストを展開したのでもあったが、当論文は、それとの重複を、当論考を損なわない限りにおいてできる限り回避し、もしくは、更新版としていることをここに記しておきたい。従って、既刊のこれら二つの拙稿も併せて参照されることが望ましい。】

(15)　特に、伊東俊太郎・染谷臣道・編著〔二〇一二年〕『収奪文明から環流文明へ』東海大学出版会、また、比較文明学会・編〔二〇一一年〕『比較文明　二七』行人社　等参照。

(16)　但し、〈保守派〉に与し、内閣官房参与でもある藤井聡氏は、「『学問の自由』を破壊する改革を止めよ」というテーマの論考を提起し、また、同じく〈保守派〉に与する気鋭の政治学者・施光恒氏も「グローバル化で脅かされる『学問の独立』」というテーマの論考を提起している事実を挙げておきたい。いずれも、『表現者　二〇一四年七月号』ＭＸエンターテインメント、二〇一四年、所収。〔以前に私も、同誌に、「社会科学の本務の保守、「実証」の本義――学術の「プレゼン化」の弊をただす」『表現者　二〇〇八年七月号』ジョルダン、二〇〇八年　を公表した。〕さらに、近い論陣を張る碩学・猪木武徳氏の「学問にランク付けなどできない――「国際化」と論文量産によって失われる大学の理念」『中央公論　二〇一四年二月号』中央公論新社、二〇一四年　も参照。

(17)　私が実地に知悉する実例として、例えば、社会学者の飯田哲也氏が主宰する「舩岡塾」という自律性・自立性を持つ学問の場がある。『生涯研究』という季刊誌も着実に発行し、視野の広い研究的交流の場となっている。

(18)　遡れば、夙に一九六六年「教員の地位に関する勧告」（ＩＬＯ・ＵＮＥＳＣＯ合同採択）の特にⅧの冒頭において、相似の国際的基準が打ち出されていたのでもあった。

(19) 「アクセス権」については、福永英雄［二〇〇四年］「アクセス権・政策参画・当事者」『法政論叢 四〇―二』日本法政学会 も参照。併せて、久保亨・瀬畑源［二〇一四年］『国家と秘密』集英社新書 も参照。

(20) 福永英雄［二〇一四年］（注（11）に記載）も参照。

イギリス統治時代のインドの社会と国家

村瀬　智

1　イギリスのインド認識

イギリス・オリエンタリズムの時代

一七五七年、プラッシーの戦いに勝利したイギリス東インド会社は、ベンガル地方の事実上の支配権を確立し、六五年には同地方の徴税権を獲得した。こうして、東インド会社は一介の商社から領域支配者への道を一歩踏み出すことになる。未知の領土、住民を支配するにあたって、イギリスはインドに関する知識の収集を必要とした。

初代ベンガル総督となったウォレン・ヘースティングズ（在任一七七四－八五）の政策は、当時のイギリス人のインド社会観を反映するものとして、またインド近代史の行方に方向性を与えたという点で重要である。

まず第一に、ヘースティングズは配下の東インド会社員に現地語習得を奨励した。たとえば、現地人の家庭教師を雇うための特別手当てや、翻訳業への多額の報酬などの方策を通じてである。イギリス・オリエンタリズムの時代はこうして、イギリスのインド支配をきっかけに訪れることになる。インドの古典語であるサンスクリット語も、イギリス支配を通じてはじめてヨーロッパに紹介されたのである。

ペルシア語の文法書や翻訳ですでにヨーロッパで名を知られていたウィリアム・ジョーンズは、一七八四年、カルカッタに「ベンガル・アジア協会」を設立して初代会長となり、この協会の機関誌「アジアティック・リサーチ」は、ヨーロッパで多数の読者を獲得した。彼自身も、インドを理解するためにサンスクリットを学び、『マヌ法典』やカーリダーサの戯曲『シャクンタラー』などのテキストや翻訳を出版、ヨーロッパにおけるインド学の興隆を促した。また彼は、八六年二月、アジア協会の三周年記念に行った「インド人について」と題する講演のなかで、サンスクリットと古代のギリシア語、ラテン語との文法構造の著しい類似を指摘して、これにゲルマン語、ケルト語などを加えた諸言語は、もとは一つの源から分化したに違いないと発言、今日の言語学の基をなす「インド・ヨーロッパ語族」研究のきっかけをつくったことでも知られる。

ヘースティングズの現地語重視政策と並んで重要なのは、彼がベンガル知事時代の一七七二年に示した司法制度に関する「規則」である。この規則は「相続、結婚、カースト、その他の宗教慣習にかかわる訴訟においては、ムスリムに対してはイスラム法（シャリーア）を、ヒンドゥーに対してはヒンドゥー法、すなわちインド古法典（ダルマ・シャーストラ）を適用する」と定めた。

シャリーアはイスラムの法体系で、コーランに基づき、スンナ（預言者の言行）、イジュマー（その時代の宗教学者の一般的承認）、キヤース（類推）を法源とする。扱う内容は、浄め、礼拝、断食、巡礼などの儀礼的規範と、婚礼、相続、犯罪、裁判などの法的規範に大別される。九〜一〇世紀にほぼ成立した。

ダルマ・シャーストラは、インド古法典の総称である。インド・アーリヤ人のインド侵入以来、インドにはヴェーダ文化が花開き、祭式を中心とするいわゆる正統世界が作り上げられた。だが前七世紀ころより伝統的な価値および生き方に異を唱える禁欲主義が台頭するにおよんで、伝統世界側は自らの世界の再編成を迫られた。この再編成の仕事は、祭式を掌握するエリートのバラモン層によっておよそ前六世紀ころより活発に進められた。彼らは世俗の権力者である王の支持をとりつけ、バラモン、クシャトリヤ、ヴァイシャおよびシュードラのいわゆる四ヴァルナを主軸とする身分制を骨子としたヴァルナ体制の確立を図り、同時に、この体制下の人間の「本来的な在り方・生き方」（ダルマ）を確立するための「経典」（シャーストラ）を編さんした。この経典がダルマ・シャーストラである。

ヘースティングズの定めた規則に従って、イギリス人判事を補佐するために、イスラム法官とパンディット（ダルマ・シャーストラに通じたバラモン）が任命された。イスラム法官とパンディットの任命制度は一八六四年に廃止されたが、ヘースティングズの一七七二年の「規則」は、司法の場でのちのちまで受け継がれた。

ヘースティングズは、「（インドの）民の古代の慣習と制度に可能なかぎり則って、彼らの慣習と思考にあった諸条例を採用しようと努力した」、と本国に報告した。しかし、彼のこうした意図が、彼の定めた規則で実現されたかは大いに疑問である。

まず第一に、ダルマ・シャーストラと総称されたヒンドゥー法が非ムスリムの、またシャリーアがムスリムの実際の日常生活を、当時どこまで律していたかは、きわめて疑問である。なぜなら、各地域、各コミュニティには、異なった慣習法が存在していたと考えられるからである。

シャリーアは一種の慣習法で、ウラマー（イスラム世界の知識階級）や裁判官の個人的判断にゆだねられる部分が多く、その解釈をめぐってスンニー派では、ハナフィー派、マーリク派、シャーフィー派、ハンバル派の四大法学派に分かれる。現代ではさまざまに改革され、その適用は国によって異なる。

ダルマ・シャーストラは、バラモンを頂点とする位階秩序（ヴァルナ制）を理想的な理念として想定し、バラモンによってほぼ独占的に、紀元以前から一九世紀の半ばまで二五〇〇年以上にわたって、ほぼ途絶えることなく書き継がれてきたものである。つまり、ダルマ・シャーストラおよびヴァルナによるインドの民の区分は、ヘースティングズの規則を介して、イギリス支配下ではじめてヒンドゥー社会に普遍的に適用されたといえる。このことはバラモン的な価値観が優位な地位を与えられたことを意味した。また、イギリスが導入した近代的な司法機関の判例によって、古色雑多なヒンドゥー法が固定化することでもあった。

第二に、ダルマ・シャーストラとシャリーアが全面的に採用されたわけではないことに注意しなければならない。すなわち、契約、売買、刑罰といった、やはりダルマ・シャーストラやシャリーアがあつかった分野は、つぎつぎにイギリス流の法律におきかえられていったのである。しかし、イギリス人には、インドのカースト制や相続、婚姻は「宗教」と密接に結びついているという認識が強固にあり、そうした領域に深入りするのは政治的に危険だと考えたのである。こうしたイギリス人の認識が生み出した、「宗教的」・「非宗教的」という二つの領域への区分は、インド側からみたならば、「宗教的領域」をイギリス権力の干渉から自由な、自分たちだけがすべての決定をくだすことのできる「聖域」とみなし、その領域を固守するよう導くことになるのである。

さて、イギリス・オリエンタリストたちが前提とし、かつ創出したインド社会認識の特徴およびその影響は、つぎの三点にまとめられるだろう。

第一に、彼らはキリスト教やイスラム教に匹敵する、確固とした「ヒンドゥー教」が存在すると考えたことである。そして聖書やコーランにあたる「聖典」／宗教的権威として、サンスクリット古典文献がそれにあたるとみなした。こうした理解は、サンスクリット文献の権威をそれまでになく高めることにつながった。こうして、元来ペルシア人やアラブ人がインド地域の住人をさして使用した「他称」である「ヒンドゥー」という言葉は、宗教とぬきがたく結びつけられ、ムスリム、ジャイナ教徒、スィク教徒、仏教徒および少数部族民を除いた膨大な住民を、「ヒンドゥー教徒」という宗教集団として顕在化させることになった。

第二に、ヒンドゥー教＝インド文明という図式を定着させた。イギリス・オリエンタリストたちの関心がヒンドゥー教に片寄ったのは、ひとつには、イスラム文化については既知のものと考えたからであろう。ヨーロッパとイスラム世界とのあいだには、かならずしも良好とはいえないが、数世紀にわたる接触の歴史があった。それに比してヒンドゥー教は新たな研究対象であった。しかしより重要なのは、イスラムはインドにとって外来の宗教であるという認識である。その結果インドにおけるイスラム文化は疎外化され、ヒンドゥー／ムスリムという二分化が固定した。

第三に、イギリス・オリエンタリストたちは、キリスト教の優越を暗黙の了解としながらも、インド文明、とくにサンスクリット語古典文献が示す哲学的な深遠さを評価した。その結果、インド史における「黄金時代」としてのインド古代、という歴史評価が生まれた。しかし古代インド文明の「黄金時代」を想定する歴史認識は、インド民族運動が進展する過程で、ヒンドゥー知識人によって引き継がれ、よりいっそう強調されていった。そして「ヒンドゥー」はやがて「ヒンドゥー教徒」の「自称」となっていき、ヒンドゥー教徒とムスリムの関係はインド民族運動の歴史に複雑な様相を与えることとなる。

文明化の使命

イギリス・オリエンタリズムの時代は、しかし長続きしなかった。コーンウォリスのベンガル総督時代（一七八六–九三）、イギリス東インド会社は本格的な統治機構としての性格を整備し、法による支配を柱とする思想が導入された。この法とは、私有財産の保護と秩序の維持を眼目とした。すなわち、ザミンダール（土地保有者）との間の永久査定制の確立、東インド会社職員の収賄防止と私貿易の禁止、裁判制度の確立や警察機構の確立などである。しかし、それら諸機構の重要役職からはインド人は排除された。

一八一〇–二〇年代以降は、ヨーロッパ文明の絶対的な優越性と、インド社会の後進性がさらに強調されていく。この背景には、他のヨーロッパ諸国を排斥しイギリスがインドで独占的な地位を占めたこと、産業革命の進展による一等国としての自信などが働いていたであろう。さらになによりも、数千マイル離れた国土を支配する状況を正当化する必要性があった。ここに、「文明化の使命」がインド支配を正当化するイデオロギーとして登場する。とくに総督ベンティンク（ベンガル総督としては一八二八–三三年在任、初代インド総督としては三三年–三五年在任）の時代に、インド統治の効率化と、西欧的原理のインド社会への導入などを図って、さまざまな改革が押し進められた。彼は、赤字だったインド財政を黒字化する一方、行政、警察、裁判の機構の改革や、地税の課税基準の緩和を行い、行政や裁判へのインド人の採用を増大させた。さらに、インド人への英語教育を推進するとともに、近代インドの社会運動家R・M・ローイ（一七七四–一八三三）などに協力して、寡婦焚死（サティー）の慣行を禁止したことは有名である。

ちょうどその頃、一八世紀後半からイギリス本国で台頭した福音主義は、「未開社会」をキリスト教によって「文明化する使命」を唱え、東インド会社領内での布教活動を解禁するようにという圧力は強まっていた。福音主義者にとっては、インドという広大な野蛮社会が、イギリス支配下にはいったこと自体、神の意志であると考えられたのである。こうした圧力を背景に、一八一三年に更新されたイギリス東インド会社への特許状は、会社の支配する領土でのキリスト教宣教師の活動を許した。

一八一三年の特許状には、「学問の復興と改善、インドの学識ある現地民の保護」、インド住民のあいだへの「科学知識の導入と普及」、という文言を含んでいた。このことから現地語を重視する「オリエンタリスト（東洋学者）」と英語による教育を優先させる「アングリシスト（英語学者）」との間に対立が生まれた。この対立は、イギリスの政治家・歴史家であり、またインド総督参事会の立法委員でもあったT・B・マコーレーの有名な覚書（一八三五年二月二日）によって終止符が打たれた。彼によれば、「血と肌の色はインド人でありながら、好み、思考、道徳、知性の面でイギリス人であるような階層」を創出することが最善であるとされた。こうした階層が、イギリス人支配者とインドの民衆とのあいだの仲介者となれば十分だとしたのである。マコーレーのいうイギリス的嗜好をもったインド人中間層の創出は、イギリス工場製品の需要を拡大する目的にも結びついていた。

2　インド社会とカースト

カーストとカースト制度

インドの社会をもっとも顕著に特徴づけているのはカーストである。カーストというと、日本ではインド古来の四種姓、すなわちバラモン（司祭階級）、クシャトリヤ（王侯・戦士階級）、ヴァイシャ（農牧商など庶民階級）、シュードラ（隷属民階級）の意味に理解されることがおおい。インドではこの種姓を「ヴァルナ」（本来「色」の意）とよんでいる。しかし、インドにおいて日常生活に直接かかわりをもつ組織は、ヴァルナではなく、「ジャーティ」（「生まれ（を同じくする者の集団）」）である。このジャーティを、一六世紀中頃にインドに来たポルトガル人が、自国語で「家柄」、「血統」を意味する「カスタ」という語でよんだ。そのことが起源になり、英語に派生して「カースト」という語が生まれた。

ヴァルナとジャーティには共通した性格が認められる。それらは、内婚、世襲的な職業との結合、浄・不浄観にもとづく上下関係である。しかしヴァルナが社会の大枠をしめしたものであるのに対し、ジャーティは地域社会の日常生活において独自の機能をはたしている集団である。たとえば、床屋のジャーティ、洗濯屋のジャーティ、鍛冶屋のジャーティなどであり、その数はインド全土で二〇〇〇以上にもおよぶ。不可触民のジャーティを除くと、すべてのジャーティーが四つのヴァルナのいずれかに属する。このようなヴァルナの枠組みと、その内外に存在するジャーティ集団を含む制度全体をカースト制度という。

国勢調査とカースト

一八七一―七二年以降、一〇年ごとに行われた国勢調査は、前述のヘースティングズの司法制度に関する「規則」同様に、イギリスのインド社会認識のあり方を明らかにするとともに、インド近代政治の性格と方向を決定づける重大な意味をもった。国勢調査は元来、近代国家の形成とともに、国力、国民の把握を目的に導入されたものである。イギリス本国では、最初の国勢調査は一八〇一年に実施された。イギリス本国の調査項目とインドのそれを比較すると、イギリスのインド認識が浮かびあがってくる。インドで実施された国勢調査の特徴は、カーストと宗教へのこだわりである。宗教に関する調査は、イギリス本国では政治的思惑もありためらわれた。しかし、インドの国勢調査では、各宗教別、カースト別に、その人口だけでなく、教育程度、就業形態、結婚に関する情報などが詳細に記載された。ここには、インドにおいては宗教とカーストが個人の思考や行動を決定している、というイギリスの根本的な理解が示唆されている。また、広大で、自己とは異質とみなす社会を支配するために、一定の単位で社会をとらえようとする行政的便宜でもあっただろう。しかし、こうした便宜的思考さえ、宗教とカーストさえ把握すれば、各人の行動様式や価値観は容易に推定できるという前提にもとづくものである。

それでは、国勢調査は的確に個人の「カースト」「宗教」を確定できたのであろうか。また、国勢調査の統計は現実を反映していたのであろうか。

そもそも各人が属している「カースト」「宗教」は自己申告によって記録された。したがって、質問に答える側が「カースト」の範囲をどのようにとらえるかによって、回答のレベルは一致しないことになる。たとえば、一八八一年の国勢調査に際して自己申告された「カースト」の数は、二万に迫ったという。報告書が完成するまでの過程で、こうした細分は捨象、統合され、取り扱い可能な数に絞り込まれたのである。さらに、一九〇一年の国勢調査では、それまで採用されていた「世襲」職業ごとの分類をやめ、一定の指標、それも牛肉を食すか否か、儀礼におけるバラモン祭官の関与といった、きわめてバラモン的な指標にもとづいて、カーストを「社会的な優越」によって序列化して記載した。これまた、現実の流動的なカーストのあり方から遊離した操作であった。

国勢調査と平行して、各地の住人を「カースト」、「部族」単位で記述した『カーストと部族』シリーズがつぎつぎと刊行された。また、各県の地誌にも、かならずカースト、宗教ごとの慣習が項目として含まれていた。こうして、イギリス支配下で「カースト」の「実体化」は進行したのである。

かなり恣意的に創出されていった「カースト」カテゴリーは、しかし新たな命を吹き込まれ政治化していった。国勢調査報告、地誌などは英語の知識のあるインド人ならば容易に目にすることができるもので、すでに一八七〇年代から現地語の出版物には、国勢調査のデータを利用した論説があらわれはじめた。また一九世紀後半から各地に誕生する「カースト協会」は、しばしば国勢調査報告における自己集団へのあつかいに対する批判や、より高貴な響きのするカースト名称への変更を訴えた。こうして国勢調査は「カースト」単位の集団行動を誘発し、社会的地位上昇をかちとる方便として、インド人側に利用された。さらには官職、教育の機会、選挙といった領域で「カースト」の数の論理が展開される一大要因となっていった。これは「宗教」区分についても同様である。

インドの近代化とカースト制度

イギリスの植民地時代のインドでは、あたらしい土地制度、教育制度、司法制度、官僚制度などが導入された。また、交通・通信網の整備、貨幣経済の発達、都市の工業製品の農村への流入、都市への人口集中などが見られた。さらに、西欧流の自由平等思想が都市の知識層に影響をあたえ、カースト差別を批判する者も現れた。二〇世紀に入ると、選挙制度が導入されて下位カーストが政治に参加する道が開かれた。また独立運動を通じてカーストの枠を超えた連帯も生じた。

このようなインド社会の変化にともない、身分秩序の最上層ではバラモンの権威が揺らぎ、カースト制度を支えてきた浄・不浄の思想や業・輪廻の思想も力を弱めた。いっぽう、身分秩序の最下層では、社会改革家や都市に住む不可触民の間に、不可触民の地位向上をめざす運動が活発に行なわれるようになった。貨幣経済の浸透とともに、村落における相互依存的なカースト間の分業関係はしだいに崩れ、都市に住むエリート層の間には、カースト規制にとらわれず、カースト全体の向上よりも個人の地位上昇を求める者も増加した。

独立後のインド憲法は、不可触民制の廃止をうたい、カースト差別を禁じている。またインド政府は不可触民や指定部族民の、社会的・経済的・政治的向上を図るため、高等教育、公的雇用、議席の割り当てを含む優遇政策をとるなど、立法と行政の力による社会改革が試みられている。

このように、カースト制度は確実に解体の方向に進んでいるようにみえる。しかし、この制度を成りたたせている社会的・経済的・宗教的な諸要素が、すべての面で消滅したわけではない。たとえば内婚制は今日でもかなり厳守されているし、カースト差別の基盤ともなっている村落内のカースト別居住は今後も存続すると思われる。またサンスクリット化[1]や選挙制度導入の結果、カースト的結合がかえって強化されたという例も報告されている。カースト制度は、以前のような機能を果たさなくなってはいるが、今日なお、村落社会を中心に根強い影響力をもちつづけているのである。

3　インド大反乱

インド亜大陸においてイギリス支配に反抗して一八五七–五九年におこった反乱。この反乱を最初に引き起こしたのがイギリス東インド会社の傭兵（シパーヒー）[2]であったため、シパーヒーの反乱、また日本ではセポイの反乱と呼ばれてきた。しかし二〇世紀初めのインド民族運動の中からこの反乱がシパーヒーのみに担われたのでなく、全民族的な抵抗の第一歩であるとする見方が生まれ、現在のインド、パキスタンの歴史の見方にほぼ継承されている。したがって現在インド、パキスタンなどでは最初の独立戦争とか、単に大反乱とか呼ばれることが多い。

大反乱の原因

一七五七年のプラッシーの戦いに勝利して以来、イギリス東インド会社は主権をもつ会社としてインドを軍事的に征服し、一九世紀前半にはほぼその過程を完成させた。最後のムガル皇帝バハードゥル・シャー二世は形骸として存続していたが、いくつか残った藩王国[3]もサターラーやジャーンシーのように、「王に嫡出子がない場合は養子を認めず、王国は東インド会社が併合する」とする「失権政策」により併合された。多くのシパーヒーの出身地であり、また若年の王をいだくアワド王国は「内政混乱、統治能力なし」を理由に理不尽に併合され、シパーヒーの憤激を買った。藩王国の併合が強行されたのは、総督ダルハウジーの時期（一八四八–五六）で、彼の政策が大反乱の直接的な原因の一つとなった。

さてシパーヒーは、プラッシーの戦いで東インド会社に使われて以来その人数が膨張し、反乱直前には二〇万ともいわれたが、征服過程の終了とともに彼らの必要性は減少しつつあった。上層カーストのヒンドゥー教徒や上層イスラム教徒が多いシパーヒーは、海外出兵に応じないなど権利意識も高かったため、東インド会社はもっと安く下層の人びとを雇おうとし、彼らの不安をあおった。一方、農村ではイギリスの導入した高額地税制度、イギリス法による裁判制度の施行により土地が商品化され地主層は没落し、村落共同体は崩壊を迫られた。産業革命以後、安価な商品の流入によりインドの手工業は壊滅した。これらの不満の爆発する導火線になったのが、軍隊における新しい銃の採用であった。新銃の弾薬包には、ヒンドゥー教徒の神聖視する牛の脂肪と、イスラム教徒の汚穢視する豚の脂肪が塗布されている、といううわさが広がっていた。もしこれが本当なら、弾薬包を噛み切って装填することは、両教徒のシパーヒーにタブーを犯させることにほかならなかった。

大反乱の経過

一八五七年五月一〇日、デリーの北東約六〇キロメートルの軍事拠点メーラトのシパーヒーが武装蜂起し、翌日にはデリーのシパーヒーと市民に迎えられて市を占拠し、ムガル皇帝の統治復活を宣言した。同時にシパーヒー六人、民間人四人を選挙で選ぶ行政会議をつくり、軍事・行政権を掌握しようとした。

反乱にはマラータの末裔ナーナー・サーヒブ[4]、ジャーンシーのラクシュミー・バーイー[5]、アワドの王子など旧来の支配層の一部も参加した。以後反乱は各地に波及し、市民、農民など一般大衆も加わり、大衆暴動となった。反乱はアワドとその周辺で激しく、ラクナウ、カーンプルが中心となり、数ヵ月後には北部、中部などインドの三分の二に及ぶ大規模な反乱となった。

この反乱に対してイギリスは本国から多数の援軍を送り、まずパンジャーブ地方で先手をとり、討伐したのちデリーを回復した。ムガル皇帝は捕えられ、さらにネパール王にグルカ兵の出動を承諾させ、アワド王国の首都ラクナウを占領し、続いて各地を掃討すると、五九年、反乱鎮圧の声明を出した。

当時の情勢は植民地支配に対する不満が連鎖的に爆発したもので、民族的統一の主体もなく、反乱を指導すべき政策や組織もなかったが、インド史上最初の団結をもった反英闘争であり、最初の独立戦争とも呼ばれ歴史的意義は大きい。

二年にわたる大反乱をやっと鎮圧したとき、イギリスは従来のインド政策を放棄せざるをえなくなっていた。ヴィクトリア女王は東インド会社による統治を廃し、イギリス政府が直接統治を行う旨を発表した。ここに貿易を出発点とした東インド会社の、一方的な強権の支配拡大の時代はおわり、イギリスとインドとの新たな枠組みによる関係がはじまったのである。

大反乱の教訓

イギリスは未曽有の事件であった大反乱から、つぎのようなことを苦い経験として学んだ。

これまで機会さえあれば併合を強行してきた藩王国に対しては、併合して反乱を誘うよりも、イギリスを支持する階層として利用したほうが政治的に有効であると、考えを変えた。またザミンダールとかタールクダールとかいわれる大地主に対しても同様で、彼らを抑えて平等の社会をつくろうとする方策はイギリス政権をかえって脅かすと悟った。したがって平等化せず、むしろ貴族温存策を採用して、彼らをイギリス支配下の柱石にしようという方針がとられた。したがって、これとちょうど裏返しに、中小耕作民や小作人ら大地主のもとに生きる人びとを政治的に活性化させたならば、イギリス支配は覆ることを認め、彼らをできるかぎり非政治化することが目標とされた。

次に軍隊であるが、これも従来のようにインド兵に依存してきたやり方は危険であるとして転換した。軍隊内のインド兵とイギリス兵の比率はその結果、一八五七年には二三万五〇〇〇人対四万五〇〇〇人であったが、一八六三年には一四万人対六万五〇〇〇人になり、インド兵の比率はぐっと低下したのである。

さらにインド人の宗教や習慣を軽視して、それに介入するのは危険だとみなされた。これ以後イギリスへの同化政策は完全に放棄されたのである。インド社会はイギリス社会とは異質であり、異質なものとして扱えということをイギリス人に理解させるのに、インド人は大反乱という犠牲を払ったのであった。

こうして大反乱の教訓は、その後のイギリスのインド統治に生かされた。このような教訓にもとづく政策こそ、大反乱の責任を東インド会社に押しつけて会社支配を終わらせ、新たに生まれたイギリス直接統治の具体的な内容なのであった。

イギリスもインドも階級社会である。イギリスは、階級社会を統治するノウハウをすでに知っていることに気づいた。インドも、そのようなイギリスにどう対処すべきかを学んだ。これは、イギリスとインドという二つの文明が、対立と矛盾を通じて、より高い段階の認識にいたるという弁証法的解決を探りはじめたことを示唆しているのかも知れない。

直接統治と「帝国」の思想

インド大反乱を契機に、インドは東インド会社の支配から、イギリス王室（実質的にはイギリス政府）の直接支配下にはいった。直接統治とは、従来の東インド会社の重役会と議会の管理委員会で行使していた主権と監督権を、イギリス国王→（本国の）インド担当大臣→インド総督（インド政庁）という過程に変更したことである。

これ以降、インド総督に「副王」のタイトルをつけて、インドの副王兼総督あるいは総督兼副王と呼ぶことになった。副王とは国王の代理人の意味で、王領移管後は、総督がイギリス領インドだけでなく藩王諸国をも東インド会社からひきついで管轄するようになったのに対応する。

インド大反乱を引き起こした原因と考えられた性急な「改革」、たとえば「失権政策」（藩王国の強引な併合）は、これ以降抑制された。藩王国は、「インド内のイギリス統治の忠実な友」として、その存続が図られたのである。

しかし、イギリス直接統治への移行がもたらした心理的影響として重要なのは、インドが一介の商社の領土としてではなく、イギリス国家の所有物としての位置づけが与えられたことである。インド統治は、イギリスの国威に直結するという意識が生まれたのである。帝国支配の永続が暗黙の了解事項となるとともに、当初の「文明化の使命」イデオロギーは後退していった。

マコーレーが望んだような英語知識をもつ現地中間層が台頭してくれば、当然のことながら「文明化」の意義は色あせてくる。一九世紀後半以降は、むしろ支配「人種」としての優越性、インド社会を構成するさまざまな集団の利害を「公平」に調停する審判員としてのイギリスの存在の意義が、支配を正当化する論理として利用されるようになる。また、インド人知識層からの、統治への一層の参加要求に対しては、彼らはインドの「一般民衆」を代表していない、むしろイギリスこそが、インド大衆の庇護者であるという主張によって対抗するようになるのである。

4　インド帝国

イギリスがインドを直接支配した期間のインドは、「インド帝国」とよばれる。インドがイギリス王領に移管されてしばらくした一八七七年から、イギリス女王ヴィクトリアは「インド女帝」の称号を合わせ持つことになり、その後のイギリス国王も代々インド皇帝と名のった。帝国のなかにもう一つ帝国ができたことになる。その後イギリスの領土拡張の時代になったが、インドはイギリス帝国のなかで常に一つの独自な構成部分とみなされ、自治領やほかの植民地とは区別されていた。イギリスはインドをインド大臣からインド総督へというラインを通じて統治したが、インドにおける中央政府の性格は、独立前年の一九四六年の暫定政府の誕生までは専制的というに近いものだった。

インド統治法は、東インド会社からイギリス王領に移管された後のインドに関し、イギリス議会が制定した一連の基本法である。その変遷はインドにおける代議制度発達の歴史であるとともに、イギリスとインド民族運動の対抗を反映したものである。

最初の「一八五八年法」は、王領への移管とこれにともなう一般的な事がらを述べている。つづく三つの法は六一年、九二年、一九〇九年に制定され、いずれもインド統治法ではなく、「インド参事会法」という名になっている。それはこれらがおもに中央と州に設けられた行政および立法のための機関である参事会に関するものであるからである。このときまでの州は名目的な存在で、政府は事実上一つ中央にあるだけだった。第一次世界大戦後の二つの重要な改革である一九一九年と三五年のインド統治法の眼目は、州に実体をあたえることであった。これらはいずれも民族運動の発展にそなえてインド統治の仕方を詳細に定めており、インド政府法とよぶにふさわしい内容である。

サイモン委員会は、一九一九年制定のインド統治法の実施状況調査とその改訂の諸条件を検討するべく設置されたインド法廷委員会である。委員長J・A・サイモンの名を冠してこれが通称となる。二七年に任命されるが、全メンバーがイギリス人であることがインド人を刺激し、インド各地で「サイモン帰れ」の声で迎えられた。三〇年五月発表のサイモン委員会報告は、州レベルのみに責任政府導入を勧告、中央政府はイギリス領インドと藩王国の連邦成立までイギリスが掌握すること、しかもこの連邦成立は遠い将来であるとした。インド側はこの勧告を拒否するが、三五年の改訂インド統治法はほぼこの勧告に沿うものであった。

一九一九年インド統治法から三五年インド統治法への変遷をみると、理論的には、次の一歩は中央における両頭制度の廃止、つまり議院内閣制の実現、言いかえると独立ということになる。三五年インド統治法の連邦構想が実現しなかったため、実際には独立によって二段階の改革が一度になされたのだが、それを可能にしたのが戦争によるイギリスの危機と、戦後におけるその弱体化である。同時に国民会議派とムスリム連盟は、三五年インド統治法にもとづく三七年の州議会選挙で大量の中堅幹部を当選させ、それぞれが多数党となった州で政府をつくり、行政と立法の経験をつんで、イギリスから権力委譲を受ける主体的条件を形成しつつあった。

さて、一八六九年にスエズ運河が開通してからは、イギリスはスエズを通るインドへの交通路を他の列強から確保するために、エジプトをはじめとする周辺地域の征服に力を入れた。第二次大戦の開始当時、インド帝国は人口の点でイギリス帝国全体の約七割を占めていた。

一九〇一年のインドの人口は、一八八六年に編入されたビルマ（ミャンマー）をいれて三億人近くだが、イギリスのそれは四一〇〇万人である。イギリスが面積、人口ともはるかに大きなインドを、二世紀近く支配することができたのには、いくつかの理由が考えられる。

第一は、イギリスの統治機構が全く硬直したものではなく、インド統治法の制定にみられるように、民族運動の要求にたいし少しずつ譲歩を行い、穏健派をその内部に取りこんできたことである。

第二は、インド人内部のさまざまな生得の区分を利用して、分割統治を行うことにかなり成功したことである。まず宗教の違いにイギリスは注目した。その結果は、ヒンドゥーにたいするムスリムの重視を制度化した分離選挙制度の実施となって表れ、ヒンドゥーとムスリムの政治的対話を困難なものとした。ムスリムの重視は、第一次大戦でのムスリム兵士の活躍の結果でもあるが、兵士を多く出したパンジャーブ人などの特定の集団も軍人集団として尊重し、兵士をほとんど出していないベンガル人などと対立させた。次にやはり第一次大戦での貢献にたいする報酬の意味から、一九一九年インド統治法下で藩王たちの発言権が拡大され、三五年インド統治法のなかで最後まで実現しなかった連邦構想では、彼らに非常に重要な役割が与えられようとしていた。さらに不可触民や部族民を特別扱いにし、またヒンドゥーの多数のカーストが国勢調査のおりに高いランクを与えられることを願って運動し相互に対立した。

第三は、強力な行政・軍事機構の存在である。独立までのインドでは、インド文官職と呼ばれる約一三〇〇人のエリート官僚が中央から州・県にいたる主要な行政ポストを占め、行政機構全体を動かしていた。そのなかのインド人の比率も少しずつ上昇したが、平等な競争試験によって被支配者側からも人材を吸収したのもイギリスの強みであった。しかし、統治の究極の拠り所は、イギリスがインドに駐屯させていた本国軍およびインド兵士を訓練して編成したインド軍からなる軍事力であった。

イギリスの強みは以上のような点にあったので、さまざまな形での譲歩や分割統治をもってしても民族運動の力をおさえることができず、インド文官職や本国軍の補充が滞り、インド軍の統制も十分に保ちえないという状態になると、イギリスのインド統治の命運はつきることになるのであった。第二次大戦によって訪れたのがそのような事態である。

しかし、もしもイギリスにとってのインドの経済的有用性が低下していなかったならば、以上のような事態の推移があったとしても、イギリスはインドを引き続いて確保すべく必死の努力と犠牲を払ったかもしれない。一八七〇年ころにでき上がった多角的決済体系のなかで、インドの貿易はイギリスにたいして入超だが、全体としては出超であるという二重の有用性をもっていた。世界貿易におけるその比重も今日よりはるかに高いものであった。輸出のためのモノカルチャー経済をつくるためにイギリス資本が投下され、鉄道と港湾が輸出入の目的にそって発展させられた。しかし、この二重の有用性は両大戦間期に次第に消滅して、一九三六年度にはついにそれまでの対英入超が出超に転ずるという画期的変化が起こり、第二次大戦中にはこれに加えてインドに巨額の対英債権が生じて、イギリスにとってのインドの価値は大きく低下した。

インドとパキスタンの独立は、ヴィクトリアから数えて五人目のジョージ六世のときだが、イギリス議会の制定したインド独立法によって、彼はインド皇帝の称号を失っている。

インド独立法は、一九四七年七月一八日にイギリス議会をとおして制定され、植民地時代における一連のインド統治法の最後のものにあたる。全体で二〇条と三付則からなり、四七年八月一五日におけるイギリスのインド統治の終結、インドとパキスタンの二つの「独立の自治領」の創設、ベンガル州とパンジャーブ州の分割を含む両国の領土、両国における新憲法制定までの暫定期間の法律上の措置、分離独立の円滑な実現のための総督の法令制定の権限などについて規定している。この法律に基づき、インド側、パキスタン側双方の代表と相談のうえ、インド政府の資産・債務の分割、国際上の権利・義務の継承といった、分離独立にともなうさまざまな問題から分離独立後の問題までを含めて多くの法令が発布された。

インドとパキスタンの独立は、第二次大戦後のイギリス植民地の独立の第一陣であった。イギリスにとって有事の際に非常に重要な役割を果たしていたインド軍が利用できなくなったことは、イギリスの大きな損失であった。また、今日一三〇〇万人におよぶと推定される世界各地のインド系住民（印僑）は、インド帝国の遺産である。

注

（1）　サンスクリット化：インド人社会学者M・N・シュリニヴァースが、インド社会の動態を理論化した概念。カーストの全構成員が一丸となって、浄性が高いとみなされる慣行（たとえば菜食、禁酒、寡婦再婚禁止など）を採用し、自カーストのランク向上をはかろうとする動きのこと。伝統社会が崩れはじめた近代のインドでは、この種の動きが中位・下位カーストの間で活発化し、結婚や食事、職業などに関するカースト規制が強化されるという逆行現象も生じた。

（2）　シパーヒー：ペルシア語起源のウルドゥー語で、「軍隊」「兵士」を意味する。英語ではセポイとして知られてきたが、この語が転訛したものである

（3）　藩王国：独立前の植民地インドでイギリスの宗主権下に存続を認められた半独立的王侯の領地。統治機構上、イギリス議会が管轄するイギリス領インドと区別された。王はヒンドゥーならマハーラージャ、ムスリムならナワーブ（太守）と称された。

（4）ナーナー・サーヒブ：インド西部のマラータ王国末期の武将。王国最後のペーシュワー（宰相）であったバージー・ラーオ二世の養子。一八五三年養父の死後、ペーシュワーの称をインド総督ダルハウジーに拒絶される。五七年のインド大反乱勃発に際しては、ゲリラ戦術に長ずる武将のターンティア・トーピーに擁立され、反乱軍と行動をともにする。ナーナー・サーヒブは必ずしも優れた武将ではないが、反乱軍の一つの象徴としての役割を担った。

（5）ラクシュミー・バーイー：インド民族運動の女性指導者。インド大反乱の英雄。マラータ王国の末裔に生まれ、ジャーンシー王国のガンガーダル・ラーオと結婚。嫡子なきは併合というイギリスの政策により、王の死後併合される。一八五七年の大反乱勃発により、反乱側の指導者となり、マラータ同盟の人々と協力、反乱軍の中でも有能かつ勇敢な指揮者だった。インドのジャンヌ・ダルクと呼ばれる。

イスラーム思想から見た過激派組織「イスラーム国」の論理

塩尻和子

過激派組織「イスラーム国」の呼称には、略語としてアラビア語の「ダーイッシュ」や英語のIS、ISIS、ISILもあるが、すでに一般に「イスラーム国」の呼び方が定着しているので、本稿では、鍵括弧つきで「イスラーム国」と記載し、宗教としてのイスラームやイスラーム教徒ムスリムとの区別ができるようにした。

はじめに

現代は地域的宗教戦争の時代である。イスラム過激派と西側先進国の間に、共通の寛容概念がない。西側の寛容概念は、神の国とカイゼルの国との二重真理を前提としているが、ホメイニ以来イスラム国も含めて、イスラム過激派が目指しているのは祭政一致である。二重真理を拒絶する「ファンダメンタリスムとの対話」は不可能だから、イスラム国は武力で絶滅させよという帰結が導き出される[1]。

これは「イスラーム問題を考える手がかりに」として加藤尚武先生から送られてきた「ヘレニズムとヘブライズムの地平分離」と題した論文の最初の文章である。私のつたない理解では、もともと、ヘレニズムの二重真理

（霊と肉の二元論）に対して、ヘブライズム、特にヘブライ語聖書では、霊と肉の分離を前提としない思想があった。[2] そして、この「融合論」はユダヤ教からイスラームに受け継がれているが、途中のキリスト教では、ギリシア思想の影響を受け二元論に戻っている。恐らくイエスが当初、考えたことは、「神の国とカエサルの国」の分離ではなかったかと思われるが、ユダヤ教の律法主義からの脱却を図る道筋で、イエスではなく、パウロが、ギリシア的な二元論思想を導入したのであろう。

ユダヤ教とイスラームは、その意味では、同じく「祭政一致」を理想としている。しかし「祭政一致」には精神的な意味が強く、霊的にも肉的にも神に従う、つまり律法（トーラーとイスラーム法）を順守するという意味が込められている。しかし、ユダヤ教もイスラームも、歴史上で「霊的にも肉的にも神に従う」理想的な社会が形成されたことは、一度もない。これはキリスト教の「敵への愛」と同様に、宗教的な理想にしか過ぎないからである。したがって、イスラーム社会の現実が「政教一致的」だとすることは難しい。

究極的な教えが「理想」である間は、社会的にも問題は起こらないが、それを現実の社会の中で実現しようとすると、たちまち、人間は天使から悪魔に変化してしまう。スターリン主義やカンボジアなどにみられる極端な共産主義も日本赤軍やカルト集団も、理想を求めすぎた結果の惨敗であった。

「イスラーム国」の現実は、まさにその悪しき一例かもしれない。ホメイニーのイランは、当初は過激なカルト国家で始まったが、政権が安定してくると、国家としての体をなすようになった。いまだに西洋側からの評判はよくないが、それでも民主的な総選挙を行い、宗教指導者とは立場の異なる人物を大統領に選ぶこともある。昨今、アメリカとの国交再開作業も開始されている。

戦闘的過激組織「イスラーム国」の将来はどうであろうか。今のままでは、一端の国家となるとは、とても思えないが、歴史的にみれば、大きな国家も誕生前は、単にテロ集団、暴徒に過ぎなかったという例は枚挙にいとまがない。同時に「イスラーム国」が成立した背景を冷静に考えてみる必要もあろう。「イスラーム国」の残虐性は糾弾されるべきであるが、欧米の空爆によって、兵士よりも一般市民が多く殺害されているという現実からも目をそらすことはできない。「イスラーム国」を、欧米や有志連合の攻撃によって武力で絶滅させても、今の国際情勢の中では、またしても同様の事態が発生してくることになる。

それでは、どうすればいいのかという、よい案があるわけではないが、今、考えられることは、出来るだけ彼らを刺激しないことが重要なのではないかと思われる。我が国の総理がアメリカと連携する国々へ出かけて、わざわざ「ＩＳＩＬと闘う周辺各国に、総額で二億ドル程度、支援を……」と公言したり、フランスでは、節度を欠いたムハンマドの不潔な風刺画をこれでもかと書き続けたりすることは(3)、ムスリムではない一般の人々にとっても、不信感を買う結果となっているからである。

1　「イスラーム国」の衝撃

イラク北部とシリアを中心に軍事的勢力を広げ、二〇一四年六月に「イスラーム国」を名乗るようになった戦闘的集団は、日本人人質の湯川遥菜さんと後藤健二さんを殺害した後も、その残虐な行動形態は変わらない。しかも二〇一四年六月に「イスラーム国」の指導者を名乗るバグダディーという人物がカリフを僭称したために、一部のムスリムにとっては、既にカリフ位が存在するという認識まである。さらにエジプトやインドネシアの過激派集団やナイジェリアのボコハラムのような他国の戦闘的集団までもが「イスラーム国」に忠誠を誓い、連携して戦闘を激化させる可能性が出てきている。イスラームの基本的な教義や法をも順守しない破壊的な集団のどこに若者を引き付ける魅力があるのか、世界中からこの集団を目指して入り込んでくる若いイスラーム教徒の数は増加傾向にある。

「イスラーム国」が占領する地域を囲むように、欧米を中心とする有志連合に同じイスラームを報じるイラクを始めヨルダン、アラブ首長国連邦、クウェイト、サウジアラビア、エジプトも参加して「イスラーム国」への空爆を行っているが、その勢力を抑え込むことは、難しい。「イスラーム国」は特定の地域性を持たず、他のイスラーム諸国やイスラーム教徒の忠告を聞く耳を持たないからである。イラクやシリアの拠点が攻撃され奪取されても、「イスラーム国」は生き続ける可能性がある。

次に覚えておくべきことは、イスラームという宗教には、ローマ教皇庁のような統率者組織がなく、教会のような会員制度も、仏教のような大本山制度も檀家制度もない、ということである。それでは、イスラームの全体に関わる重要な問題については、いったい、誰が決定権をもっているのか。歴史的にみれば、それは預言者の後継者であるカリフであるが、宗教的にみれば、統率者は神以外にには、ない。神の言葉を集成した聖典クルアーン（コーラン）と預言者ムハンマドの生前の記録であるハディース（キリスト教で言えば新約聖書の最初の四書にあたる）から得られる解釈の蓄積が存在するものの、その蓄積を基にして、判断を下す特定の権威を持った人物は、もとから存在していない。

言い換えれば、イスラーム世界は一定の組織を持たず、信者ひとりひとりの意思決定に委ねられるネットワークが機能する社会なのである。この点も「イスラーム国」の先行きを考える上で重要な視点となる。

2 ジハードの意味

イスラームに対する偏見のなかで、もっとも深刻なものは、イスラームの聖典クルアーンには「ジハード」に代表されるような戦闘的な教えが多く、そのために現代でもムスリムはテロや戦争を黙認するのだ、という言説である。しかし、クルアーンの戦闘的な語句や暴力を推奨するような文言は、キリスト教の聖書と比較すると極めて少ない。たしかに、イスラーム法学の戦時規定には、厳しい文言がみられるが、イスラーム史のなかでは、それらの規定が宗教の名の下に実際に行われたという事例は少ない。それらの文言は、もともとクルアーンの啓示が下った際の状況を考慮して解釈されるべきである[4]。

そもそもジハードは本来、「努力」を意味する言葉であり、「奮闘努力」とも訳される。これには二つの意味があり、精神的宗教的な修行を意味する「大ジハード」と、対外的な郷土防衛戦争を指す「小ジハード」に分けられる。外敵の侵略に対抗する防衛的な「小ジハード」が全ムスリムに課せられる個人的な義務（ファルド）でもあったということは、ジハードが一般に理解されているような「聖戦」ではなく、むしろ合法的な「正戦」であるということを示している。しかもこの正戦が発効するためには、以下の規定に従わなければならない。

①ムスリムの領土に外部から異教徒が侵攻してくる場合に限られること

②カリフの指揮のもと、全ムスリムが一致して参戦すること

③一般市民や婦女子などの非戦闘員やキリスト教の修道士や僧侶、ユダヤ教のラビなどの宗教者に危害を加えないこと

我が国で数少ないイスラーム法学者である中田考氏は、ジハードの定義について以下のように語っている。

あくまでイスラームのためであること、戦う相手が異教徒であること、という二つの条件を満たして初めてジハードと呼ばれる資格が生じます。……イスラーム法に従うならば、ジハードとは異教徒の攻撃からの自衛に限定される戦闘行為だからです。(5)

ジハードは、ある意味ではムスリムに許された唯一の戦争ともいえるが、上記の三点の条件を満たすジハードは、歴史上、一度も実現していない。これらの規制を守るとなれば、実際に戦争の遂行が困難となる。したがって、ムハンマドの死後の歴史上、このような基準を満たした「小ジハード」が実施されたことは、一度もないのである。そこで「カリフの命令がなくても」という判断も生じてくる。

ジハードは原則的にはムスリムに許された唯一の戦争というかたちをもつが、この「戦い」は、当初から定義づけが難しかったことも事実である。歴代の権力者による政治的覇権事業は、それぞれの歴史的状況によっては、ムスリム同士でも激しい戦闘が行われたが、これらは政治的覇権戦争であり、郷土防衛戦争を指す「小ジハード」とは区別される。(6)

3　クルアーンにみる「ジハード」

世間には「ジハード」という言葉が一人歩きしているが、予想に反して、クルアーンには「ジハード」という

用語で戦闘や戦いを容認している箇所は多くはない。むしろジハードとそれに関連する用語は暴力を表現する用語というよりも、精神的な意味合いで用いられることが多い。

　ジハード論に関する用語はクルアーンの中では四一の節に現れているが、四一カ所の記述がすべて紛争や戦いに関するものではない。厳密にはわずか一〇カ所ほどの節でジハードに戦闘的な意味が与えられているにすぎない。「ジハード」が現れるクルアーンの箇所を引用する。（傍線は筆者）

　あなたがた信仰する者よ、神を畏れ自分の義務を果たして神に近づくよう念願し、神の道のために奮闘努力しなさい。あなた方は恐らく成功するであろう。（五章三五節）

　本当に信仰して移住した者たち、財産と生命を捧げて、アッラーの道のために奮闘努力した者たち、またかれらに避難所を提供して援助した者たち、これらの者は互いに友である。（八章七二節）

　預言者よ、不信者と背教者に対し奮闘努力し、彼らに厳しく対処せよ。かれらの住まいは地獄である。何と悪い帰り所であることよ。（九章七三節）

　神の道のために限りを尽くして奮闘努力しなさい。神はあなたがたを選ばれる。この教えは、あなたがたに苦業を押しつけない。これはあなたがたの祖先、イブラーヒーム（アブラハム）の教義である。（二二章七八節）

　上の引用では「ジハード」が四回でてくるが、これらはすべて同じ意味ではない。クルアーンに記されているジハードの意味は、信者が自らの欲望や心の弱さと闘うことや、神の教えや戒律を重視するための努力、宗教にかかわる知識を求めること、神の教えに従い、人々を唯一の神を崇拝するように導くことなど、さまざまな意味合いで用いられている。そのために「ジハード」には時代や地域との関係などによって、それぞれの時代のイスラーム法学者や為政者によって、じつにさまざまな解釈が行なわれてきた。

今日、「ジハードの教えは、イスラーム教徒によるテロや戦争を正当化したり、神聖化したりするものである」と受け取られているが、本来の意味はひとつではないということに注意しなければならない。ジハードの他にもクルアーンには、確かに戦争にかかわる章句がいくつか見られる。イスラームを批判的にみる人たちがよく取り上げる、直截的に戦争や戦闘行為を命じる箇所では次のような章句がみられる。

神聖な月(7)が過ぎたら、多神教徒を見つけ次第に殺しなさい。また、彼らを捕虜にして閉じ込め、あらゆる策力をもって彼らを待ち伏せしなさい。しかし、もし、彼らが悔い改め、礼拝を守り、喜捨を差し出すなら、彼らの道を開いてやりなさい。実に神は寛容で慈悲深いお方である。（九章五節）

この章句は「剣の節」とも呼ばれており、イスラーム教徒にとっても戦いを強制される厳しい教えである。ここでは「殺せ、閉じ込め」などと直接的な表現で暴力行為が命じられている。

あなた方が不信仰者と（戦場で）出あった時は、（彼らの）首を打ちなさい。彼らを皆殺しにするまで。そして（捕虜の）縄をきつく締め、その後に情けをかけるか、戦いが終わるときまでに身代金を（取りなさい）。（四七章四節）

「殺しなさい、捕まえなさい、首を打ちなさい」という恐ろしい命令の章句の後に「寛容に扱いなさい」というのは、ほとんどの箇所にセットとして啓示されている。これは、戦争の始まる前に信者たちを鼓舞する目的で啓示された文言と、戦争が終わった後の寛容な啓示が一箇所にセットになって記されていることを示している。

イスラーム教徒の人たちは、おそらく当時も、そして現在も「人を殺すことはしたくない」と思っている人たちが多いであろう。戦いは誰でも好んで行うものではないために、ハディースの中には、戦争が起こってしまい多くの人を殺さなければならない事態を目前にして、「以前から一緒に暮らした馴染みの人たちとも戦わなければならない。宗教活動の中であっても人を殺すのは嫌だ。戦争に行きたくない」という思いを訴えるイスラーム教徒も多くいたと記されている。それに対してこの啓示は「これは神の道だから、そういうことを考えないで戦闘に参加しなさい」という命令として下された。単に「異教徒を見つけたらただちに殺してしまえ」という好戦的な思想ではないのである。

クルアーンにはたしかに戦闘的な命令が数カ所みられるが、引用した節を含めて全体でも五、六カ所であり、決して数は多いとは言えない。逆に平和や寛容をすすめる章句は一〇〇を越えている。

宗教には強制があってはならない。正に正しい道は迷誤から明らかに（分別）されている。それで邪神を退けて神を信仰する者は、決して壊れることのない、堅固な取っ手を握った者である。（二章二五六節）

これもまた有名な章句であるが、イスラームは不信仰者、つまりまだイスラームを信じていない人たちに剣をもって改宗を迫ったのではないことは歴史家の研究で証明されている。(8)

このようなクルアーンの少数の戦闘的な章句をもとにして、八世紀から九世紀のころ、イスラーム法学のなかで「イスラームの家」（信仰者の住む土地）と「戦争の家」（不信仰者の住む土地）を区別する思想が定着していった。さらに「郷土防衛」のための戦闘的ジハードの思想も成立していった。したがって、「イスラームの教義には本来的に暴力を容認するものがある」という言説は、イスラームの原点である聖典クルアーンの思想に照らしてみれば正確な理解とは言えない。

現代の過激なイスラーム主義者やテロリストたちは、クルアーンの教えそのものではなく、それをもとにして後世に形成された一部の極端なイスラーム法学思想に基づいて行動していることを、私たちは見逃してはならないのである。

4　聖戦と正戦

私たちはイスラームのジハードという言葉を聞くたびに「平和的なキリスト教」にたいする「好戦的なイスラーム」という二項対立の構図を描きがちである。究極の愛の教えを掲げているキリスト教には、三世紀に現れた聖戦士セント・ジョージの伝説や五世紀のアウグスティヌスによる「正義の戦い」という思想、それに基づく十字軍運動、さらには異端尋問や魔女裁判、南米やアフリカへの侵略と宣教などの戦闘的で残虐な歴史的事実があることを忘れがちである。

ある意味では、「聖戦思想（Holy War）」も「正戦思想（Just War）」も、ユダヤ教、キリスト教、イスラームに共通の思想であり、イスラームだけに突出したものではない。むしろユダヤ教に始まった「唯一なる神との契約」を思想的根拠としている戦いである。ヘブライ語（旧約）聖書では神の意志に従って実施される戦争は、たとえそれが侵略戦争であっても「聖戦」とみなされている。ユダヤ教の聖戦思想は強固な選民思想に基づいており、約束の地を求めて戦闘が間断なく行われた。ヘブライ語聖書を紐解いてみると、神から選民以外の民を皆殺しにする戦闘を命じられて、戦いに明け暮れるイスラエルの人々の姿が浮かんでくるが、この思想が今日のイスラエルの政策にも反映している。

それでは現代のイスラームのテロリストたちがどう考えているのか。たとえば「イスラーム国」でみられる戦闘的なジハードについての考え方は、外敵とは「異教徒」だけではなく、同じイスラーム教徒の枠の中で「本来のイスラームの教えから外れている」と彼らが判断した人たちに対して向けられることになる。「もはや彼らはイスラーム教徒ではない、背教者である、宗教を裏切ったものである、だから敵である」として戦闘行為の対象としたり、虐殺したりするということになる。

預言者ムハンマドが意図した、崇高な精神的な修養を意味するジハードという考え方が、今日では、同じイスラーム教徒同士が戦う名目になってしまうことは、大変悲しいことである。

あなたがたに戦いを挑む者があれば、神の道のために戦え。だが侵略的であってはならない。本当に神は侵略者を愛さない。（二章一九〇節）

イスラーム世界は、ごく近年に至るまで歴史の過程のほぼ全域で、このクルアーンの教えに従って、異教徒たちと平和裡の共存をなし遂げてきたという歴史的事実がある。イスラーム世界で多くの政治的、宗教的衝突や内紛や騒乱、覇権志向の戦争などが行なわれてきたことを無視するべきであるというつもりはない。しかし戦闘規模や死者数、虐殺行為などはキリスト教徒の戦争による死者数と比べても、極めて少なかったことは、欧米の多くの歴史学者たちも認めていることである。

5 「イスラーム国」の解決法はあるか

現在、多くのイスラーム教徒は、「イスラーム国」の政策は、「イスラーム」の名を冠していても、クルアーンの教えとイスラーム法の規範から違反している上に、彼らの戦闘行為はイスラームという宗教とは無関係であると考えている。だからこそ、同じイスラームを国教とし、しかも同じスンナ派を奉じるヨルダンやサウジアラビアなども有志連合に参加して「イスラーム国」を攻撃している。

その理由の一つは、イスラーム法の法判断には一定の基準はないということである。イスラーム法シャリーアは、九世紀の中頃までに成立した四法学派（ハナフィー派、マーリク派、シャーフィイー派、ハンバル派）の学説を固定して遵守する体制を、現在まで採っている。しかし、不文法であるため、実際には個々の法学者（ウラマー）の判断によって運用されるので、時代や地域に即した柔軟な対応が見られる点に特徴がある。つまり、原理原則に従ってさえいれば、どのような判断を下すこともできるのである。信者はどの法学派の見解であっても、自分に最も好都合な判断を下す法学派や法学者の判断に従うことができる。

しかもスンナ派では、法学者は聖職者ではなく、法学者となる資格にも一定の基準はない。前近代では、裁判官・判事などのように定職に就くものも少数ながらあったが、多くのウラマーは別に生業をもち、モスクなどで、無償で法律相談に乗っていた。法学者の判断に絶対性も神聖性も見られないところでは、自分たちの主張に沿った判断が選ばれ、神の法の名のもとで採用されることになる。

歴史的にみると、戦闘的過激集団はイスラーム教徒だけでなく、キリスト教徒にもユダヤ教徒にも、その他の宗教集団にもみられる。とくに現在の中東地域の紛争には、アフガニスタン空爆からイラク戦争にいたる国際政治や、石油や天然資源にまつわる経済の力関係によって生じた宗派や民族の分断政策にこそ、大きな要因がある。分断された宗派や民族が、抵抗運動、つまりテロ、の大義名分としてジハードを掲げるのである。

この組織が「イスラーム国」と名乗るようになってからの特色は、地域性を持たないということである。すでにエジプトやインドネシアの過激派集団やナイジェリアのボコハラムのような他国の戦闘的集団も「イスラーム国」に忠誠を誓い、チュニジアでは「イスラーム国」の支部を名乗ってテロを起こす若者が現れている。つまり世界中のどこにあってもイスラーム国に忠誠を使う者は国民として扱うという、従来の国家の概念を覆すものとなっている。

近代では、新たな国家建設には「国土、国民、主権」のいずれもが必須条件であり、それらを国際社会が承認することが必要となる。一方で、武装蜂起した反乱集団が、やがて勢力を拡大して国土や国民を獲得し、一つの国家を築いていく過程は、世界史的にみれば、枚挙にいとまがない事象でもある。残忍な武装集団が国家を形成する過程で穏健化していき、社会に受け入れられ、安定した国づくりをすることは、異常な話ではない。「イスラーム国」がこのようにして、次第に穏健化してイスラーム法に基づく国家として成立することに期待する研究者が、我が国にも少なくない。

そもそも「イスラーム国」が誕生した要因は、パレスティナ紛争から始まり、アフガン空爆、イラク戦争、リビア空爆などの欧米による一方的な政治的軍事的介入であり、それと軌を一にして起こった北アフリカの民衆蜂起とシリア反体制運動などが、現地の問題解決を遠ざけ、混乱状態だけを生じさせてきたことへの、人々の不満と怨念が積もり積もったものである。国際的にみると、この一〇〇年間を経て、今日の資本主義体制の破綻と、驚異的な貧富の格差、若者に与えた将来への失望と不安感などにみられる近代性の破綻に、欧米諸国が真剣に取り組まなかったことにも行きつく。自己の信じる宗教が何であれ、社会に不満をもつ若者にとって、「イスラーム国」の存在は、彼らの不満のはけ口としては最も魅力的な場とうつるのであろう。

一方で考えなければならないことは、「イスラーム国」

の戦闘行為は、国際的には「テロ」とみなされているが、人命を奪う行為としては、欧米の有志連合が行う戦闘行為も、「イスラーム国」が行う戦闘行為にも、良し悪しの区別はない、ということである。どちらも人命を奪う「テロ」行為なのである。「イスラーム国」や支配地域だけではなく、内戦が止まないシリアやパレスティナには、多くの市民が毎日のように被害を受けている。空爆や地上戦によって、「イスラーム国」の戦闘員よりも一般市民の方が多く殺害されていることは、派手な宣伝合戦の背後に隠されて、報じられることがすくない。一般市民の死は、いつも悼まれることもなく、彼らの悲劇は、いつも忘れられやすい。

6 文明史の転換期？

板垣雄三先生は今日の政治的混乱について、以下のように分析している。

いまは、非暴力の新しい市民革命の到来を前に、欧米中心主義にどっぷり漬かった世界が終わる苦悶の時代だ。四〇〇年続いた欧米中心の世界秩序は崩壊中で、「日米同盟こそ基軸」とする日本外交も時代錯誤。中国や二〇カ国・地域（G20）の未来も不透明である。

「欧米対イスラム」という二項対立の見方も誤っている。反テロ戦争を常態化させた欧米は世界中をカオスに突き落とし、うまく自己破産（免責）を遂げようと、イスラム過激主義者を〝別働隊〟に仕立てている。[9]

板垣先生によると、残虐の限りを尽くしている「イスラーム国」の横暴な政策は、歴史的な転換点を迎えようとしている欧米列強が生き残りを賭けて、自らの代役を押し付けているに過ぎない、ということになる。「イスラーム国」やその支持者たちが使用する武器や莫大な戦費は一体、どこから出ているのかと考えてみるなら、紛争の背後に見えない力学があるようにも思える。この疑問に答えるかのように、現在の世界が近代主義の行き詰まりによって、深刻な貧富の差や民族の分断を引き起し、人間精神の荒廃を招いているとして、「反近代主義」

を唱え、文明史的な危機感を訴える学者も出てきている(10)。

前述の加藤尚武先生は「超越性と離在性は、西洋の文化史を独り歩きして、ヘレニズムとヘブライズムの地平分離を惹き起してしまった」と指摘しているが、このような分離は西洋文化史だけでなく、イスラーム史にも見られることである。今日の「イスラーム国」に代表される現在の政治的覇権闘争は、「宗教」戦争ではなく、単に領土獲得競争か覇権争いにしか過ぎず、宗教の名を借りた卑劣な戦争になっている。これを宗教と関連付けるなら、欧米の政権を喜ばせるだけで、解決の道は、ますます遠のくのではないかと危惧される。ここ一〇〇年間、曲がりなりにも保持されてきた中東地域の国境線が崩れるときが、近づいてきているように思えるのである。

注

(1)『井上忠先生追悼集』「ヘレニズムとヘブライズムの地平分離」加藤尚武、井上忠先生追悼集刊行委員会、二〇一四年一二月、四一-四三頁

(2) ヘブライ語聖書創世記一：二六、エゼキエル三七：五-六などを参照。

(3) 新聞などで公表されている風刺画は比較的節度があるものだが、実際には誌面中で、ムハンマドを執拗に誹謗中傷する、吐き気を催すほど性的に不潔な風刺画が掲載されている。なお、イスラームでは、神と並べて崇拝をすることがなければ、絵や彫刻を作成することは禁止されていない。実際に預言者ムハンマドの肖像画も、顔を白塗りにしていることもあるが、作成されてきている。

(4) 聖戦思想はイスラーム独自の思想であるかのように言われることが多いが、歴史的に見ると、キリスト教の思想の中で発生したものである。中世のキリスト教では、戦争や政治から大きく距離を置いていた初期の教義と対立する「正義の戦争」の概念を展開した。その指標となったのはアウグスティヌス（三五四-四三〇）である。キリスト教がローマ帝国の国教として採用（三九二年）されて以降、ローマ教皇も宣教の拡大のための有効な手段とみなして戦争を容認してきたために、平和的な「十字軍」と戦闘的な「ジハード」という背反する概念が広まることになった。

(5)『イスラーム、生と死と聖戦』中田考著、集英社新書、二〇一五年二月、二八頁

(6) 一〇九九年の十字軍の襲来は、このジハードが宣言されるに最適の機会であったが、イスラーム諸国が分裂・競合しており、一致して対処できなかったので、第一回十字軍にやすやすとエルサレムを占領された。第二次十字軍以降最後の十字軍まで、すべてイスラーム側の勝利に終わっている。

（7）「神聖な月」とはイスラームが起こる前のアラビア半島で守られていた休戦協定の伝統で、かつて七月、一一月、一二月、一月には戦闘行為が禁じられていた。

（8）イスラームが発祥した時代のアラビア半島は大きな文明の外側に位置しており、アラブ人が優れた武器を開発していたとか、戦術に優れていたという記録もない。むしろ兵力としては技術的にも動員数も劣っていたイスラーム軍が、強固な軍事力を誇っていたペルシア帝国軍やビザンティン帝国軍になぜ勝つことができたのかという理由として、当時のキリスト教会の三位一体論をめぐって迫害されていた人びとがイスラーム軍に協力し、改宗したという説もある。

（9）「欧米中心の世界 溶解 日本外交は思慮不足」板垣雄三、二〇一五年一月二四日京都新聞朝刊

（10）なかでもモントリオール大学で科学史を教えるヤコブ・ラブキン教授（Yakov M. Rabkin（1945-）は反近代主義の第一人者である。邦訳に『トーラーの名において』『イスラエルとは何か』（二冊とも平凡社刊）がある。De-modernization（脱近代主義）をコンセプトとする国際会議が二〇一六年の二月にフランスのニースで開催される予定。

フランシス・フクヤマ著、会田弘継訳『政治の起源　人類以前からフランス革命まで』

柏岡富英

フランシス・フクヤマと聞けば、ほとんどの人がパッと思い浮かべるのは『歴史の終わり』だろう。この本の出版当時（初版は一九九二年、その元となった *Foreign Affairs* の論文は一九八九年）、フクヤマは「ネオコン」の輝けるスターであった。しかしその後、同じくネオコン思想を背景とするブッシュ政権が、イラクやアフガニスタンで引き起こした混乱と破壊に失望したフクヤマは、次第にネオコンから距離をおくようになる。ブッシュ政権と自らの関係について、フクヤマは次のように言う。「私はレーニン主義を最初から嫌っており、ブッシュ政権のレーニン主義へののめり込みに危惧を抱いた。」民主主義は世界中に拡がっていくだろうが、それには長い時間がかかるのであり、外から腕力で一挙に移植しようとするのは間違っている、というのがフクヤマの考えである（1）。

この「転向」に伴って、『歴史の終わり』もまたネオコンの呪縛から解放する必要が生じた。フクヤマは、この本に対して向けられた批判は誤解に基づくものだと言う。リベラルデモクラシーは、現代世界の羨望の的という地位を獲得するようになったけれども、すべての社会が収斂していく普遍的（あるいは先験的）な最終地点なのではなく、むしろ「近代化」の過程で生じる一つの歴史的副産物である。『歴史の終わり』は、「つまるところ一種の『近代化論』なのであった。(2)」

しかし『歴史の終わり』で展開される議論そのものから、この主張を導き出すにはかなりの無理があるように思われる。おそらくフクヤマ自身もそのことに気付いていた。大センセーションを巻き起こした本であるだけに、「宣言」ではなく、近代化論としての『歴史の終わり』を補強あるいは換骨奪胎し、歴史の肉付けを与え、元の議論には含まれていなかった新しい洞察を取り入れる必要に迫られていたのではなかろうか。「フクヤマといえば歴史の終わり」という固定図式から、もういい加減に抜け出したい（「フクヤマは終わっていない」）と思ったとしても非難には当たらないだろう。その結果生み出されたのが大作『政治の起源』である。

『起源』は、最初に、現代人類にとっての「自然状態」がどういうものであったかを生物学、人類学、考古学の知見に基づいて考察する。ここではホッブス、ロック、ルソーなどの措定、すなわち人間は原初において「個人」であり、「万人の万人に対する戦争」を避けるために、合理的計算の帰結として社会生活を営むようになるという措定が退けられる。フクヤマによれば進化の過程で人類が孤立した個人として存在したことは一度もない。社会生活こそが人間にとっての「既定値（デフォルト）」であり、「血縁選択」と「互恵的利他主義」を原理として、次第に血縁を中心とする部族や氏族、そしてやがて初期的な国家が発達してくる。この、出自集団を原理とする政治秩序（家産制）の形成と発達は本書の全体を貫く大テーマであって、これを乗り越えられるかどうかが近代化の成否の鍵を握っているとフクヤマは考える。

家産制という既定値を克服して近代リベラルデモクラシーが実現される過程を分析するにあたり、フクヤマは政治秩序に三つの基準を設定する。

（一） 国家建設

歴史のあらゆる時代に、近親者に対する「身贔屓」や家系擁護、部族や氏族の維持のための画策が繰り返されたが、国家はこれを排除するためにさまざまな仕組みを案出してきた。たとえば中国では宮廷の主要ポストに宦官を任用することで、身内による権力の継承を防ぎ、また家柄ではなく達成基準によって官僚を採用する仕組み（科挙）を作り上げた。オスマン帝国では異教徒（キリスト教徒）の少年を徴用して重要な官僚ポストにつけたり、エリート軍人（奴隷軍人）に育て上げる慣行があったが、これは部族制が強く残る社会でいかにして国家を建設するかという問題の解決策として生み出されたものであった。

いずれにせよ、マックス・ウェーバーの基準に照らして世界で最初に「近代的」な国家と官僚制を生み出したのは紀元前三世紀の中国（秦）であった。西洋でこれが実現されるのは遙か後のことである。

（二）法の支配

法の支配は中国では発達しなかったが、インド、中東およびキリスト教圏では、近代以前にすでに定着していた。宗教組織の権威が強いところでは世俗の支配者が、この権威を受け入れざるをえなかったからである。ヨーロッパでは一一世紀から一二世紀にかけて、教会が世俗の秩序からは独立した勢力に成長していた。その代表的な例が「カノッサの屈辱」である。インドではバラモン教から成長した政治システムが、国家が権力を集中させる能力を厳しく制限した。支配者は強力な軍事組織をつくれなかったし、ジャーティ（自治的で高度に組織化された共同体）に入り込むこともできなかった。オスマントルコでは、スルタンが理論的にも実際面でも、シャリーアと呼ばれるイスラム法の制約を受けたことは言うまでもない。中世のキリスト教国の君主と同じく、スルタンも神と神の法の至高性を認めていたのである。

（三）説明責任

他の二つの要素（国家と法の支配）と異なり、説明責任はヨーロッパ、とくにイギリスにおいてのみ発達した。中世ヨーロッパの各地で、議会、コルテス（スペイン）、セイム（ポーランド）などの制度が生まれたが、政治勢力として十分に成熟したのはイギリス議会だけであった。もともとは国民全体に向けられていたのではなく、ごく少数の有力者からなる立法府に向けられたものであったが、清教徒革命と名誉革命をへて徐々に重視されるようになった。

国家、法の支配、説明責任という三つの要素は、さまざまな歴史的環境の中で、さまざまな制度として具現化される。要素相互がどのように、そしてどんな順番で結びつくかは宗教的規範、支配者のパーソナリティ、ライバルとの関係、戦争などによって大いに異なる。インドには法があったが伝統的に強力な国家がなかった。中国には、すでに紀元前三世紀に強力な近代国家が出現したが、法の支配と説明責任が発達しなかった。中東にはかつて国家と法の支配があったが、この伝統はアラブ世界の多くの地域で失われてしまった。

また近世初期のヨーロッパの内部でも、三つの要素の絡み合いの結果、幾つかの異なった政治秩序が出現した。フランスやスペインにおける弱い絶対主義、ロシアにおける強い絶対主義、ハンガリーとポーランドにおける寡頭制の崩壊、そしてイギリス及びスカンジナビアにおける責任政府の誕生、である。こういった、さまざまな組み合わせを一般的に説明する原理を見いだすことはほとんど不可能であり、最終的には「この組み合わせの出現がいかに歴史の偶然に左右されたかを思い起こす必要がある。」[3]

このように、リベラルデモクラシーの三要素の一つ一つは、世界各地で近代以前に誕生、発達していた。偶然のことに（そしておそらくは幸運なことに）、三つの要素は「エルベ川から西」のヨーロッパにおいて特異な結びつきを見せ、それがフランス革命とアメリカ独立革命に結びついていく。フクヤマのみるところ、近代政体の基本的な原理はイエナの戦いでナポレオンがプロシア軍を打ち破ったころには出そろっており、それ以降のヨーロッパの歴史的課題は新しい秩序原理を発明することではなく、すでに存在する原理に肉付けし、制度として定着させていくことであった。（共産主義は新しい原理であろうとしたが、二〇世紀の終わりまでには実質的に消滅してしまった。）

以上が『政治の起源』の大略である。歴史に疎い評者にとって決して楽な読み物ではなく、膨大な量の資料渉猟と綿密な考察に圧倒され、ときとして満腹感におそわれることもないではなかったが、全体として非常に強い刺激を受け、多くを学んだ。フクヤマが目指したのは行きすぎた抽象化（エコノミストの悪弊）と行きすぎた瑣末主義（多くの歴史家、文化人類学者の悪弊）の落とし穴をともに避ける中庸の理論である。[4]「一九世紀の歴史社会学や比較人類学の失われた伝統のなにがしかを取り戻してみたいとも思っている[5]」という決意表明にも大いなる拍手を送りたい。

ただし近代化論との関連で言うと、評者は本書を読みながら、たとえばS・N・アイゼンシュタットの議論をたびたび思い浮かべた。アイゼンシュタットの大きな貢献の一つは、それまでの近代化論が一方通行で非可逆的な近代化を想定していたのに対して、「近代化の挫折」という概念を提唱したことである。[6]フクヤマもまたリベラルデモクラシーの「完成」の過程とともに、西洋以外の国がなぜこの政治システムに到達できなかったか（挫折したか）を議論の中心に据えている。

さらにフクヤマは「ある国家にはうまく機能した政治システムが、（新しく生成してくる環境に）うまく適応できなければ、社会は危機に直面するか崩壊し、また別の制度を採用せざるをえなくなるかもしれない。このことは、非民主主義的制度と同じように自由民主主義にもあてはまる[7]」と書いているが、これはアイゼンシュタットの主唱する「複数の近代（マルティプル・モダーニティーズ）」[8]論と非常に似通っている。しかし本書中にアイゼンシュタットへの言及はない。[9]これは単なる見過ごしなのだろうか、あるいは何らかの理由があるのだろうか。フクヤマが言及する（しかも頻繁に）近代化論者はハンティントンただ一人である。（ダニエル・ラーナー、タルコット・パーソンズは、名前は出てくるが、議論はない。）『歴史の終わり』や『政治の起源』が「近代化論」なのだと標榜するかぎり、これはいささか不可思議である。

このことを理解する鍵は、おそらく『歴史を先に、理論は後に』というフクヤマの基本方針にある。「理論は事実から推論されるべきで、逆であってはならない。……社会科学は見かけが立派な理論をまず持ち出して、それを確認するような事実を探すことが多い。それは私が採る方法ではない、と少なくとも自認している。[10]」その言やよし。しかし少なくともいくつかの箇所でフクヤマ自身がこの「事実探し」の誘惑に抗えなかったのではないかという疑念が残る。

たしかに、比較政治学が一般理論（願わくば予測理論）を達成するには、ケースの数が少なすぎ、変数の数が多すぎるのは本当である。フクヤマはトーマス・アートマンの『リヴァイアサンの誕生』を評して「彼ほど幅広い事例を取り上げた歴史の比較研究はまずない。……しかし彼の研究は真の政治制度の発展の理論にはいたらず、そもそも理論化が可能かどうかさえも不明である。[11]」と書いている。この指摘はそのまま『政治の起源』に当てはまる。歴史には偶然、時の運、予期せざる結果、思想や宗教の拡散、支配者の資質など、「ワイルド・カード」があまりにも多い。歴史と理論という最大級の難題に正面から取り組んだフクヤマの力業は賞賛に値する。しかし理論構築の大枠として進化論および家産制を据える試みは、必ずしも成功したとは言えない。（本書では「合理的選択」理論が一貫して退けられるが、少なくとも部分理論として取り入れてしかるべきであろう。）

『政治の起源』は、二巻本の第一巻として出版された。続巻は『政治の秩序と衰退：産業革命から民主主義のグローバリゼーションへ[12]』と題され、『起源』と『衰退』とでワンセットとなる構想である。後者はフランス革命以降の現代世界を対象として、西洋で結実したリベラルデモクラシーが西洋以外の世界に制度上どのような影響を与えたかを論じる。当然のことながら日本もかなり広範に取り上げられるし「アラブの春」にも一章が割り当てられている。

全体的なトーンとしてリベラルデモクラシーへの強い信頼感が揺らぐことはないが、多くの国にとって「デンマーク」への道がいかに遠く困難に満ちているか、中国がこれからどんな方向性を打ち出してくるか、そして何より、アメリカが抱えるさまざまな不安定要因（家産制復活の兆し）をどう乗り越えていくかに多くのページが割かれる。

フクヤマは、この第二巻での議論を念頭に置いて『起源』を読んでほしいと書いている。つまり本書は西洋のリベラルデモクラシーへの万歳三唱ではないと言いたいのだろう。歴史の終わりは、いましばらく延期されそうである。

注

（1）*America at the Crossroads*（Yale University Press, 2006）, p. 55. 邦訳は『アメリカの終わり』（講談社ＢＩＺ、二〇

〇六）。

（2）同書、五四頁。

（3）『政治の起源』上巻、五一頁。

（4）社会学ではふつう「中範囲の理論」という。

（5）『政治の起源』上巻、五三頁。

（6）たとえば *Modernization: Protest and Change*（NY: Prentice-Hall, 1966）を参照。

（7）『政治の起源』下巻、三〇五頁。

（8）たとえば "Multiple Modernities," *Daedalus*, Winter 2000; "The Resurgence of Religious Movements in Processes of Globalization: Beyond End of History or Clash of Civilizations", *International Journal on Multicultural Societies*, Vol. 2, No. 1（2000）を参照。

（9）『政治の秩序と衰退』では取り上げられるが、家産制、クライアンテリズムと国家建設に関する著作である。ここでもフクヤマとアイゼンシュタットの関心は通底している。

（10）『政治の起源』上巻、五四頁。

（11）同書、下巻、一一二頁。

（12）*Political Order and Political Decay: From the Industrial Revolution to the Globalization of Democracy*（NY: Farrar, Straus and Giroux, 2014）．本校執筆時点（二〇一五年七月）で邦訳は未刊。

〔講談社、二〇一三年〕

ジェームス・C・スコット著、佐藤仁監訳『ゾミア　脱国家の世界史』

島田竜登

国境が近代的な産物であると声高に主張するのならば、もはや陳腐な表現に過ぎないであろう。しかし、国境が近代的な産物であるならば、前近代社会においては国家の管理から外れた地域が存在したということになる。しかも、人々が国家の管理を嫌い、その国家の管理外にある地域に向かうことがあったと主張するならば、どうであろうか。本書は、かくのごとき問題を提起し、国家というものの存在を問い直した衝撃的な作品の翻訳である。

著者のジェームス・C・スコットは一九三六年生まれで、イェール大学教授の職にあり、一般には東南アジア研究者として知られる。本邦では『モーラル・エコノミー』の翻訳で著名である。歴史学というよりも政治学や人類学的分析に優れた研究者であり、どちらかといえば従来の研究のスタンスを大きく塗り替えることをポリシーとする研究をこれまで発表してきた。学問のパラダイムの変換をつとに迫る研究者であり、東南アジアをフィールドとして、とはいえ東南アジアだけにとどまることを知らず、より一般的な社会科学の在り方そのものを問うことを目指してきた研究者である。

スコットはこれまで、ややもすれば奇をてらったかの印象を受ける作品を提示してきたが、本書もまた同様のごときである。二〇〇九年の原著出版以来、本書は様々な形で波紋を投げかけてきた。またしても毀誉褒貶相半ばしていることだけは間違いない。

そもそもゾミアとはベトナム、タイ、カンボジア、ラオス、ビルマ（ミャンマー）北部から中国南部、インド東北部にかけての山地地帯を表す造語である。ゾミアという用語の使用はスコットが初めてというわけではないが、この地域のミステリアスな存在とゾミアという化け物のような名前とが読者に様々な葛藤を引き起こさずにはいられない。というのも、現在でも、この地は一種の秘境だからである。国家の管理が行き届かず、以前はアヘン栽培とその密貿易の行われていた地域でもある。この土地の人々を歴史的に考察したのが本書であるが、実際には後述するように、この新たな歴史叙述は本書の貢献の一つにすぎない。

ところで、現在の歴史学研究では海域史なるものが隆盛をみている。世界各地の歴史研究において、それは顕著な傾向ではある。日本ばかりの現象ではなく、むしろ日本の方が後れを取ってきている。このような研究動向にあって、とくに東南アジア史研究では、海域史研究というのが一種のメイン・ストリームとなっている。東南アジアとは全体を眺めてみても海域世界であり、とくに一五世紀から一七世紀にかけては「商業の時代」ともよばれるほど、船舶を利用した商業活動が起爆剤となり、港市国家群が形成されたとされる。農業からの収奪と管理を生業とする農業国家が東南アジアの歴史的国家形態の中心ではなく、むしろ国際商業に機軸をおいた港市国家こそが東南アジア史上の国家の存在形態の第一とされてきたのである。

かくのごとき東南アジア史研究のメイン・ストリームに対して、スコットのテーゼは極めて批判的であるといえる。もっとも、東南アジアの国家形態が、国際商業ベースの港市国家にあるのではなく、農業国家にあったというのではない。むしろ、スコットにとって重要なことは、このどちらの見方も一緒くたにして批判することである。いわば、国家というものが存在しない世界があったことをスコットは強弁するのである。日本の中世対外関係史研究の村井章介がかつて、倭寇とされた人々をマージナルマンと評したのに近似する。

平地に基盤を置く国家は、国際商業から利得を得たり、デルタ地帯を開発することで農業に従事する人々から収奪を行ったりする。そのような国家の活動はまさしく暴力的であり、この低地の国家から逃げ出そうとする人々を生み出す。逃散することに決めた人々は内陸の山地へと向かう。ここでは低地の国家支配が貫徹することはない。内部に行けば行くほど、低地の国家の支配力は、政治的にも、経済的にも弱まり、そこに一種の無国家地帯が生み出された。それはまさしくゾミアと呼ばれる山地地帯に形成された世界であったのである。

本書の意義は三点ある。第一には、東南アジア研究の範疇で、国家という存在を脱普遍化した点にある。それは農業国家や港市国家の双方を問わず、人々を支配し、文字を通じて文明を作り上げる国家という存在そのものを議論の題材にあげるのに成功したことにある。国家や文明を議論の俎上にあげつつ、第二の意義としては、そもそも国家が存在しない世界があることを示したことであり、それは東南アジア研究を超え、社会科学一般における国家論を相対化させたのである。

この二つの意義の他に、もう一つの成果があろう。それは地域研究そのもののフレームワークを覆すということでもある。第二次世界大戦後、アメリカの軍事戦略とともに、研究者はアメリカの戦略に同意しようとしなかろうと、地域研究なるフレームワークを作り上げてきた。そこでは、東アジア史、東南アジア史、南アジア史といった地域区分を重要視し、それぞれに地域研究なる営みを続けてきたわけであり、この傾向は日本でも同様であった。東南アジア学会、南アジア学会、中東学会などの地域区分に従った学会が多数日本にも存在するのである。ただ、現在、国境を学術研究の区分とすることはナンセンスであると多数の研究者が賛同するにもかかわらず、この一国を超えた大きな地域区分、すなわち東アジアや東南アジアといった地域研究の「縄張り」を危険性を指摘する研究者は少ない。一方、本書はこうした東南アジアや東アジアといった地域区分そのものにも懐疑的であることは明らかであり、地域研究の手法そのものの相対化という役目も果たしているといえるだろう。

もちろん、本書に問題がないわけではない。第一の問題は、本書は学術的な研究書なのか否かということである。批判的に読めば、本書は単なるファンタジーとも読めなくもない。厳密な実証を欠いた作品で、空想に空想を重ねたともいえなくはない。そもそもゾミアの地域に関して、一九世紀以前を論じるには存在する史料が少なすぎるのである。もちろん、スコットはできるだけ多くの先行研究にあたってはいる。だが、少ない史料に立ち向かう時に有効であると著者が考える人類学的手法にあまりにも依存しすぎているのである。

山地の村に入って暮らし、人々との触れ合いを持つことは結構ではある。それによってインスピレーションを得ることはあるかもしれないが、それは所詮、印象論にすぎない。そこに住み人々の歴史語りにどれだけの信憑性があるといえるのであろうか。人々の歴史語りの在り方を考察するというのなら理解できる。なぜなら、それは彼らのアイデンティティにかかわるからである。しかし、彼らの歴史語りの内容は別の証拠によって検証されなければ歴史学ではない。本書は歴史的なパースペクティブをもって叙述されているのであり、歴史学者の立場から言えば危険すぎる作品といえるのである。

もうひとつの問題は、本書はできる限り二項対立的な構成をとっている点にある。善と悪という二項対立的な構造を明確に打ち立てることは通俗小説家の好む手法である。善悪がはっきりしている方が読者にとって理解しやすいからである。国家というものを否定する存在としてのゾミアの人々という図式はあまりにも単純である。実際には確実に二つには割り切れない事象は数多くあろう。また、さらに注意を要すべきことは、スコットにとっての「善」はゾミアの人々であり、「悪」は低地の国家にあることは明らかである。学問において、善悪の判断をこれほどまでに前面に押し出すのがよいのか否かは判断が分かれよう。もちろん、価値判断は避けて通れない問題であり、はじめから著者にとっての「善」を明確にしておいた方がよろしかるべき態度なのかもしれないが。くわえて、現代的な支配が現在成し遂げられる中で、それが存在しなかった世界として過去を絶対視しているという問題もあろう。これもまた、スコットの善悪を明確にする手法のなせるわざによるのであり、学術研究ではなく、センセーショナルなファンタジーといえなくもない。

様々な波紋を引き起こす同書ではあるが、今回、佐藤仁氏の監訳によって素晴らしい翻訳書が提供されるに至ったのは慶賀の限りである。同氏は本書のタイトルを原書の「支配されざることの芸術（The Art of Not Being Governed）」から「ゾミア」というタイトルに変えた。センセーショナルな原著が、さらにセンセーショナルな書に変じたともいえなくはないが、日本での研究状況を考えれば、そもそもゾミアという言葉自体になじみが少なく、ゾミアを前面に出すことで、日本の学術世界を揺さぶる衝撃が必要であろう。以上のことを考えれば、監訳者が『ゾミア』と名付けたことは適切な判断であると考えられる。また、本書翻訳には多大な労力が払われ、適切な訳語選択や解説的訳文が試みられている。とまれ、国家や文明を考えるうえで、いまや本書は一読せずにいることは不可能である。

〔みすず書房、二〇一三年〕

イアン・ブレマー著、北沢格訳『「Gゼロ」後の世界』

河東哲夫

本書の著者イアン・ブレマーは、日本語版への序文で、これは「Gゼロ」、つまり現在の世界でグローバル・リーダーシップが失われてしまったことの原因・現状分析、将来予想を行った書物だとしている。彼によれば、「G20は機能しない、G7は過去の遺物、G3（日米欧同盟）は夢物語、G2は時期尚早」で、米国の力が低下した現在、世界の秩序維持を担うものはない、ということである。

章立ては次のとおりで、第二章まではGゼロとなった原因分析、第四章までは現状分析、第五章以降は「米国には復元力がある」ことを前提に、米国がかなりのリーダーシップを取り戻すであろう、これからの世界のあり方を分析している。

原著、翻訳とも二〇一二年に出版されたもので、リーマン・ショック後の世界の混乱を強く反映した叙述が目立つが、第五章では中国の今後の成長には大きな問題があることを指摘、第六章では米国の復活を予言して、時代を先取りしたものになっている。但し、著者はその米国に対しては、独善を自戒すること、負担しきれない対外コミットメントからは手を引いて同盟国等との関係を活用、自身の死活的な利益に関わる問題に集中することを提言して、意味深長である。以下、まず各章の概要を述べる。

第一章：Gゼロとは何か？

「Gゼロ」は、米国経済が後退したこと、米国民が益々内向きになったことで生じた。米国の力が後退しているのに、欧州や日本は今以上の負担を引き受けようとしない。BRICSは見かけ倒しで、グローバルなリーダーシップを取る力はない。世界の経済と安全保障はメルトダウンの状況を呈するのだろうか。

第二章：Gゼロへの道

第一章のGゼロ状況に至るまでの経緯を、戦後のIMF体制がたどった歴史――ニクソン・ショック、オイル・ショック等――を中心にたどる。

第三章：Gゼロ・インパクト

「Gゼロ」状況が現在の世界で起こしている様々の現象の列挙。特に「紛争を解決する安全保障フォーラムすら存在しない」アジアでは衝突が起きる可能性が高く、「アジアにおける対立こそ、世界にとって最大の危険要因」である。その他、保護主義の台頭、先進国で緊縮財政が一般的となることによる景気低下、サイバー空間管理、環境問題、食糧、水資源の不足問題等でのまとめ役を果たす国がなくなる、等の予測を示す。

第四章：勝者と敗者

世界情勢の流動化に応じて、国と国の同盟・連携関係には変化が生ずる。グローバル・リーダーが不在なので、地域ごとに軸（pivot）となる国家が現れる。それはブラジル、トルコ、インドネシア、ベトナムなどである。日本、イスラエル、メキシコ等は、米国への依存度が強過ぎるが故に力を発揮できない、「日陰の国家」である。

ロシアは、経済力欠如の故に長期的には敗者となる国である。米国経済は復元力を持っているので、ロシアのようにはならないだろう。問題は中国で、人口の老齢化、経済成長におけるインフラ建設への過度の依存、イノベーション・起業精神の欠如を抱えているため、この国の今後は不安定、不均衡、不調和に彩られるであろう。中国は、大混乱の瀬戸際にあるというわけではないが、今のままでは持続不可能である。

こうして、絶対的な勝者がいない状況では、米国、欧州、中国とも集団的な安定化装置を必要とするだろう。

第五章：来るべき世界

Gゼロという不安定な状況は持続不可能であり、世界は着地点を求める。現在のGゼロという状況は、着地までの移行期に過ぎない。多くは米中関係の今後にかかっているが、ここでは今後の世界について四つのシナリオを提示する。①米中が突出した力をもって協力し、世界を仕切るG2体制、②米中と他の有力国が協力して世界を動かす体制、③米中が敵対し世界全体を二つの陣営に分けてしまう、冷戦2・0体制、④そして米中が敵対する中で地域の強国が安定をはかっていく「地域分裂世界」の四つである。

このうち④の「地域分裂世界」が最も可能性の高い状況である。中東ではサウジ・アラビア、欧州ではドイツがまとめ役を果たすだろうが、アジアは有力な国が並立しているために最も不安定な状況を呈するだろう。

この四つ以外に、シナリオXとも呼べる「Gマイナス」の状況もあり得る。これは現在の主権国家が無力化し、分離独立運動が盛んになる等の状況である。しかしこれは、実現性が最も低い。

第六章：Gゼロ・アメリカ

米国には復元力がある。米国はGゼロ後のリーダーシップを取り戻すことを目標とするべきである。しかし米国は、自分のこれまでの振る舞いを反省せねばならない。独善を排して、地域毎の特殊性を認めることが特に必要である。イデオロギー主導の外交政策などは贅沢品で、国防費は削減するしかない。

核不拡散、テロ、環境問題等多様な問題に対処する上では、連携する相手を問題毎に常に替え、異なるグループを形成できるようでなければならない。そして自由貿易深化のための国際協定締結は、米経済活性化とその外交政策にとって、決定的に重要なものである。

他方、米国のリーダーシップには限界がある。米国の死活的な利益が危機に瀕する場所では、今後も深く関与する必要があるが、負担しきれない対外約束からは手を引いて、国内の再建に力を向けるべきである。そして米国と価値観と利害を共有する同盟国、パートナーとの関係を活用し、米国のリーダーシップを求める世界からの声に、費用対効果の高い方法で応えなければならないのである。

本書は文明論というよりは、情勢判断に類する著作である。そのため、陳腐化するのは速い。本書は二〇一二年に出版されたもので、世界の現状は今や本書の第五章と第六章の中間、つまり中国の成長に影が差し、米国の復調が顕著になってきたあたりにある。つまり、第四章までは情勢判断と言うよりは、既に歴史の領域に分類されるべきものになっている。中国の停滞、米国の復調を二〇一二年の時点で予測していることは流石であるが、第四章までの情勢判断の部分は完璧なものではない。

周知のとおり、情勢判断というものは科学というより匠の技に近く、万能の方法論はない。基本は一つの情勢における actor と factor をもれなく集めてそれぞれの性質、相互の関係を見極めることである。そしてその factor には、現代の政治・経済・社会・文化・軍事だけでなく、歴史も含まれる。

その観点から行くと、本書には足りない点が多いのである。第四章までは「中国台頭」、「米国退潮」等のステレオタイプを検証もなしに繰り返し、ステレオタイプを基にあれこれ頭の体操をしている感がある。

しかし、現代の国際政治は複雑系のようになっており、主権国家、あるいは政府だけが actor ではない。これまでも、EUのような超国家的組織や地方自治体、そして市民団体の力の増大が、近代国家を上下から「挟み撃ち」しているとの指摘は見られたが、実態はそのような「きれいごと」を越えている。

ウクライナ情勢では経済（そして政治も）を握るいくつかの有力財閥、政府や米国のコントロールが効かない右翼過激派、ロシア政府のコントロールが効かないロシア国家主義者、何者かが雇った傭兵部隊、見通しもない中で弱小の「民主主義」勢力を支援して結局混乱だけ作りだしてしまう西側NGO、その混乱に対して「生まれたばかりの民主主義を救う」ための積極的な介入をオバマ大統領に強要するネオコンや共和党などが、重要な

actorなのである。つまりここでは、米国における党派対立が影を投げかけており、米国一強の世界においては米国内の対立が世界に波及しやすいことを示している。

中東では、リーマン・ショックで悪化した生活への住民の不満が、野党勢力、西側NGO等により、反政府運動として演出されて「アラブの春」を生み出したが、既存の利権構造を破壊しても結局混乱、あるいは別の集権・利権構造の出現を呼ぶに終わっている。またイランの核開発抑制問題では、イラン原油が世界の市場に再び出てくることに国際石油資本はどう対応するのか、石油取引が生み出すユーロ・ドルで利益を生み出す国際金融資本、その双方に深く関与しているユダヤ人はイランとの合意がイスラエルの安全保障に悪影響を与えかねないことをどう思っているのか、そしてそのことは米国大統領選にどう影響するのかも（ユダヤ系の多くは民主党支持）見て行かないといけない。

またケイマン島等「タックス・ヘブン」と称される免税地域には、世界中の不正資金が集まるが、それのハブ的機能を果たすスイスやルクセンブルクの金融機関は、米国等から顧客情報の開示を執拗に求められている。これら金融機関にはユダヤ系のプレゼンスも大きく、彼らに対する過度の圧力は米国内で、政府に対する反発として跳ね返って来るだろう。

本書は、これら複雑系のfactor、actorを網羅したものになっておらず、主権国家とその政府だけをactorとして、机上の推論をあれこれ提示する。これは、米国メディアあるいは識者によく見られる傾向である。民主党、共和党とも傘下にNGOを擁し、これらが海外で党益推進を念頭に民主化運動を行っては混乱状態を作りだすこと、あるいは米議会議員に対するイスラエル・ロビーの締め付けぶり等の報道は、一種のタブーになっていて、議論が現実離れしたものになってしまうのである。

そこでは、国家や政府があたかも一つの意志を持った存在であるかの擬人化が、行われやすく、それは本書でも目立つ。米国での政策決定過程の複雑さは周知の事実、中国でも新旧指導者の間の権力闘争が外交にも影響を及ぼし、政府の諸省がばらばらに省益を追求する。本書は、中国がまるで一人の人間であるかのように、あるいは習近平国家主席独裁の下に一つの明確な戦略をもって世界に進出していると捉えているが、実際の中国は、ばらばらの運動体が作りだす状況に対して、党中央が場当たり的な対応を取る例が多い。

更に本書は文明論の見地を欠くために、情勢に対する見方が「平面的」である。つまり、現代の諸国家は異なる発展段階にあるので、それらの国家が起こす紛争は異なる性質を持つことを十分認識していない。いわゆる先進国の間では古典的な領土紛争・国境紛争が起こることはほぼなくなり、戦後米国を中心として確立したグローバルな自由市場は、TPP等自由貿易協定のネットワークの深化で益々進化している。他方、途上国の多くやロシアは工業化に乗り遅れたが故に、国内を集権・権威主義で治め、外国との問題は経済問題でさえも指導者の間の政治的な談合で解決しようとする。

工業化以前の諸国A、中途半端な工業化しか実現できなかった諸国B、先進諸国C、このA、B、C三種の国家の間で起こる紛争は、A対A、A対B、B対Cなど組み合わせによってその様相を異にする。例えばロシアと先進国の間の対立（B対C）は、共産主義の是非というイデオロギー問題を除去され、持てる国と持たざる国の間の対立、つまり南北関係A対Cに近似したものになっている。

つまり現在の世界では、異質の紛争が同時並行的に進行する「紛争の重層構造」が特徴的であり、対処の仕方もそれぞれに異なるのだが、本書は紛争を一様に力の対決ととらえ、すぐ武力紛争につながることを前提としている。それはアメリカ的、ユダヤ的な二項対立法であり、ものごとをそのように単純化してとらえ、いずれかに与することで、事態を複雑化してしまうのである。

以上の欠陥が生む、いくつかの代表的なステレオタイプを本書の中から列挙してみる。

・著者は、アジア情勢を同盟と対立の二項で仕分け、その間のグラデーションを見ない。彼によれば、「アジアは数々の有力な対立する国々を抱えている上、紛争予防の集団メカニズムがないため、世界最大の紛争要因」であると言うのだが、これはアジアに住む者の生活実感とは異なる。

アジア諸国の間の境界線・領土争いの多くはイスラエル、イラン、ロシア等のように住民の生活にかかわるものでなく、歴史的対立・価値観の相異の象徴に止まっていることが多い。武力紛争に直ちに至らないのである。著者の二項対立的な見方は、「アジアは紛争必至。なのに、自分で自分を律する能力がない」という上から目線の見解を生みやすく、時とするとアジアは見放せとする意見につながる。欧州、あるいは中東方面に米国の関心を向けたい者が、このようなアジア異質論を煽る傾向がある。

・著者には、「米国は、中国に国債を大量に買ってもらっている」という負い目の意識が強すぎる。実際には中国は、過度の元高を防ぐため大量のドル買い介入を続けざるを得ず、このドルを運用できる大資本市場は米国にしかないという事情を抱える。つまり中国が自分の都合でやっていることに、米国が負い目を感ずる必要は毛頭ない。ドル、そして米国債を購入しないと、困るのは中国自身なのである。経済関係を政治的な見地から見過ぎると、誤った結論を引き出す。

・「アジア諸国にとって中国との経済関係は非常に重要である。他方米国との関係は安全保障面で重要なだけであるため、アジア諸国は米国より中国を選びやすい」という見方も単純化が過ぎる。中国の輸出の半分は外国資本によっており、中国自身に経済競争力があるわけではない。また中国も含めてアジア諸国で作られる製品の多くは米国を市場としているので、実際には米国は経済的にも最も重要なパートナーなのである。

・「日本は米国に依存し過ぎている」との評価の故か、国際政治・経済における日本の役割を殊更に無視している。米欧のメディアの多くに共通して見られる傾向である。実際には日本は戦後、ASEANばかりでなく韓国、中国の経済発展を大きく助け、今でも東アジアの水平分業構造のハブ的存在であること（日本企業は、韓国や中国で組み立てられる電子製品の生産に必須の部品・製造機械を、輸出している）、日本は戦後米国を核として作られたグローバルな経済体制（ＩＭＦ、ＷＴＯ等）の維持・深化に大きく貢献していること（ＴＰＰ交渉に応じたこと。数度にわたるＩＭＦの増資を助け、特別拠出もしてきたこと）は、もっと正当に評価されるべきである。

・日本と同様、ほとんど言及されていないのはイスラエルも同様である。この国は米国政治を長年にわたって牛耳り、日本のような代償を提供することなしに米国の強い支援を引き出す一方、周辺諸国（その一部は米国と同盟関係にある）とパレスチナ問題をめぐって対立を続けてきた。それは、一九七三年の石油危機の引き金を引いたし、他にも数度にわたって世界規模の緊張の原因となってきた。イスラエルの今後は中東地域、米国外交の将来を占う上で重要なfactorなのだが、ユダヤ問題は米国ではタブーであり続けている感がある。

最後に、本書には文明史、経済史の観点が欠けているため、現在のメガ・トレンドがいくつか視野から抜け落ちている。最大のものは、近世以来の歴史を主導してきた国民国家、植民地主義、そして産業革命という三点セットが、大きな変容の時代を迎えているということについての問題意識が稀薄である。国民国家の相対化については上記に述べたが、産業革命、即ち富の創出方法も大きな変化の時代にある。例えばアップル社は、iPhoneを設計するだけで、部品生産と組立は外国企業が行っている（アウトソーシング）。アップルは、国際通貨を兼ねる自国通貨ドルを使って、世界全体をひとつの経済単位として扱い、「グローバル・サプライ・チェーン」の中で生産を行っている。アップルは頭脳＝サービス、iPhoneを実際に組み立てる鴻海精密工業等の外国企業は製品という「モノづくり」に携わっているのだが、アップルの最終製品においてはサービスとモノづくりは一体化していて、その利益を米国ＧＤＰ統計のいずれの項目に分類するべきかはわからなくなりつつある。

アウトソーシングの普及は、先進国の「工業」を再活性化する。しかしこの中で、世界は一部の先進国企業とその下請けに分かれ、先進国の国内も、多国籍企業の幹部として世界を相手に仕事をし生活する一握りのエリートと、賃金の高い仕事は外国に流出したが故に割の悪い仕事しかあてがわれない一般大衆との間で格差が広がるだろう。日本人で世界のエリートの仲間入りできる者は極く少数で、事態は人種問題の様相も呈するだろう。

そして人工知能、ロボット、遺伝子科学、脳波の活用等、これまでは神の領域に属していたことに、人間が傍若無人な侵入を始めたことは、将来に大きな問題を投げかける。ロボットが生産やサービスの大要を担う場合、人間は働かなくとも欲しいだけのモノとサービスを手に入れることができる。これは教育を不要とする。

ロボットの発達は、人間から職を奪い、中産階級をなくし、社会を一握りのエリートと動物的な存在に堕した大衆とに二分化させてしまうのか、それとも万人が「（ロボットは）能力に応じて働き、（人間は）必要に応じて受け取る」共産主義の理想が実現された社会に生きることになるのだろうか。これからの世界情勢分析、そして文明論は政治学や経済学だけでなく、ＳＦ的な知識と想像力をも必要とすることとなる。今の世界は「Ｇゼロの世界」を越えて、アルビン・トフラーの「第三の波」に次ぐ「第四の波」論を必要としている。

〔日本経済新聞出版社、二〇一二年〕

比較文明学会　第三十二回大会　シンポジウム

文明交流と日本文明

西南学院大学、二〇一四年一〇月一一日

司会　服部研二
コーディネーター　前田芳人
特別講演　松本亮三
基調講演　染谷臣道
パネリスト　板橋義三、川本芳昭、小林道憲、島田竜登

《開会挨拶》

服部：只今より比較文明学会の第三十二回大会、公開講演会とシンポジウムを始めたいと思います。私は本日の進行を担当いたします香蘭女子短期大学の服部と申します。よろしくお願いいいたします。それでは最初に、本大会の実行委員長の前田芳人・西南学院大学名誉教授よりご挨拶申し上げます。

前田：大会実行委員長を仰せつかっている前田でございます。比較文明学会第三十二回大会をこの西南学院大学で開催できますことをとても喜んでいます。充分に準備はしたつもりですが、大会中、何等かの不都合なことがあるかもしれません、その時はどうぞご勘弁頂きたいと思います。今日は、特別講演、基調講演、そしてシンポジウムと続き、五時三〇分までございます。長い時間ではございますが、有益なる報告と稔りある討議を期待したいと思います。皆様のご協力をお願いして、簡単ではございますが、実行委員長としての挨拶とさせて頂きます。

服部：続きまして、本学会の会長である松本亮三・東海大学

教授よりご挨拶申し上げます。松本先生には、特別講演「比較文明学とは何か」の講師もしていただきますので、時間の節約も兼ねて、ご挨拶のあとに、続けて講演をしていただきたいと思います。それでは、松本先生、よろしくお願いいたします。

松本：みなさん、こんにちは。台風が明日あたりから激しくなるようですけれども、わざわざお越しいただきまして、本当にありがとうございます。本日とそれから明日、二日間にわたりまして、比較文明学会の第三十二回大会が、開かれることになりました。私は直前の三年間、会長を務めておりましたが、再任されまして、今日からまた比較文明学会の会長を務めることになりました。松本でございます。よろしくお願いいたします。

この北九州の地というのは、永く日本の玄関であったところでありまして、今回の大会テーマ「文明交流と日本文明」というのは、土地柄を考えますと、大変良いテーマではないかと思っております。この大会の実現に向けまして、今、ご挨拶をいただきました実行委員長の前田先生、それから進行をしていただいております服部先生、このお二方をはじめ、実行委員会の皆さん、そしてここには比較文明学会の九州支部がございますが、九州支部の皆さんにも随分お力添えいただいたことと思います。厚く御礼申し上げます。

《特別講演「比較文明学とは何か」》

松本亮三

松本：シンポジウムが開かれるのに先立ちまして、私には「比較文明学とは何か」ということを話しなさい、という課題をいただきました。「比較文明学」というのは、あまり馴染みのない言葉かもしれません。われわれは、当然のようにこの言葉を使っているのですが、一般の方々とっては、あまりお聞きになったことのない学問でありますので、これに関しまして、私見でございますけれども、簡単に掻い摘んでお話をさせていただきたいと思います。今日お配りしております冊子にも梗概を書いております。六ページでございます。三つにわけて書いておりまして、第一番目に「文明とは何か」、第二番目に「比較とは何か」、そして第三番目に「比較文明学の課題」ということで原稿を書かせていただいております。これにつきまして、今日は、スライド資料を用意いたしましたので、少しレジュメよりも詳しくお話をさせていただきたいと思います。

1．文明とは何か

まずお話しいたしますのは、「文明」という言葉についてです。これをどう理解するかは、学者によって千差万別でありまして、さまざまな意見が言われてきております。どれが正しくて、どれが間違っているというわけではございません。本日はまず、文明とは何か、文明についてどう考えられてきたかということを辿ってみようと思います。「文明（シヴィリゼーション）」という言葉の語源は、遠い語源を遡りますと、ラテン語のキウィタスやキウィリス――キウィリスは形容詞形になりますけれども――、つまり「都市」だとか、「市民生活」ということを表しております。しかし、これがずっと長く使われてきて今のシヴィリゼーションになったわけでは、どうやらないようなのです。一八世紀に、フランスやイギリスで新たに使われはじめた言葉が、シヴィリザシオン、あるいはシヴィリゼーションという言葉でありました。たとえば、ジェームズ・ボズウェルという人の『ライフ・オブ・サムエル・ジョンソン』という本がございます。サムエル・ジョンソンというのは、辞書の編纂家として有名な人だったわけでありますが、ここには一七七三年三月二十三日のボズウェルの思い出が書かれております。辞書の編纂に忙しいジョンソンのもとにボズウェルが訪ねて来まして、「シヴィリゼーション」という言葉を載せたらどうか？というふうに提案したのですが、まだこの言葉というのは一般的ではないんですね。サムエル・ジョンソンは、それよりも「シヴィリティ」という言葉がいいんだ、と言ったというのです。ジョンソンがどういうふうに考えていたかというと、「バーバリティ」つまり「野蛮」に対する対義語としての言葉を考えていたわけです。「文明」と「野蛮」という対立概念がありますが、そうしたことを考えていたようであります。シヴィリゼーションはこの概念図式に合っていないと考えたのでしょう。野蛮に対する文明というのが、ジョンソンの考え方の基底部に横たわっていたのです。

一九世紀になりまして、フランスのギゾーという人が「ヨーロッパ文明史」の講義を行います。これは後に書物としてまとめられ、日本語にも翻訳されることになります。日本語訳が出るはるか以前のことになりますが、ギゾーのヨーロッパ文明史を元にして、福沢諭吉が『文明論之概略』という本を一八七五年に著しました。これは、本当は『ヨーロッパ文明史』の翻案であるといっても過言ではない、そういった本であります。ギゾーという人が、何を書いていたのかといいますと、ここに引用しておりますが「文明とは、進歩なのだ」、この「進歩」には二つあって、一つ目は個人の進歩、これが人間性（ユマニテ）の進歩、そして二つ目が社会の進歩だと言うのです。ギゾーは別の言葉で言い換えて、「社会的活力の発展と個人的活力の発展。この二つのしるしによって、人類は文明を謳歌し、宣言する」のだと説いています。個人の質が良くなれば、社会の質も良くなってくる、そしてそれが文明なのだ、この進歩した状態が文明なのであって、文明を人類は謳歌するのだと、まさにバラ色の未来を思い描いていたと言えます。

福沢は、これを日本的な概念でうまく翻案していきます。「智徳の進歩」という言い方をするんですね。そして智にも徳にも、「私智私徳」と「公智公徳」がある。これがギゾーの言う個人的活力と社会的活力、つまり個人と社会の区別に対応してくるのですが、大事なのは、「私智私徳」ではなくて「公智公徳」なんだ、そして一国人民全体の智徳の進歩が、すなわち文明なのだということを主張します。「文明」対「野蛮」、そして「進歩」という観念。こうした観念を基本として、いろいろなことをさまざまな人が言ってきましたけれども、その後、「シヴィリゼーション」に関する考え方は、二つの方向で発展していきます。一つは、歴史的な理解を重んじる方法であり、もう一つは文明を構造的に理解しようとする考え方です。歴史的な理解というのは、人類史の最後の段階、あるいは現今の発展段階を文明と呼ぼうという考え方です。構造的理解というのは、ずっと昔から今までの人類生活全体を文明と見ていいんだという考え方になります。

この二つがどういうふうに違うのかということについては少し厄介な説明をしなければなりません。やはり一九世紀（一八七七年）に、モーガンが『エンシェント・ソサイアティ（古代社会）』という本を著します。これは、岩波文庫に翻訳があります。岩波文庫では、古い訳ですから「モルガン」という名前になっています。それから「サベージリイ」を野蛮、「バーバリズム」を「未開」というふうに訳していますが、言葉の意味を考えていくと、「サベージリイ」とは「蒙昧」な――物事の道理が分からない、人類の最初の段階を指し、そしてバーバリズムこそ「野蛮」と言ったほうがよいでしょう。人類は蒙昧から野蛮の段階へと進み、それから「文明」へと達したと説いています。人類の諸社会は、すべてこの一本の線に沿って、進化していったのだと考えるわけです。そして文明とは、「フォネティック・アルファベット」と文字の記録で始まる、こういうふうに言っています。「フォネティック・アルファベット」をスライドでは「表音文字」と書きましたけれども、まさに文明とは、アルファベットを使うヨーロッパ文明なのであり、それ以外にはないのだということが、モーガンの頭の中にあったことがよくわかると思います。

このように、文明は「文字」の発明で始まるのだという考え方が出てきますと、歴史的な段階としての文明というのは、一体何をもって始まるのかについて、いろいろなことを考える人がでてきました。チャイルドという人が、「都市革命」（アーバン・レボリューション）という論文を、一九五〇年に著しますが、ここはでは文明の特徴として、「文字」だの「余剰生産物」や「畜力」だの「灌漑」だの、「車輪」等々、さまざまな要素を並べ立てていきます。どうもこうしたことが、今の日本の学生、あるいは高校生の文明に対する考え方を形作っているようなんですね。こういったことは高校の教科書に書いてありますので。どこに書いてあるのかというと「古代文明の出現」、「古代文明の誕生」という単元なんです。だから文明というのは、古代のものだと考えている学生まで出てきている。文明というのは、別に古代のことではない。今挙げたのは文明が始まったときには、何がきっかけとなったのかという話です。バグビーという人は、「文明とは、都市の文化である」と言いました。これはラテン語の語源にまで遡った考え方です。フラナリーという人は、「文明の文化進化」という論文のなかで「文明というのは、国家に代表される、複雑なそして特殊な社会的組織に伴って起こるような、複雑な文化現象だ」と述べています。これは、文化が進化して文明になったというよりも、社会が進化していって、そこで複雑な文化が出現すると、それを文明と呼ぶのが適切だという見方です。これも、古い時代から、人間が誕生してから、ずっと今までの状態を見ていくと、あるところで文明が出現する、という歴史的な考え方になります。

次に、構造的な理解と申しましたことについてお話ししていこうと思います。文明をどうこうということとはちょっと違うのですけれども、『現代世界と人類学』という、レヴィ＝ストロースの話を記録した本がございます。そこでは、文化というのは何かというと、「ある文明に属する人々が、世界と取り結ぶ関係」のことであり、社会は、「ある文明に属する人々が互いに取り結ぶ関係」だと言っています。この文明、フランス語で「シヴィリザシオン」という言葉は非常に広い意味をもっていまして、一般的に、今の人類の生活状況を指すだけではなくて、「先史時代の文明」なんていうことも言える非常に広い意味をもっている言葉です。重要なことは、レヴィ＝ストロースがこんなふうにして、文化と社会を区別している、ということです。世界と取り結ぶ関係とは何かというと、これは言ってみれば、世界をどう理解して、その世界の中でどう生きようとするのか、という理念の問題です。社会というのは何か、人々が互いに取り結ぶ関係とは何かというと、これは現実に起こっている人間関係のことを指しているのです。さらにレヴィ＝ストロースは、「文化は秩序を作りだす」のだが、逆に社会は多くの「エントロピー」を生み出していく、つまり社会はつねに無秩序化しいくという言い方もしています。

レヴィ＝ストロースの話から考えていきますと、文化と社会という、二つの概念の区分が問題となってくる、と言ってよいと思います。文化の中身は何かというと、理念や規範、そういったもので、人間はどう生きるべきか、ということに関わってくる。これは観察することが不可能です。社会というのは、現実に起こっている行動であって、観察が可能です。文化は社会を秩序化しようとするけれども、社会は変化していっている。おそらくやがては、秩序の変更要求も出してくる、こんなふうな関係性を考えてもいいのかなと思います。そしてこの二つに区分された文化と社会が集まった全体的な体系が何かというと、それが文明だということになるのです。人間は文化を生き、同時に社会を生きているからです。文明はまさに、人間生活の有機的な全体であって、繋ぎ目のない全体と言えるのではないか、ということになります。

文明とは何かということに関して、日本でもいろいろな意見がありますけれども、たとえば、比較文明学の大先達であった梅棹忠夫先生は、文明とは、「人間＝装置系」だ、あるいは、「人間＝装置・制度系」だと語られています。そして文化は、文明の一側面であって、「さまざまな装置群、制度群の精神面へのプロジェクション（投影）」だとも説明されています。ここでもやはり文化というのは、目に見えない、あるいは、人間の心や頭の中にあるものだということになります。文明は、つまり人間の活動の全体系だとして扱われているのです。また、やはり比較文明学会の会員でありまして、私が勤めております東海大学で教鞭をとっておられました齋藤博先生の著作にも同様な見解を見ることができます。斎藤先生は端的に、「文明は人間営為の総体」だと語ります。文明は、自然的な営為、社会的な営為、象徴的な営為の三階層によって構成されているとも言われています。自然的な営為というのは、生物的な営みです。人間も生物であります。社会的営為とは、まさに現実の人間関係の中で起きている営みです。象徴的な営為というのは、文化的な存在としての人間の営みだと言うことができます。先ほど説明しましたレヴィ＝ストロースの「社会と文化」の区別によく合致しているところがあるのではないか、というふうに考えられます。

ここでちょっと注意を喚起しておきたいですが、大事なところは、文化と社会という捉え方――これはどういう言葉で表してもいいのですが、理念的なもの、理想的なものと現実的なものは違うんだということをまず認識することが必要だろうということです。アメリカの文化人類学者の中には「パターン・オブ・ビヘーヴィア（行動のパターン）」と「パターン・フォー・ビヘイヴィア（行動のためのパターン）」を区別する人々がいます。オブとフォーが違うだけですけれども、「行動のパターン」と「行動のためのパターン」には大きな違いがあります。行動のパターン、これは、人間が現実に行うことです。「行動のためのパターン」とは人間が学ぶことです。お配りしたレジュメに書きましたように、たとえばある人がいろいろと考える。普通は、こういうふうに行動すべきなんだけど、今ちょっと状況が違うから、別のやり方でやっちゃうよ、と。「普通はこういうふうに行動すべきなんだけど」というのが規則・規範でありまして、ある文明に生きている人、あるいは、ある社会で生活を営んでいる人々が共通して頭の中に持っていることであり、文化だということになります。「今は状況が違うから、別の対応をとろうよ」

というのが、実際にあらわれたり、あらわれなかったりするのですが、社会だ、ということになります。

キーシングという人類学者は、「文化は、共有された観念や概念の作り方、言い換えれば、人々の生き方の根底にある、共有された意味の体系」だと言っておりますけれど、文化とは、人間が学んだこと、つまり頭の中にあることだと言うわけです。文化というのは、「行動のためのパターン」であって、人間が学んだことです。もう一つは、人間が実際に行ったり、あるいは作ったりすること、これは文化ではないのです。現実の社会なのです。文化というのは、ある文明に生きる人々が共通して持っている概念であるということです。大事なことは、われわれは――今生きている社会の中で――共通して、何がいいんだ、あるいは、どうすべきなんだという考え方をもっていますが、それと現実に起こるものとは違うということです。行動のためのパターンである文化と、行動そのものが織りなす社会は別物であるという見方が、人間の慣習と行動を読み解く上で、かなり役に立つのではないかと思います。

そして、文化と社会を全部あわせた体系が文明だということになります。例として日本の若年層の挨拶行動について書きましたけれども、若い人が挨拶をしなくなった、ということがよく言われます。でも、若い人たちの頭の中で、人と会ったときに挨拶をしなければならないという考え方がなくなったわけではないのです。挨拶をするという文化は若い世代にも受け継がれているのですけれども、その表れかたが異なってきているのです。この表れ方がどんどん異なっていくと、文化のほうにも、影響を与えて、挨拶というものの観念も変わってくるのでしょうけれども、まだそういう状況には至っていない。こんなふうに考えてもいいだろうと思います。私は実は、このように文化と社会の区別に基づいた構造的理解を基本として文明を考えておりまして、文化と社会、それによって形成された人間生活全体を文明だと考えております。ただ、歴史的に考えて、ある時点で文明が出来たと考える人がいてもいいわけです。しかし、ある歴史的時点で文明が出来たとしても、その文明の中には、やはり今説明したような形で文化的な事象と社会的な事象があるのだ、と考えることの意味は大きいのだろうと思っています。

2．比較とは何か

次は「比較とは何か」ということなのですけれども、その核にあるのは、一九世紀に成立した学問に対する批判です。一九世紀ディシプリン、あるいは一九世紀的ディシプリンと言いますか、一九世紀に成立した学問体系への批判と反省です。これまでの学問は何を前提として、何に貢献してきたか、それを問い直す、それがこの「比較」ということではないかと思います。一九世紀的なディシプリンというのは、縦割りです。たとえば、歴史学、つまり文献史学、あるいは経済学、政治学と、こういうふうに学問は分かれています。そして、これらの学問は、おおむねヨーロッパ中心主義に立っています。というのは研究対象のモデルが西洋であったということです。かつて、プリミティブ・エコノミクス、つまり原始経済学を標榜した人がいました。経済の原則は「摑んだら、離すな」である、とそういうことを説いた学者がいました。こういうふうに見ていきますと、われわれが普通に行っている贈り物だとか、あるいは、いろいろな社会の領主や首長が惜しみなく、臣下の人々に物を分配していく――これは利益の追求とは別の意味があるのですが――、そういったことが説明出来なくなる。原始経済学は、ヨーロッパの主要な経済モデルだけでものを見ようとしたわけです。たとえば、私たちは、お互いの間で、特に友人間で贈り物をし合います。損得感情がないわけじゃないのでしょうけれども、損得感情よりもお互いの親密さを表現するほうが、贈り物の交換では、もっと大切ではないかと考えられます。

また、歴史的な時代や段階区分についても同じことが言えます。ヨーロッパの歴史学では、古典古代から中世を経て近代に至り、さらに現代へと至るという時代区分が行われてきました。こういうふうな組み立て方がなされますと、同じ図式が様々な地域の歴史にも応用されていきました。しかし、本当にそれでいいのか、という疑問が生じます。ヨーロッパとは異なった歴史の段階が他の地域にあったのではないか、という疑問です。歴史や文明は、ヨーロッパの問題だけではありません。他の文明も同列に考えながら、物事を、筋道を立てて考えていこう、というのが「比較」という視点なのです。一九世紀のディシプリンでは見えてこなかった諸事象を全人類的な理解、つまり時間的にも空間的にも総合的な、あるいは全地球的な理解を前提として組み立て直さなければなりません。縦割りされ、細分化された学問体系を総合していくということが、比較ではないかと考えられます。

こういうふうに、一九世紀的なディブリンを離れて、全地球的な視野、あるいは全地域と全時間に及ぶ視野で物事を考えてみようとした人は、ヨーロッパでも誕生しています。たとえば、第一次世界大戦と第二次世界大戦の戦間期に『西洋の没落』を著したシュペングラーは、ヨーロッパが自分たちの歴史だけはきれいに組み立てていくけれども、それと離れた地域の歴史については、一緒くたにしてきたことを批判し、反省します。シュペングラーは、ヨーロッパを含めて、世界の歴史を形作ってきた八つの文化・文明を分類し、それをきちんと理解しなければいけないと説いたのです。シュペングラーはこう語ります。遠くの雲はじっとしているように見える。近くの雲は動いている。しかし雲がじっとしているようにみえても、それは遠くにあるからであって、本当はつねに動いているんだ。たとえば中国の歴史は停滞ではなく、ヨーロッパと同じように変化してきたのだと言うのです。シュペングラーは、ちょっと癖のある人でありまして、文化は、活力をもっているが、やがて文化は文明になるというのです。文明になったときに、文化が本来もっていた活力は失われていく。物質性のみになっていって、精神性が失われるということを説いています。これは、日本に散見する文明批判の原型にもなっているとも言えます。

シュペングラーの考え方を実証的に押し進めたのが、トインビーでありました。トインビーは、シュペングラーの研究を具体的な例を引きながら確かめて、二〇以上の文明の盛衰を論じています。人類の文明は地域ごとに多様な発展を辿り、それぞれに創造性をもっていたことを主張したわけであります。これは、『歴史の研究』という大著に書かれています。

シュペングラーやトインビーの思考を辿っていくと、比較とは何かということの意味が明らかになってきます。比較とは、現象や事象を比較する、表面的に比較することではありません。文化的な偏見を捨てて、あらゆる学問の成果を総合して、文明一般、あるいは個別の文明を考察することが重要だということに繋がります。その結果、比較は、将来の文明、将来のよりよい文明を構想して、その実現を図ることに結び付いていくのだということができるでしょう。

一九世紀に体系化された学問、一九世紀ディシプリンは、これはこれで大切な学問です。しかしそれだけに頼っていては、学問や思考の全体が袋小路に陥るだけです。諸学問をつなぐ研究が必要です。諸学問をつなぐ研究というのは、インター・ディシプナリーな、すなわち学際的な研究です。しかし、今本当に必要なのは、それを超えて、諸学問を貫く総合的な学問であると考えなければなりません。トランス・ディシプナリーと言える、個々の学問を超えて、それらを総合する研究という考え方が必要なのです。一九世紀ディシプリンは、学問というのはそれ自体で完結するものであって、目的をもってはいけない、価値を課題にしてはいけないという、学問至上主義から抜け出すことができませんでした。おそらく、比較文明学の比較というのは、目的をもつことを至上命題としています。比較文明学は人類の文明をよりよいものとするような実践的な志向性をもっている。つまり、目的をもっているのです。私は、このような考え方を、永く比較文明学会の理事を務めてこられた神川正彦先生に負っています。神川先生は、このような考え方を『比較文明文化への道』などで説いておられますけれども、まさに私もそうだと思っています。比較がもっている歴史的で根本的な意味を発展させていくと、文明に関する総合的な研究、そして、将来の文明を築こうとする実践的な研究へとつながっていくはずだと考えている次第です。

3. 比較文明学の課題

三番目に書きました、比較文明学の課題ということでございますが、第一に大切なことは、今回のシンポジウムのテーマ、あるいは比較文明学会全体のテーマであります「文明交流」の問題に関わっております。文明の多様性と交流に関する積極的な評価、というのが必要だということであります。スライドの図は、本学会の名誉会長である、伊東俊太郎先生が書かれた本の図から引用したものですが、左側の図は世界中の諸文明がどういうふうに影響を及ぼし合ってきたか、右側の図は、日本について、文明の交流圏がどのように形成されてきたかということを表しています。日本を中心にしてみると、日本海文明交流圏、太平洋文明交流圏、そしてもう一つ、東シナ海文明交流圏がある。この三つの文明交流圏をまず考えて、日本近隣の、あるいは国内外の諸文明がお互いにどのように影響を及ぼしてきたかを見ようじゃないか、ということです。シュペングラーやトインビーが行ってきたことは、文化・文明を分類することでした。文明を形としてとらえることでした。しかし、その相互の「関係性」に関する研究は、まだ不十分ではないかというのが、伊東先生が前から仰っていることです。そして、この文明間の交流ということが、文明の様々な問題を読み解く鍵となり、また諸文明の多様な発展の過程とともに、人類全体にとっての意味を解明する手段となるのではないかと思います。

現代に入って、地球は一つの世界となりました。言い換えればグローバル化した状況にあります。このグローバル化によって、現在の非常に便利な世の中ができたのですが、文明の多様性が消失する危機にあるということも、一つの危惧として考えなければなりません。言語的には、英語、特にアメリカ英語が主流になってきています。その結果、世界中の人々の考え方もよく似てくるようになりました。そうではなくて、人類のもっと健全な発達ということを考えるならば、ひとつひとつの文明の個性が輝くように、あるいは個性が主張できるような形での諸文明の自立と文明間の交流が必要ではないかと考えることもできます。

文明間の交流、文明間で価値が交流されるということは、世界遺産にいう「顕著な普遍的価値」の一つでもあり、世界遺産を認定するときの基準の（ii）という項目がそれに当たります。世界遺産がそうだからというわけではないのですけれども、異なった文明間の積極的な交流は、人類の地域的な生活の幸福にとって実は不可欠なものだと思います。近視眼的に見ていくと、文明交流のある面はいい、別の面は悪い、という話になってくるわけですが、それは実に馬鹿げた議論です。巨視的な目で見ていくと、文明間の交流は、悪いことやいいこと、この二つで分けられるのではなくて、人類全体の文明形成に非常に重要な役割をもっており、そしてそれによって、かえって人類の文明が意味もなく統一されるのではなく、諸文明の多様性が保証されてきたと考えることができるのではないか、と思っております。こうした、広い視野での総合的な研究はまだ不足しています。本大会は、文明間の交流をテーマにしていますけれども、この問題は、これからも積極的に問い続けていかなければならないだろうと思っています。

それから、もう一つ大きな課題を提起しなければなりません。それは文明を生態系から考える、ということです。今までお話をしてきましたように、文明というのは人間の生活全体だということができます。これを部分に分けて言えば、人々が頭の中で共有している理念や規範という文化の部分と、現実の行動によって構成される社会の部分があり、これらのさまざまなせめぎ合いのなかで、文明全体が形成されているのだと、こういうふうに考えることがまず必要だと思います。しかし、それだけでは、実は不十分だと考えなければなりません。文明だけを取り出して、文明だけを特殊なものだと考えてしまうと、その周りにある自然、人類が創りあげた「ものやこと」以外のすべてが、単なる環境として処理されてしまうことになります。そして文明と環境が、あたかも対立するものとして捉えられてしまいます。そうではないのです。われわれ人類は、生物として、ほぼ七〇〇万年かけて進化してきたわけですけれども、人類も文明も、その根幹はあくまでも、地球に生まれた生物の一種であり、またその現れであると考えなければなりません。われわれの文明は大きな自然に、単に囲まれているのではなくて、大きな自然の一部として出現し、存在してきたものだということを認識しなければならないのではないかということなのです。

私は、最近いつも言っているのですけれども、文明対環境という捉え方をするのではなくて、人間も文明も自然も含めて、生態系として捉えることが必要であると考えなければならないのです。このような捉え方をするならば、自然も文明も人間もまさに一つの枠組みの中で存在することになります。人間であれ、文化や社会であれ、文明であれ、それは生態系を構成する一部として考えるべきなのです。さらに言えば、文明という人類の営為は、人文社会学的な研究だけで足りるのではありません。生態系という全体を捉えようとするならば、人間も文明も自然の一部であるわけですから、自然――物理的自然もあります、生物が主導する自然もあります――を文明と同一レベルで理解するためには、理科系の学問と人文社会系の学問の協働を進めなければなりません。それなくしては、人類や文明が何であるかを解明することも、将来を構想することもできなくなるのです。文理融合的な研究を進めていき、学問を幅広く発展させていくことが不可欠なのです。ですから、比較文明学は、人間と文明を、地球や自然と共に、全体的に理解しようとする、非常に幅の広い総合的な学問として、これから育っていくべきであろうと、このように、考えている次第です。

目標はあっても、その目標に容易に近づいていくことができないというのが現実です。これまで申し上げてきましたさまざまなことを考えながら、われわれのために、またわれわれの子孫のためによりよい世界を築きあげていこうというのが、比較文明学という学問の課題であり、そしてそれはただ単に学問の専門家だけではなくて、一般の方々もみんな一緒に考えていくことのできる、あるいは考えていかなければならないテーマなのだということを理解していただけると幸いであります。未来は、すべての人の未来であるからです。つたないお話でございましたが、私に与えられた時間がちょうど尽きるところでございますので、これで話を終わりにしたいと思います。ご清聴ありがとうございました。

服部：松本先生、ありがとうございました。一〇年前に比較文明学会では北九州市立大学で大会を行いまして、今回、九州では一〇年ぶりの大会となります。そして、比較文明学会も、設立以来三〇年以上が経過しました。そこで、この際、「比較文明学とは何か」というタイトルで、会長の松本先生に総まとめをしていただき、また本日、ここに来られている一般の方々にも、比較文明学についてご理解いただきたいということで、このようなタイトルでお話いただきました。どうもありがとうございました。

それでは、次に静岡大学名誉教授の染谷臣道先生から、今回のシンポジウム「文明交流と日本文明」の基調講演として、「文明交流における矛盾をどう生きるか」というタイトルでお話をしていただきます。それでは、染谷先生、よろしくお願いします。

《基調講演「文明交流における矛盾をどう生きるか」》

染谷臣道

染谷：ただいまご紹介にあずかりました染谷です。松本先生の今の特別講演は非常に幅の広い文明概念の説明でした。私は、やや絞ったお話をしようと思っております。タイトルは「文明交流における矛盾をどう生きるか」です。このあとのシンポジウムにうまくつながれば良いが、と思っております。

私は五年前に立教大学で行われた本学会の大会で「環流文明研究会」という研究会の立ち上げを呼び掛けました。かなり多くの会員が集まり、ほぼ毎月開いてきた会合はすでに五〇回以上を数え、毎回、現代文明の重要な問題を熱のこもった議論で活発化させています。東京でやっておりますので、九州の方の参加はむずかしいかもしれませんが、全世界からアクセスできるホームページ（http://www.culnature.org）

表1　平和を願う祈り　アッシジの聖フランシスコ

神よ、わたしをあなたの平和の使いにしてくださいさい。
憎しみのあるところに、愛をもたらすことができますように
いさかいのあるところに、赦しを
分裂のあるところに、一致を
迷いのあるところに、信仰を
誤りのあるところに、真理を
絶望のあるところに、希望を
悲しみのあるところに、よろこびを
闇のあるところに、光を
もたらすことができますように、
助け、導いてください。

神よ、わたしに
慰められることよりも、**慰める**ことを
理解されることよりも、**理解する**ことを
愛されることよりも、**愛する**ことを
望ませてください。
自分を捨てて初めて
自分を見出し
赦してこそゆるされ
死ぬことによってのみ
永遠の生命によみがえることを
深く悟らせてください。

を立ち上げておりますので、このホームページを通して対話に加わって下さると幸いです。今日は、この研究会で議論されたこともまじえてお話ししたいと思います。

今日の講演は大きく分けると三部構成です。第1部はわたしなりの文明概念の説明、そして第2部は戦国時代の九州が経験した近代文明受容の歴史、そして第3部では根本的に異なる東西の世界観、自然観をどう補完し合うべきかという比較文化ならびに比較文明のお話しをしたいと思っております。行き詰まっている現代文明を越える新たな文明は、日本の文化を根幹に進めたらどうかというのが私の提案です。その日本文化と共通する文化は世界中で眠っています。近代文明に圧されているからです。日本文化はそれらを眠りから覚ます役割を担っていると、私は考えています。

最初にアシジの聖フランシスコの「平和を願う祈り」を掲げました（表1）。といいますのも、彼が強調した「信仰」が今日のお話しに関係するからです。また、（慰められることよりも）「慰めること」、（理解されることよりも）「理解すること」、（愛されることよりも）「愛すること」を願う彼の能動性（積極性）が、現代文明をここまで牽引してきたのですが、同時に、現代文明を危うくしていると思われるからです。そして「永遠の命」。これは今日取り上げるキリシタン大名と島原・天草一揆に関わります。

「文明」についての私の見方

ところで、最初に、文明についてですが、私は文明とは、今から五五〇〇年前に現われた巨大な文化（広義）と考えます。ここでいう文化（広義）とは広い意味の文化で、簡単にいえば、人間が環境との間に作り出した装置のことです。人類史七〇〇万年の最後に現われた画期的な文化（広義）、それが文明です。一見、その文明は良いことずくめに見えますが、自然破壊をどんどん進め、拡大する一方の格差など社会を分断している昨今の姿を見ると、決して良いとは言い切れません。

文明には輝かしい面と、反対に、暗く害をもたらす面があります。良い面、悪い面、それは人間の〈心身〉にとって良いのか悪いのかという意味です。文明そのものが二つの相反する面を持っています。それを「矛盾」という言葉で表現することにします。問題は、文明の良いところだけを取るわけにはいかないということです。良いところを取ると同時に悪いところがついてくるのです。否が応でも、人類はその矛盾を生きなければならない、従ってどう生きるかが課題となります。しかもその矛盾は減るどころか、ますます増えているのが現状ですから覚悟が必要です。それをまず確認しておきたいと思います。

文明は、本当は「文明化」と呼ぶべきでした。シビリゼーション(civilization)というのは、語尾が-zationとなっているように、過程、プロセスなんですね、今も進んでいるわけです。どこへ進んでいくのか、それはこれからの人類の選択次第です。

私はまた、文明とは、文化（狭義）と政治と経済と社会の各領域を合わせた総合体と考えます。ですので「文化・政治・経済・社会の複合体」と表現します。ここでいう文化（狭義）とは、別言すれば、「観念」です。具体的には、技術や思想や宗教や文学等々です。これらの観念は人間自身が創ったのであり、他の誰かが創ったわけではありません。

今日の話にも関係しますが、決して神が創ったわけではありません。後で、神が天地、空、地、太陽、月、星、生き物、人間を創ったという創世記について触れますが、これはあくまでも神話です。物語です。神話にせよ、物語にせよ、それは人間が創った文化（狭義）です。残念なことに、人間は自らが創った観念に振り回され、仲間を傷つけ、殺しているのです。実に奇妙なことです。そのような神話や物語を創らなければよかったのですが、これらがないと生きていけないのが人間です。ここにも矛盾が見られます。人間がなぜ神話であれ、物語であれ、こういう文化（狭義）を創ったのか、それは巨大な脳を持ってしまったためです。巨大な脳を持ったために様々な不安を持つようになり、それを取り除くために装置を創った、と考えたらよいかと思います。

文明というのは、非常に激しく変化するのが特徴です。その変化が今日、ますます激しくなっているんです。なぜ激しいのか。それを考えるには、文明以前の文化（広義）つまり「野蛮な文化」とか「未開の文化」と、つい最近まで呼ばれてきた、五五〇〇年前より以前の文化（広義）と比較するとよく判ります。この文化（広義）は狩猟、採集を生業とし、移動生活をする小集団の文化（広義）です。特徴は同質性。同質的ですから例えば（唯一残存している）石器を見ると一〇〇万年間、ほとんど変わっていないんですね。最初の石器はオルドワン石器といいますが、一〇〇万年間変わっていない、次にあらわれたアシューレアン石器にしても一三〇万年間、ほとんど変わっていないのです。今の日進月歩の進歩と比較すると、気が遠くなるくらい変わっていないのです。

一方、多業種の人が住み、自然から隔絶した人工領域に定住するようになった大集団の文化（広義）つまり文明は多様性（異種混合性）を特徴とします。こうした文明社会は圧力差で作動する格差社会です。それゆえ矛盾が渦巻いています。蒸気機関のように圧力差で作動するのが文明です。それ以前の文化（広義）は、圧力差がありませんでしたので変化も小さかったのです。文明が文明であるためにはこの圧力差は不可欠です。

格差は必然です。それによって生じる諸問題も必然です。今、格差問題が日本でも世界でも大きな問題となっておりま す。今朝の朝日新聞には、格差問題が大きな記事となって出ておりまして、ご覧になったと思いますけれども、ハーバード大学のある教授が「日本は、まだ格差は少ない。アメリカ、イギリスはもっとひどい。」といっております。私は中国なんかも加えたらいいと思います。いずれにしても、格差問題は、深刻な問題ですが、これは文明が生まれてからずっと人間を悩ませてきたものでした。

文明発展の影に破壊があります。トインビーは亡くなる直前、「母なる大地の子である人間は、かりに母を殺す罪を殺す罪を犯すなら、それ以後生き残ることはできないであろう」（トインビー：四二六）という言葉を残しました。今から四〇年前の一九七六年でした。しかし今の状況を見ますと、人類はますます地球を破壊しています。石油を掘り、石炭を掘り、地下資源をどんどん掘っています。枯渇が目にみえているにも拘わらず、掘っているのです。ついに足りなくなってしまい、アメリカでは最新技術でシエールオイルとガスを採掘するようになりました。とにかくエネルギーを確保しないことには、文明は成り立たないのですから、地球からエネルギー源を奪い取る罪を犯し続けなければならないようです。しかしトインビーがいう通り、自然を殺すならば、人類は生きていけないでしょう。人類はだんだんそういう運命をたどっているのではないかと思うんですね。そこで、今後の人類の運命は自然の破壊を止める文明に切り替えなければならないのですが、私はあまり楽観的ではありません。といいますのも、文明の進展に伴って人間の欲望はますます膨れ上がり、地球を食いつくそうとしているからです。とはいえ、将来世代のために、何とか生き延びる道を探さなければならないのです。その道が、実は、日本文化（広義）にあると私は考えています。そのことを最後のところで申しあげたいと思います。

ヨーロッパの大罪

文明を花と見立てれば、咲いた花だけではなく、その根や土まで見なければ文明の実態を見たことにはならないというのが私の文明観です。

ヨーロッパは大航海時代から素晴らしい文明を築き上げました。しかしヨーロッパという花はアジア、アフリカ、中南米、オセアニアの人々の血と汗と涙の上に咲いた花でした。私が四〇年間、関わってきたインドネシアはオランダという花の下で苦しんできました。インドネシアとの出会いが私の文明論に力を貸しています。

インドネシアは、一七世紀のはじめ、オランダの植民地支配を受けました。具体的には、世界で最初の株式会社といわれているオランダ東インド会社が一六〇二年に成立し、ジャワからの収奪を始めたのです。ジャワにはマタラム王国という王国がありました。スルタン・アグン・アニョクロクスモという名の王が統治していた王国です。この王国を東インド会社は約二〇〇年間、収奪し続けました。一六〇二年といいますと、日本は徳川幕府が成立したときです。この幕府は二六〇年間、日本に平和な時代を築き続けましたが、インドネシアはオランダに支配された、実に苛酷な時代だったのです。その後遺症は今日に至るもなお消えていません。インドネシアは後進国と呼ばれてきましたが、そうなったのはオランダが収奪したからです。なお、付け加えておきますが、今日のインドネシアは急速な経済発展を遂げ、新興国と呼ばれるようになりました。今のインドネシアは高度成長時代の日本のように活気に満ちています。植民地支配の後遺症からようやく脱出しつつあるといってよいでしょう。

植民地支配は苛酷でしたから、当然ながらインドネシア側からの抵抗がありました。一八二五年から四年間、ディポヌゴロというマタラム王国の王子が率いた戦争がその一例です。しかし最後、彼はオランダの実に卑怯な騙し打ちに遭い、スラウェシ島に流されてしまい、敗戦を強いられました。敗戦はインドネシア側にとって、当然ながら、大きな痛手でしたが、戦いに勝ったオランダも極端な財政赤字を抱えて苦しみました。そこで戦争が終わった直後の一八三〇年、オランダは悪名高い「強制栽培制度」を始めます。この制度は、森がいうように、「伝統的支配層を使って、村落ごとに農民の土地と労働力を提供させ、ヨーロッパで利益をあげられる作物を栽培、製品化する制度」（森：九一）です。ヨーロッパで高く売れたものとは砂糖やコーヒー、藍などです。これらの作物はヨーロッパではできません。そこで熱帯のジャワでつくらせたわけです。その収益は莫大なものでして、オランダの当時の国家予算の半分がインドネシアからの収益だったと言われております（佐藤：四九四）。東インド会社は一七九九年に解散しますが、その後はオランダ王国が直接インドネシアを支配します。収奪はさらに激しくなりました。それを告発したのが『マックス・ハーフェラール』です。この本はムルタトゥーリが書いたんですが、本名はダウエス・デッケルというオランダの植民地行政官です。偽名を使ったのは国家反逆罪に問われる恐れがあったからでした。彼は自身の経験から植民地行政がどれほど酷いものであるかをよく知っていたわけです。現地の実情を踏まえてこの本を書いたわけです。この本は一八六〇年に出ました。彼はこの本の最後で当時のオランダ国王ウィレム三世に向かって「盗っ人国家」と呼んで自国の悪行を暴き、「三千万を越すあなたの臣民があなたの名において虐待され、搾取されている」と言って糾弾しています（ムルタトゥーリ　四八八～四八九）。私はジャワをはじめとしたインドネシア各地を調査してきましたが、苛酷な植民地収奪については現地の人々に散々、聞かされました。

オランダの収奪はひどかったのです。しかし日本の収奪はもっとひどかったと聞かされました。一九四二年三月一日、日本軍はジャワに上陸し、オランダ軍を駆逐しました。そして一九四五年八月一五日の敗戦までの三年半、インドネシアを植民地化したのです。この事実を、日本人はあまり知らないんですね。インドネシアの人たちはみんな知っています。教科書に書いてありますから。といっても、彼らはほとんどこの歴史的事実を口にしません。ことを荒立てたくないというインドネシア人の知恵が働いているのです。しかしだからといって彼らが許しているわけではありません。こうした歴史的事実を知らないままでいる日本という国そして日本人は恥を知るべきだと思います。

『マックス・ハーフェラール』の影響は甚大でした。オランダ政府はついに植民地の人々の生活、福祉、教育の向上を目指す「倫理政策」を執ります。キリスト教精神に反することをやってきた、それを反省したのです。気づくのがちょっと遅かったと思いますけれども。

非常に皮肉な話ですが、この倫理政策がオランダの命取りとなりました。インドネシア独立の立役者であり、初代大統領となったスカルノら民族主義者を育ててしまったからです。スカルノたちは日本軍政府を動かし、日本がしたインドネシア独立の約束を迫り、「dokuritsu jumbi chosakai（独立準備調査会）」――日本語で呼ばれていました――の立ち上げを要求しました。その調査会の熱心な討論を通し、独立の際に読み上げる建国五原則（パンチャシラ）と憲法草案を作ります。そしてついに、八月一七日、インドネシア共和国の独立を宣言します。八月一七日というのは日本の敗戦の翌々日ですね。もっとも、独立宣言をしたものの、オランダが再び侵入してきたので独立戦争が始まりました。従って真の独立は一九四九年一二月まで待たなければなりませんでした。そして一九五〇年、ようやく新憲法の下で独立国となりました。

私がここで言いたかったことは、文明というものは裏に悪しき影があり、それは大きな罪であるということです。この罪は何も過去の話ではありません、今も私たちの目の前でも起こっているのです。

九州は異文明受容のフロンティア

日本列島の中でも南西端に位置する九州は文明以前の時代から異文化（狭義）を受け入れてきました。今から一万数千年前、すでにスンダランドからインドネシアの人たちが丸ノミ石器を持ってやって来ています。スンダランドというのは、南シナ海の南部からジャワ海に掛けてあった地域で、今は海の底です。一万数千年前より前は陸地だったんです。氷河期から間氷期に入り、一挙に、氷河が融けて、一〇〇メートルも海水が上がってしまったのです。ここに住んでいた人たちは仕方なく東のオーストラリアや北のフィリピンのほうに移住しました。フィリピンに行った人たちはさらに九州へと移動したわけです。

鹿児島の栫ノ原に証拠があります。それから有名なのは、上野原遺跡。ここで丸ノミが出ています。丸ノミの形はインドネシアでみつかった丸ノミと同じ形なんです。フィリピンでもみつかっています。さらには、高知県、三重県、八丈島でも見つかっています。太平洋の沿岸伝いに北上したようです。その後、稲作技術を持った人々が中国から渡来したことや仏教文化をもたらしたことは誰でも知っている歴史的事実です。ここではそれらを飛ばして、戦国時代のキリシタン大名と彼らに従った人々が異文明（正確には異文化（狭義））を受容したことに注目します。

キリシタン大名は何人もいますが、九州の三人がとくに有名です。大村純忠、大友義鎮（普通には大友宗麟と呼ばれています）、それと有馬晴信です。一五四九年、ザビエルが鹿児島にやってまいりました。そして二年後の一五五一年、大分にやって来たザビエルを大友義鎮は迎え入れ、彼の話を聞いて共鳴し、感激しています。ザビエルという人物は大変魅力に溢れていた人のようです。

義鎮は宣教師にかなり影響を受けましたが、洗礼を受けたのは、随分後の一五七八年でした。影響を受けたのですが受洗はしなかったわけです。それは家庭の事情や家臣との関係もあったからですが、それでも、たとえば、教会堂を建てる、病院を建てる、育児院を建てる、コレジオ（大学）を建てる、というようなことを盛んにしたんですね。特にルイス・アルメイダ修道士に外科手術をさせています。彼は外科医でもあったんです。日本で初めての西洋式の外科手術でした。画期的なことをしたんですね。

それから、有馬晴信も、西洋の絵画やオルガンや時計製造の技術を教えるコレジオを建設しました。またラテン語、日本語、人文科学を教えるセミナリオを建てました。日本で最初の神学校です。これらを肥前の国（佐賀県）や長崎県に造ったわけです。同じようなことを大村純忠もやっております。彼らの進取の気象には感心します。戦国時代という混乱期がそういう気象を生んだともいえますが、その気象も天下統一を実現した秀吉や家康に排除され、弾圧され、消えてしまったのは返す返すも残念です。その気象の再現は三〇〇年近くも待たなければならなかったのでした。

宣教師ルイス・フロイスが『日本史』のなかで面白いエピソードを書いています。修道士だったルイス・アルメイダが秋月藩の藩主を訪れたときのことです。藩主はアルメイダを歓迎し、熱心に彼の説教を聞こうとしていました。たくさんの家臣たちが彼を迎えたといいます。その中に禅宗の僧と信徒たちもいました。七日間にもわたって討論が続きました。しかしアルメイダは、僧たちが「霊魂は肉体とともにただちに滅びる」とか「来世において善に対する報い、悪に対する懲罰はない」と自説を展開し、「自分たちの宗教が誤っていないことを証拠立てようとした」のに困惑し、「この国では収穫を得られないのではないか」と絶望します（フロイスａ：七二～七三）。

アルメイダたちは宣教に来たのですからその使命を曲げるわけにはいかない、従って霊魂は不滅だし、死後に天国に昇るか地獄に落ちるというカトリックの教えを翻すわけにはいきません。しかし僧たちも自説を曲げるわけにはいきません。どちらもそれぞれにしっかりした理論的基盤をもっています。

ですから互いに論破しようとするのではなく、互いに認め合わなければならなかったのではないでしょうか。アルメイダと禅の人たちは相互理解を図るべきでした。七日間という長い時間を掛けたにもかかわらず、そういう展開はなかったようです。互いの違いを認め合い、そうした上で互いに一致できるところに到達する比較文明的努力が必要でした。時代の制約もあったから仕方がないのですが、そうした知恵が働かなかったのは残念でした。

キリシタン大名がした他の良いこととして遣欧使節を挙げなければなりません。これはヴァリニャーノの発案でしたが、送り出したのは晴信や純忠、義鎮です。一五八二年、信長の時代でした。ヴァリニャーノがインドに帰るとき、伊東マンショ、千々石ミゲル、中浦ジュリアン、原マルチノという大体一六、七歳の少年たちを連れて、ローマに行きました。帰ってくる一五九〇年までの八年間彼らはヨーロッパのあちこちで歓迎を受け、見聞を広げ、帰ってきました。帰国後、棄教した人たちもいますし、キリシタンを迫害した人もいますが、二人は司祭になって宣教に励みました。

キリシタン大名は新しい文化（狭義）を盛んに取り入れたのですが、同時に破壊的なこともやっているんですね。たとえば、大村純忠は宣教師と社寺仏閣を破壊する約束を交わしました。そして実際に実行しているんです。神官僧侶、そして信徒の殺害もやっています。大友宗麟も有馬晴信もやっています。なぜ、こういう破壊行為、殺害行為をしたのでしょうか、これが今日の話のポイントの一つです。良いこともたくさんやっている。でも悪いこともやっているのです。

彼らは宣教師の言うことに対して批判しませんでした。驚くほど素直に従っています。宣教師は熱心なカトリック信者です。カトリックは一神教です。カトリックの神以外の神を信じることを禁じます。十戒の最初に「私はあなたがたの主なる神である。私のほかに誰をも信じてはならない」と言っています。これですね。この教えをきちんと守ろうとしたために神道も仏教も抹殺しようとしたわけです。言い換えますと、日本の伝統文化（狭義）を消して新しい文化（狭義）に置き換えようとしたわけです。暴力的に。考えてみればこれは暴挙です。それは十戒の五番目にある「殺してはならない」という掟に背くものでした。当然、彼らはその矛盾を正すべきでした。でもそうした批判はしなかったようです。よくいえば、キリシタン大名たちは心からカトリック信仰を受け入れた敬神の徒でした。しかし暴挙を働くとなればそれは盲信以外の何ものでもありません。批判の目を持たなかったのは残念というべきでしょう。敬神の徒は江戸時代に入ってもいました。島原・天草一揆の人たちです。

島原・天草一揆に見る熱烈な信仰

応仁の乱から数えれば一〇〇年以上という長い間、日本は戦乱の世が続きました。やがて戦いの時代が終わり、待ちに待った泰平の時代が訪れました。そんな時代が始まったばかりの一六三七年、徳川幕府を大きく揺るがした事件が起こりました。島原・天草一揆です。これは戦国時代のキリシタン大名がしたことの最後的な形の一揆です。一六三七年一〇月、飢饉、過大な年貢の取り立て、そしてキリシタン弾圧に抵抗した農民、庄屋、浪人たちが反旗を翻したのです。浪人たちというのは、晴信や小西行長の家臣だった人たちですが、晴信の断罪や行長の追放などで浪人になってしまった人たちでした。彼らは徳川氏に恨みがあったのです。島原藩の藩主は松倉勝家で天草の藩主は寺沢堅高でした。この二人とも重い年貢を課し、キリシタンを弾圧しました。そもそも、この島原や天草になぜキリシタンが多かったかといいますと、島原は有馬晴信の領地で、天草は（キリシタン大名だった）小西行長の領地だったからです。その時代にキリシタンが増えたわけです。何万人ものキリシタンがいたといわれています。

最後は、三万人を超える人々が原城に立てこもって藩軍と幕府軍に抵抗しました。原城はかつて有馬晴信の居城でしたが、晴信が甲斐国へ配流された後、斬首されましたので廃墟になっていました。しかし兵糧も尽き、一六三八年二月、壮絶な死を遂げました。殉死といっても良いと思いますが、キリシタンだけではなかったので今でもカトリック教会からは殉死扱いを受けていません。

なぜ彼らがそういう死を選んだのか、その理由は「永遠の命」に対して望みを託したからです。講演の最初でアシジの聖フランシスコの「平和を願う祈り」を紹介しました。あの最後のところに「永遠の命」が出てきます。「永遠の命」とは死んでも死んでいないという考えの言葉です。死ぬとは身体の死であって、命は生きながらえているという信仰があるから死ぬことはないわけです。しかもキリスト教のために戦って死んだ殉教であれば、命は来世、天国に行けると確信しています。決して地獄に堕ちることはないと、堅く信じているわけです。今がどんなに苦しくても、あの世にいけば楽になるという信仰です。こういう熱烈な信仰があるから、彼らは喜んで死を選んだわけです。長崎の二十六聖人のなかに一六歳の少年がおりました。役人だった寺沢堅高の弟がその少年を見て哀れに思い、「お前はまだ少年なんだから棄教するならば、命は助けてやるよ」といったんです。それに対する彼の答えは「この世のはかない命を、あの世の永遠の命にかえるのはもったいない。だから、自分は殺されてもいい」でした。彼も「永遠の命」を堅く信じ、磔を受け入れたわけです。

今日、どれだけのクリスチャンが「永遠の命」を信じているかどうか判りませんが、多くの現代人から見れば、遠い話に聞こえますね。しかし、世界を見渡すと、今でもこの信仰に生きている人々がいることを知ります。とくにイスラム世界で、ですね。イスラームは、キリスト教とともにユダヤ教の流れを汲む宗教です。人間であるキリストを神とするキリスト教を批判して生まれた宗教です。どちらも根本に、ユダヤ教の教典つまり旧約聖書を置いています。「永遠の命」は旧約聖書に書いてあります。日本でもよく知られるようになったジハードつまり聖戦と同じ精神ですね。彼らは天国に行けると堅く信じているわけです。アル・クルアーンには、天国の様子が大変リアルに書かれています。天国は、緑豊かで、酒も食べ物もすべて用意されている。ちゃんと年若い妻も用意しておいてくれるというのです。しかも酒は決して悪酔いしないおいしいお酒だそうです。もちろん飲み放題。イスラームでは、お酒は飲んじゃいけないといっているんですが、天国ではいいんですね。あれだけリアルに書いてあると、信じたくなってもおかしくないかもしれません。ですから喜んでイスラームのために戦って死ぬということをやるわけです。彼らの精神は今から四〇〇年前の島原・天草一揆の人たちと変わらないのです。私たちと同時代にもいるのです。

隠れ（潜伏）キリシタンの知恵

さて、島原・天草一揆の後、江戸幕府は徹底してキリシタンを取り締まり、弾圧します。殺された人も多いのですが、隠れキリシタンあるいは潜伏キリシタンとなって死を免れた人たちもたくさんいました。ここに知恵があると私は思っております。村の庄屋も含め村中の人が、誰がキリシタンなのか知っているのです。ところが表ざたにはしないのです。「異宗」とか「異法」と言い換えてキリシタンであることを表ざたにしなかったわけです。この知恵によって潜伏、あるいは隠れることができたのです。そして明治になるまで生き延びたのです。もちろん、キリスト教の本流から孤絶して二〇〇年以上も経ちますと、本来のキリスト教から離れてしまいます。民俗化、土着化してしまいます。明治になって浦上に教会が建てられ、宣教師が赴任したとき、それまで隠れていたキリシタンの信仰がだいぶ違っているものですから、驚いたという話も聞いております。いずれにしましても、禁教下で、信仰を保持しながら生き延びるという知恵、来世の命も大事でしょうけれども、今生きることも大事、どちらも大事という選択をしたということはやはり、立派な知恵ではないかと私は思っております。

根本的に異なる東西の世界観

キリシタン大名たちも島原・天草一揆の人たちも西洋の文化（狭義）を取り入れるあまり過激な行動に出ました。彼らは日本の伝統文化（狭義）を捨てようとしたわけです。当時の状況からすればそれも一つの選択だったでしょう。しかし今日の行き過ぎた西洋文明つまり近代文明がもたらす状況を考えると、むしろ日本の伝統文化（狭義）を生かす時が来たのではないでしょうか。今日の話の最後で、根本的に日本と西洋の世界観、とくに自然観が違うということをお話しし、今まで脇に置かれてきた日本文化を生かす道を提案したいと思っています。

創世記の自然観

旧約聖書の最初に出てくる創世記には、神は一日目に天地を創造したとあります。二日目には空を創ったとあります。三日目には地を創ったとあります。四日目には太陽と月と星を創ったとあります。五日目には生き物を創ったとあります。そして六日目についに人を創ったわけです。しかも自分の似姿として創ったと書いてあります。ですから、神は人間と同じ姿形をしていることになります。神は直立しているわけです。四つん這いではなくて、立っているのです。上に頭があって、手があって、足があるわけです。神を具体的にイメージできるのです。その意味では非常に具体的に近く感じることができるわけです。神は七日目に休息します。

ここで注目しなければならないのは神の徹底した「創る」という能動性です。「神が創る（造る）」。この「造る」という他動詞は必ず造られる対象を必要とします。それは天地であり、空であり、太陽であり、月であり、星です。そしてさらに生き物と人間です。つまり神は人間も含めた自然全体を創ったというわけです。徹底して「創る」という能動性は見事です。このような能動性は日本の自然観にはありません。古事記や日本書紀には神が国家を創造したとありますが、人間を含む自然を創ったとは言っていません。日本の神には、創世記のような徹底した能動性は見られないのです。

「創る」、「創られる」という関係は上下関係、あるいはタテ関係で結ばれます。その上下関係はまず神と人間の関係に表れます。ユダヤ教、キリスト教、イスラームの神は全能ですから絶対的です。人間は神に無条件に従わなければなりません。そして人間は神に近い存在とされますから自然を凌駕します。人間は「地を支配せよ」「生き物を支配せよ」と命じられています。人間と自然の関係は、神と人間の関係に似ています。自然に対して人間は神の如く振る舞ってよいことになります。神、人間、自然はいわばタテ関係の連鎖で結ばれます。人間を卓越した存在と見なす考え方は、しかしながら大変危険な思想ともいえます。

こういうタテ関係は支配者であるキリシタン大名が歓迎して当然でした。領民すべてをキリシタンにすればこのタテ関係をイデオロギーとして使うこともできます。大村純忠は修道士フェルナンデスから、世界の創造の話を聞いて大変喜んだと、ルイス・フロイスが『日本史』で書いています。彼は三位一体、アダムの罪、人類救済、最後の審判などを聞いて興味を持ちました。初めてきく話ですから興味をもって当然だと思います。

しかし彼は三位一体の話に疑問を感じなかったのでしょうか。話としては面白いかもしれませんが、信仰となると別です。当人の生き方そのものに大きく関係するのですから。父と子と聖霊が一体であるという三位一体説は話としては理解できたとしても事実に基づけば理解は出来ないはずです。まずなぜ神は父なのか、母ではないのか、また、子は父なる神が人類を救済するためにこの世に送ったというのですが、その子キリストが神に送られたという神秘的な話は謎だらけです。そしてその子は一人の処女が聖霊によって身ごもって生まれた子というのも普通では理解できません。まして父と子と聖霊は一体であるというのも理解できません。地獄に堕ちたルシフェルという天使（大悪魔）の話も喜んで聞いたというのですが、単にお話しとして聞いたのなら判りますが、例えば「悪魔」とは何なのか、彼がちゃんと理解したとは思いません。ちなみに、フロイスの『日本史』にはしょっちゅう悪魔が出てきます。彼らの教理に沿わないとすべて悪魔の仕業というのです。おそらく純忠だけでなく受洗した人々は謎だらけのお話しをありがたい話として受け入れたのでしょう。

何万人という人たちが受洗をしたというのですが、おびただしい数に上った信者たちに対して宣教師が疑問をもって当然でした。日本人は本当に心から信じているのか、それは疑わしいというのです。戦国時代ですからじっくり考えるなんて余裕はなかっただろうし、だいたい文盲の人たちがたくさんいたわけですから、その人たちが教理をじっくりと考えて理解したというよりも、別の動機があって信じようとしたのではないかと思います。死がすぐそばにあるような時代ですから、熱心に説く宣教師の情熱もあって新しい教えを信じたのだと思います。

旧約聖書に出てくる十戒の最初が「わたしのほか、だれをも神としてはならない」です。これがキリシタン大名を寺社仏閣の破壊と、僧神官と信者の殺害を引き起こしたのだと思います。一神教の厳しい掟ですね。私は一神教のこのところに大きな限界があると考えております。他の神を認めてはならないというのです。もちろん、「クリスチャンになれば許してやる」と言ったんですよ。だけど、神官や仏僧だった人がクリスチャンになるというのは無理です。なった人もいるんですけれど、それが本心からではなかったことは明らかです。

キリスト教の神以外を信仰してはならないとすれば、異教徒は排除されざるを得ません。領外へ追放するとか、殺すということをやるわけです。しかし、これは十戒の五番目にある「殺してはならない」という掟を破ることになります。おかしいですね。七番目には「盗みをしてはならない」ともあります。寺社に火をつけて、燃してしまうこともやりましたが、これは盗みと同じではないか、と思います。明らかに、彼らのやったことは矛盾しています。それでも矛盾しないというならば、殺すとか盗むのはキリスト教徒の間だけの話で、異教徒を殺したり、盗むことは許されるということなのでしょうか。もしそうだとすれば、それは大問題です。

キリスト教は平和を説きます。しかしそれはキリスト教内部の平和ということのようです。毎週日曜日に行なわれるミサでは「主イエス・キリスト、あなたは使徒に仰せになりました。「私は平和をあなたがたに残し、私の平和をあなたがたに与える」」という祈りの言葉を唱えます。しかしこれはあくまでも「教会に平和を願う祈り」です。キリスト教会、あるいはキリスト教徒のなかでの平和であり、異教徒は排除されます。異教徒にまで広げる平和ではないのです。平和はすべての人を包み込んだ平和でなければ、本当の平和にはなりません。一神教徒の人々はそのところをしっかり心に留めなければなりません。

三位一体説などよく考えると常識では考えられないことばかりです。しかし常識では考えられなくとも、信じることはできます。信じるということは、常識で納得できなかったとしても、それを越える行為です。理を越えるのが信仰というものでしょう。飛躍が必要です。

それにしても、多様性を認めないのは反文明的ではないかと思います。なぜなら多様性が文明の大きな特徴だったからです。一元性にこだわるのは文明以前の文化（狭義）に他なりません。

キリスト教は「イエスが神であると信じなければなりません」、「三位一体を信じなければなりません」と説きます。イエスが神であると信じるからこそキリスト教なのです。イスラームはそれを真っ向から否定します。キリストは預言者としては認めるが、決して神ではないというのです。ですから、イスラームとキリスト教は絶対的に矛盾します。どれだけ論争しても決して決着がつくはずはありません。この根本的対立は永遠に平行線をたどるだけです。しかし両者はなんとか折り合いをつけなければ共存できないのです。どう折り合いをつけるか、それは時間を掛けた対話によるしかありません。なお、文明間対話の重要性に関しては、伊東（監修）・吉澤・染谷（編集）二〇〇三をご覧ください。

多様性を国是とするインドネシアの知恵

その点で、私はインドネシアのムスリムたちが言った知恵が有効だと思います。彼らは富士山のような形の山の絵を描いて説明しました。「この山を登るにはあちこちに登山口があるね。しかし目指す頂上は一か所だろう？　人の信仰はさまざまだけど目指している目標は同じじゃないか？」と。

現在のインドネシアはムスリムが圧倒的に多いのですが、少数とはいえカトリックもプロテスタントもヒンドゥー教徒も仏教徒もいます。中国から渡来した宗教を信じる人もいます。それに（ヒンドゥー教や仏教が渡来する以前の）土着宗教も依然として多くの人々に信仰されています。私が知り合ったムスリムの話を聞いていると、表向きはイスラームでありながら、実はヒンドゥー教の教えも心に抱いている人がたくさんいました。当然です。多くのインドネシア人（とくにジャワ人）はワヤンという影絵劇が大好きですが、このワヤンはヒンドゥー教の教えそのものを説いているのですから。

インドネシアの国是は「多様性のなかの統一」です。Bhinneka tunggal ikaといいます。宗教的に多様、民族も多様、言語も多様、従って考え方、価値観も多様という国が一国を形成しているのですから「多様性のなかの統一」のもとで国家形成しなければ国家として成り立たないのです。こうした国の人たちが共存しなければならないとしたらあの絵は絶対、必要でしょう。私は、あの絵は単にインドネシアだけでなく混迷を深める世界にも生かしたらよいのではないかと思っています。とくにキリスト教徒とムスリムの間で。

ジャワ島の中央にどっしりと構えているボロブドゥールもそのことを教えています。この世界最大の仏教遺跡は今から一二〇〇年前に建立された大乗仏教の寺院です。この寺院には何度も登り、考えてきました。そしてあの山の絵と重なることを知りました。ボロブドゥールには東西南北の四つの階段から頂上を目指すことができます。どの階段を登ってもかまいません。しかし到達する頂上は一つです。そこに大日如来とされる至高仏が鎮座しています。ただし具体的な人像ではなく、塔の形で表現されています。急な階段を登り詰め、四方に開かれた、七十二体の釈迦像が居並ぶ空間に達すると、何ともいえない解放感を味わうことができます。そしてその上に鎮座する大日如来から大空に向かって飛び立つかのような浮揚感は何ものにも代えがたい、ありがたい安らぎの気持ちを起こさせます。悟りの気持ち、平和の気持ちといってよいかもしれません。

もっとも、ずっと頂上にいるわけにはいきません。生きている限り地上に降りなければなりません。その地上には私たち凡人の姿が描かれています。いわゆる「隠された基壇」の絵です。私たちはそこにおのれの姿を見ます。そして再び上階の世界へ、そして再び下階へ、という循環。この循環に「一にして多・多にして一」という仏教の教えをが込められていると思います。なお、「隠された基壇」の絵については染谷二〇一一、二〇一三をご覧ください。

日本文化を日本語から見ると

日本文化はさまざまな角度からさまざまに論じられてきました。しかし私たちが日常的に使っている日本語をベースにした日本文化論は意外と少なかったのではないかと思います。実は、日本語と日本文化はコインの表裏の関係にありますので日本語という捉え易いものを手掛かりにすれば日本文化は容易に明らかにできると思います。

私は、日本語はきわめて自然主義的な言語だと考えます。それをまずオノマトペの多さに見ることができます。波が「ひたひたと押し寄せる」とか「どぶーんと打ちつける」という表現の「ひたひた」「どぶーん」は自然（波）の動きを表現した擬態語であり、擬声語です。私たちが使う日本語にはこうした自然の動きをそのまま表現する言葉が非常に多いのです。英語などのヨーロッパの言語ではこれほど多くはありません。実はインドネシア語やジャワ語もオノマトペが豊富なのです。とくにジャワ語は豊富で日本語と非常によく似ています。

日本語とよく似ているのは敬語があることでも見ることが

できます。敬語抜きの日本語は考えられませんが、ジャワ語も同じです。敬語というのは対者への尊敬の念や丁寧さなど気遣いの気持ちを伝えるためです。主情の言語といってよいでしょう。そうした言語では相手への気遣いが勝りますから事実を伝えるにもしばしば気持ちが入って婉曲的な表現になってしまいます。とくに相手が気を悪くするようなことを伝えるときに曖昧な言い方になりがちなところにそれを見出すことができます。状況対応的といいましょうか、成り行きに任せる言語となることは当然です。とくに注意しなければならないのは、表向きは控え目の否定表現でも実はかなりの否定を意味していることです。例えば、私たちは相手を気遣い「ちょっと」という言葉をしょっちゅう使います。例えば、「ちょっと違うんですね」という言い方。文字通りに受け止めれば、「大きくは違わない」と聞こえますが、よく聞いていくと、実はかなりの否定なんですね。

英語などヨーロッパの言語が規則（文法）に厳密に従うのに対して日本語は融通無碍です。気分次第でいかようにも変えることができます。ヨーロッパの言語は、主語の確定、それを説明する述語（動詞）とそれが必然的に要求する目的語といった構文、名詞の単複、ジェンダー、時制など厳密で、日本語を使う私たちから見ると、その厳格さに驚きます。その厳格さが論理性を高めることは言うまでもありません。それに対して日本語は主情的で、論理性を重視しません。もちろんそれでは文明を構築できませんから明治の文明開化以来、必死になって論理的表現ができる日本語を作り上げてきました。新聞や論文の日本語はそのままヨーロッパの言語に翻訳できるほどにきちんと主語と述語と目的語が明示された言語です。しかしそうした日本語が日常会話で使われることはまずありません。書き言葉と話言葉は全く違うのです。

話し相手への気遣い。日本語がそうした気遣いの言語であるとするならば、最近しばしば耳にする「おもてなし」の文化があることも当然です。ジャワ人の他者への気遣いも同様です。

「和をもって貴しとする」という言葉に端的に表現されている平和の思想もこうした日本語を考えると当然出てくる思想だと思います。そうした思想が優勢となり、「臭いものには蓋」の行動になりがちなのは問題ですが、しかしことさら荒立てないようにする気遣いも大事だと思います。それは隠れキリシタン（潜伏キリシタン）にも見られたのでした。

自然主義的言語文化をもとにした未来文明

この講演のタイトルは「文明交流における矛盾をどう生きるか」でした。文明というものは文明以前の文化（広義）と比べると段違いの複雑さを特徴としています。まして異文明と交流することでさらに複雑さを増します。言い換えますと矛盾に満ちているということです。キリシタン大名が「和をもって貴し」とする日本にキリスト教の教えを実行したのは、この矛盾を彼らなりに切り捨てようとしたからでした。彼らは正義のためという信念のもとに、あの暴挙を繰り広げたのですが、日本文化の精神からすると暴挙以外の何ものでもありませんでした。その点で、隠れキリシタン（潜伏キリシタン）の生き方は二つの異なる文化をうまく緩和し、調整した、知恵のある生き方だったと思います。理由は何であれ、「殺す」ことは、仏教でもキリスト教でも許さていないのですから。

最後に、相対立する東西の文化の融和、緩和を試みる事例を紹介して終わりたいと思います。

旧約聖書の創世記には「お前は顔に汗を流してパンを得る。土に返るときまで。お前がそこから取られた土に。塵にすぎないお前は塵に返る」と書かれています。これは人間が自然から生まれ自然に返るという、自然主義的教えではないでしょうか。だとすれば、日本文化と馴染みます。しかし不思議なことに、この旧約の教えの上に成立した西洋文明が自然を蔑み、自然を支配する文化をもっているのです。旧約には、先に紹介したように、「自然を支配せよ」ともいっていますので矛盾しています。人間は自然の一部なのでしょうか、それとも自然を凌駕する存在なのでしょうか。自然破壊がここまで進んでいる今日を見たとき、私たちは改めて私たち自身が自然そのものであることを思い知る必要があると考えます。その点で日本文化はずっと自然を大事にする道を歩んできたのでした。人間本来の生き方を生きてきたのだと思います。ヒンドゥー・仏教の輪廻思想とともに自然と人間が循環する思想をここで改めて見直す必要があると思います。ということは、ユダヤ教、キリスト教、イスラームに根本に立ち返る必要を要求します。つまり自然を支配するという乱暴な文化を捨てることを意味します。

私は、人間は空気、水、土に返り、再びそこから生まれると考えています。人体が酸素と炭素と水素と窒素の複合体に過ぎないことを思えば、人間は死んであの世に行くのではなく、形を変えてこの世に留まり、再び人間の姿をとって現われるのです。先に紹介した禅僧と同じく、霊魂は肉体とともにあり、滅びると考えます。私は霊魂が肉体を離れてあの世に行くとは考えません。その点で、「私は千の風になって大空を吹きわたっています。死んでなんかいません」と歌うあの「千の風になって」に同意します。

日本語をよく見るといかに自然主義的であるかが判ります。日本語はヨーロッパの言語と比べると、自然そのものです。ヨーロッパの言語は文法もきちっとしている人工語です。日本語は、その点においては、人工性が少ない言語といえます。そうした言語をもとにした文化がこれからの文明の核であるべきだと考えます。こういう言語文化は日本語に限りません。ジャワ語がそうです。しかしジャワ語のような言語は世界のあちこちにあります。そうした言語文化がこぞって新たな文明を構築したらどんなに素晴らしい未来が開けることでしょうか。

文献

フロイスa（松田毅一・川崎桃太訳）『日本史』7、中央公論社、昭和五三年
フロイスb（松田毅一・川崎桃太訳）『日本史』8、中央公論社、昭和五三年
伊東俊太郎［監修］・吉澤五郎・染谷臣道［編集］『文明観の対話に向けて―共生の比較文明学―共生の比較文明学』世界思想社、二〇〇三
伊東俊太郎・染谷臣道編著『収奪文明から環流文明へ―自然と人類が共生する文明をめざして』東海大学出版会、二〇一二
神田千里『島原の乱』中央公論新社、二〇〇五
神田千里『宗教で読む戦国時代』講談社、二〇一〇
松田毅一『天正遣欧使節』臨川書店、平成二年
森弘之「強制栽培制度」和田久徳、森弘之、鈴木恒之『東南アジア現代史1』山川出版社、昭和五二年
ムルタトゥーリ（佐藤弘幸訳）『マックス・ハーフェラール』めこん、二〇〇三
中村　質「島原の乱と鎖国」『日本歴史9　近世1』岩波書店、一九七五
大橋幸泰『潜伏キリシタン』講談社、二〇一四
佐藤弘幸「訳者あとがき」『マックス・ハーフェラール』めこん、二〇〇三
染谷臣道「ジャワ心学の比較文明学的考察」『比較文明研究』麗澤大学比較文明文化研究センター、第一三号、二〇〇八
染谷臣道「「隠された基壇」から見たボロブドゥール」『比較文明研究』麗澤大学比較文明文化研究センター、第一六号、二〇一一
染谷臣道「日本語インドネシア語に見る「神の視点」と「虫の視点」を併せもつ言語文化の大いなる可能性について」『比較文明研究』麗澤大学比較文明文化研究センター第一七号、二〇一二
染谷臣道「ボロブドゥールに還流思想を見る」『比較文明研究』麗澤大学比較文明文化研究センター第一八号、二〇一三
染谷臣道「文化の起源・文明の起源」『比較文明研究』麗澤大学比較文明文化研究センター第一九号、二〇一四
高瀬弘一郎「キリシタンと統一権力」『日本歴史9　近世1』、一九七五
トインビー（山口光朔・増田英夫訳）『トインビー著作集　補2　人類と母なる大地』社会思想社、昭和五四年
吉永正春『九州のキリシタン大名』海鳥社、二〇〇四

服部：染谷先生、どうもありがとうございました。それでは、一〇分ほど、休憩いたしまして、シンポジウムにはいりたいと思います。

《シンポジウム・パネリストの報告》

服部：今からシンポジウムをはじめます。本日ご出席の先生方は、皆様方からむかって右側から、言語学がご専門の九州大学の板橋義三先生、そのお隣が、東洋史がご専門の九州大学の川本芳昭先生、それから、文明交流についても広範な考察をされている、哲学者の小林道憲先生、そして、経済史を基本に、世界的なつながりの中で東南アジア史を研究されている東京大学の島田竜登先生です。左端は、経済学がご専門で、本日、コーディネーターをなさる西南学院大学名誉教授の前田芳人先生です。それでは、よろしくお願いいたします。

前田：コーディネーターの前田でございます。よろしくお願い致します。

今日は、比較文明学会三十二回大会のテーマを「文明交流と日本文明」とし、四人の先生方をお呼びしています。それぞれ専門は違いますけれども、出来るだけ「文明の交流」というところに焦点を合わせながら、話をして頂きたいと考えております。

最初に、このシンポジウムの時間配分について、話しておきたいと思います。それぞれ報告時間は一人一五分、四人いらっしゃいますので、一時間程度の報告ということになります。そのあと、一〇分ほどの休憩をとります。休憩後、パネリストとのディスカッションを一時間ぐらい行い、その後一〇分の休憩を頂きます。休憩後の三〇分間は、フロアからの質問の時間に充てます。受付で質問用紙をお渡ししていると思いますので、どの先生に何を聞きたいかを簡潔に書いて、休憩の時間に集めますので、係の者にお渡しください。五時三〇分を終了の時間にしていますので、出来るだけ時間内に収まるように、ご協力を頂けたらと思います。

それでは、最初に、板橋さんから、「言語接触から見た日本列島と朝鮮半島、アジア大陸との関係」というテーマで、お話をして頂きたいと思います。

言語接触から見た日本列島と朝鮮半島、アジア大陸との関係

板橋義三

それでは「言語接触から見た日本列島と朝鮮半島、アジア大陸との関係」ということでお話させていただきます。

具体的な内容としましては、すでに皆さんに「内容」ということでお手元に書いてあると思いますが、五つほど簡単にとりあげて、最終的にどういったことが、言語学的に、あるいは比較文明論的に言えるのか、というようなことをお話しようかと思います。

　そこで、まず日本語と朝鮮語の農耕語彙、要するに農業、農耕に関する、そういった語彙というのが見られるといった場合に、具体的にどういったものが今まで取り上げられてきたのかということをちょっとお話しようと思います。そこのところに、中国の長江の農耕語彙か?と、クエスチョンマークがしてありますが、そういうことがこれまでも言われてきたことがあるので、実際どうかということがこの時点ではちょっとよくわかりませんが、具体的には、こんなふうなものがあるということでお聞きいただければと思います。語彙も挙げまして、古代日本語と朝鮮語ということで、これまで取り上げられてきたもの

古代日本語	朝鮮語
[pata]「畑」	[pat]「畑」
[nata]「鉈」	[nat]「鎌」
[taku]「栲」	[tak]「栲」
[sade]「小網」	[sadul]「小網」
[kupa]「鍬」	[xomai]「鋤」
[$sito_2ki$]「しとき」	[stək]「しとき」
[kusi]「串」	[kot]「串」
[pera]「犂」	[pyət]「犂」

ですが、とくに「子音」ですね、はじめの「p」とか、二番目の「t」とかいうものが、古代日本語と朝鮮語、はじめの場合「pata」というのと、畑ですね、それと「パ」というものが対応している。ただ朝鮮語といっても、これは時代背景がありますから、なるべく古いかたちということで考えています。そういったものをみていくと、とくに母音なんかは変わりやすいので、子音に焦点を合わせてみてください。そうすると、だいたいはじめの子音というものと、二番目の子音がだいぶ対応しているから、ということが見えてくるかと思います。

　具体的に二つ目ですが、ここのところも同じように、pとtとか、pとかnとかrというのがありますが、kとkとか、sとtとかこういう風に規則的な対応をしているというのが、ここでのポイントです。ここでどういった単語がでているかということも、同時にみていただきたいと思います。これはほぼ規則的な音韻対応というのですが、音的な対応がある。すべて農耕関係の語彙だということです。道具だとか、食べ物、そういったものも含めて。いわゆる基本的な文化語彙といわれているものの借用ではないのか、ということです。本来、これがどこからきたのかということがありますが、当然朝鮮からではないだろうというような予測があります。これまでも言語学という観点からではありませんが、これまでの考古学、人類学だとかそういったものから、借用というふうに考えてはいいものではないと私は思っています。

これとまた別に、これは黄河流域ですから、長江は南の方ですが、黄河は北の方ですね。それとの語彙との類似というものがある。当然、日本語と中国語というのは、全く違う言語です。構造的に全く違うものですから、これを遡っても同じように違っているわけです。そういったことを考えると日本語というものと中国語は違うということですが、中国語はこれまでも様々なかたちで日本語に影響をあたえてきたということも言えます。それが、ここでみるものは、日本固有の文字が成立する以前から、そういうふうなものがポイントとなりますが、漢族と接触、漢族といっていいのかという問題もありますが、以前のそういった語族、そういったものとの接触があったのではないか、これはどんなふうなことから考えられるのかということですが、その前に呉音、漢音というのを皆さん、ご存じだと思いますが、呉音、漢音というのが、日本語の漢字音ということで、日本語にとりいれられているわけですね。いわゆる、音読みといわれるものはいくつかの読み方があるというのは、こういったものに起因しているということです。ここで問題にしたいのはそういうことではない。要するに日本語の漢字音ではなくて、日本語の和語なんです。中国語の古い形の語というのが、日本語の和語、だから日本語だと思われているものとの対応があると考えられるのが、つい最近言いだされたということなのです。

1. 中国語の原音が[m-]で始まる場合：AC[m-]：OJ[um-]
馬「meaゥ ま uma」　梅「muəゥ めume」
2. 中国語の原音が[-n]、[-m]で終わる場合：AC[-n/-m]:OJ[-nV/-mV]
絹「ケン ken きぬ kinu」　鎌「ケン ken かま kama」
君「クン kun きみ kimi」　殿「デン den との tono」
浜「ヒン hin はま hama」　弾「ダン dan たま tama」
困「コン kon こまる koma-」　染「セン sen そめる some-」

AC：古代中国語　OJ：古代日本語

ちょっとこれをご覧ください。「馬」とか「梅」というものの、日本にはじめから馬がいたか、梅があったかというのが問題なのですが、ここを見ると青い部分が子音になっているのですが、一部母音と対応している部分もありますが、こんなふうなかたちで対応しているのがよくわかると思います。二番のところも同じようなもので、はじめのｋあるいはｈというものと、二番目のｎとが、ｎになったりｍになったりしているというもので、いわゆる一般にいう鼻音といいますが、一つの仲間ですね、そういったものに還元できるということです。

3．中国語の原音が[-k]で終わる場合：
竹「チク tiku たけ take」　麦「バク bak むぎ mugi」
束「ソク soku つか tuka」　剥「ハク haku はぐ hagu」
作「サク saku つくる tuku-」　索「サク saku、さがす saga-」
牧「ボク boku　まき maki」　着「チャク tyaku つく tuku」
AC：古代中国語　OJ：古代日本語

それから三番目のこれなんかも同じですが、ｔとｋというのが、「ちく」、なんていうのともともとは「ti ティ」というのが形ですから、ｔとｔ、それからｋとｋ、というので全く同じ対応をする。そのほかも全く同じようなかたちで、対応している。それには、最後のいくつかは、たとえば日本語の「さく」というのが、日本語の「つくる」対応している、ｔとｋというのですね、「さく」といのは「さがす」というのに対応する、「さく」なんかはｔですから、「つく」なんていうのは、「つ」ではなくてｔなんですね。そうするとｔとｔ、ｋとｋという対応が和語の中にもみられる。これはどういうことかということですね。こういったものというのは、つい最近は、埋もれていたものが発掘されたというふうな感じなんですけれども、これというのは、紀元前一〇〇年ごろと言われていますが、黄河流域から朝鮮半島を経由してきた、というふうなことがだいたい思われている部分と直接的に中国からきたというものと二通りあるかと思いますが、朝鮮半島を経てきたものというのは、対応がちょっと違っているんですね。

例：刷（サツ satu、する suru）没（ボツ botu、うもる umoru）

そこにちょっと書きましたが、ｔが中国語のｔというものが、朝鮮語ではｌとかｒとかいうもので、いわゆる流音といいますが、そういったものに対応する。今までのものをみると、ｔはｔだし、あるいはｋはｋというかたちで対応してきたのですが、そうでないものがいくつかあるというのがわかります。それが一番下の例ですね。「satu サツ」と「suru 刷る」「botu ボツ」と「umoru うもる」だとか、ｔがｒになっている。あるいはｔがもうひとつの「umo ru うもる」というかたちで、ｒに対応している。こういうのは、和語が対応しているということで、いわゆる、これは、朝鮮半島を経てきたものであろうというふうに考えられる、ということですね。

ここからまた違う話なんですが、高句麗も朝鮮半島の付根部分から、いわゆる中国でいうと東北地方になりますが、韓国、北朝鮮のまた北の方ですね。あの辺一体が、高句麗というふうにいわれていた地域ですね。それがだいたい紀元前一〇〇年ぐらいあたりから、ずっと高句麗も、一般的には朝鮮半島にある、百済語、新羅語と同じような方言をもつものだと考えられていたものです。これが三国史記の地理史というなかに、地名というかたちでよく見られます。これと、そこに出てくる地名から、いわゆる高句麗語とはどんなふうなものだったのか、単語ですね、単語を推測することができるんです。この地理史のなかでは、そこに巻の三十四、三十五、三十六、三十七とあるのですが、ここの中で特に三十五、あるいは三十七ですね。これとの関係というもの、この中で高句麗の地名というものが、いわゆる高句麗語というものがどんなふうにできてきたのかというものを地名から問うということができる。

高句麗語語彙総数……………百十一語（百十五語）
他言語に同源語が見られないものまたは不明なもの
……………四十四語三九・六%三八・三%）
他言語に同源語が見られるもの
……………六十七語六〇・四%（七十一語六一・七%）
日本語に同源語が見られるもの
……………四十四語七〇・一%（六六・二%）
中期朝鮮語に同源語が見られるもの
……………三十二語四七・八%（四五・一%）
ツングース諸語に同源語が見られるもの
……………二十一語三一・三%（二十五語三五・二%）
オーストロネシア諸語に同源語が見られるもの
……………八語一一・九%（一一・三%）
新羅語のみに同源語が見られるもの
……………八語一一・九%（一一・三%）
百済語のみに同源語が見られるもの
……………三語四・五%（四・二%）

実際にそこからでてくる高句麗語の語彙数が百十一語ということですが、だいたいそのぐらい発見される。これは私が調査したものなんですけれども、その中で百十五と書いてあるのは、一番下のところに書いてありますが、後漢書に方向をさす、南だとか、北だとかをさすものが、ああいったものをさすものが四語も含まれている。それを含めたかたちが括弧の中の数字です。実際に、ほかのものと同源とみられる、あるいは、借用とみられるかもしれませんが、そういったものがどのくらいのパーセンテージで残っているのかということがそこに挙げてあります。日本語に、同源、ここでは同源とみられるものと考えていますが、百十一語の実際は六十七の他言語に、同源語がみられるもの、六十七語のうちの四十七語、六六・二パーセントが日本語と同源語。あるいは朝鮮語と同源語とみられるものが三十二語。だいぶ少なくなります。というのは、アムール川流域ですから、ソ連の、中国の東北部からさらに北にいった沿岸地方ですね。その辺の言語なんですが、そことの同源語とみられるものが二十一語。それからオーストロネシア語族というのは、太平洋に島々はたくさんありますが、一つの大きな語族があるんですが、それをオーストロネシアという語族とよんでいますが、それと同源とみられるものが八語。そのほか新羅語、百済語というのは、朝鮮半島の言語ですね、当時のだいたい七世紀で絶滅してしまうのですけれども、そのあたりに新羅はだいぶ後まで残るのですが、それを比較して同源とみられるものがそのぐらいある、非常に少ないということがわかるかと思います。これから、高句麗語というのは、他の言語と比較して、日本語との同源語数に格段の差がある。高句麗語と日本語というのは、一番近いというふうに考えられる。そのほか中期朝鮮語だとか、あるいはツングース諸語だとかオーストロネシア諸語に、そういったものと比べ物にならないほど、同源語、あるいは親縁性のあるような言語が、単語が、たくさんみられるということがあります。

この中で、数詞をちょっと示してみます。ここの中で高句麗語というふうに書いたもの、左から二番目とそれから右から二番目の古代日本語ということで、ずっとみていただくと、意味というところで、数字の1、2、3で1、3、5、7、10というものが、ちょうど高句麗語の3、5、7、10というものに似ているといいますが、だいたい子音が一致しているということがわかるかと思います。

これまで、古代日本語と書いたら、漢語ではありませんから和語です。和語と高句麗語がこんなふうに似ているものというのは、これまで発見されていません。この親密度というのが非常に高いということからも、なんらかの歴史的な接触、あるいは同源性というものがあったであろうと考えることができます。そういったことなんですが、特にここの中で四つですね。3、5、7、10と四つあるのですけれども、これが同源、あるいは類似しているというふうに言えるという言語はほかにみあたりません。そういった意味では、これは同源と考えていいのではないかということが考えられる。それを考えるとですね、真ん中の黄色い部分を見ていただきたいのですが、この日本語というのと高句麗語が、同一であった時期というのがあったのではないか、あるいは場所があったのではないかと考えることができるかと思います。そのホームランドといいますか、そこの場所というのはどこかといいますと、これまで推測されている部分としては、華南地方だから、中国の南の部分ですね、そのあたりで、同一の言語であった可能性が高い。それがひとつは北上して、もうひとつは海を渡って日本にわたってきたと考えられる、ということがあります。こういったことは、考古学、人類学的な見地なんかも援用すると、縄文時代のある時期に南方から北上して来た人集団が途中日本列島に流入し、もう一方は中国東北部に北上したと考えるのが最も理にかなった推測であるかと思います。

次に、日本語とオーストロネシア諸語なんですが、接頭辞と接尾辞とあります。単語の頭につくものが、接頭辞、うしろにつくものが接尾辞といわれるものです。これはどういうふうなもので、何が似ているかということですが、従来、古代日本語のなかには接頭辞がたくさんあるんですね。それがオーストネーシア系の言語と良く似ている、あるいは機能が良く似ているというふうに思われる。形態、かたちとそれから意味ですね。そういったものが似ているものが散見される。この黄色の部分ですが、一番左のところに意味ということで、どんな風な意味が、もっとオーストロネシア系の言語にみられる。

接頭辞なんですが、こういったものと日本語にみられる、次にあげますが、「ま、た、か、さ、あ、」とかですね「い」とかありますが、これと同じように「ま、ぱ、た」とか「か」とかこういった接頭辞がありますが、これが古代日本語の時代には、ほとんど化石化してしまって、機能を失ってしまっているというのが、実情です。ただし、このかたちはこういうふうに残っていて、これは接頭辞だということはわかっています。なかには、なんらかの意味あいがわかるようなものがあります。たとえば、「さ」、「た」、あるいは「ま」なんていうのは、典型的と思いますが「まっしろ」とか、そういうふうなかたちで「ま」というものが残っている。こういったものが対応するもので、これも同じように同系というふうに考えていいものだと考えられる。そうすると、これは何が関係するのかということですが、これが同系であるとすると、場所は、どこで、いつごろ同系であるかといいますと、さきほど言いました高句麗語があります。高句麗語は南部の方から、中国語の南部、南の部分から北上してきている、と言う風なことが言われてきている。そういったことから、勘案すると、接触だけではなくて、同系関係があったであろうと、この中からいえるのではないかというふうに考えられます。

それから、時代が下がって、日本語と朝鮮語、朝鮮からの、いわゆる仏教文化、語彙、文法というのがあるんですけれども、特に仏教文化ということで、たくさん日本語の中には入ってきている。古墳時代ですね、実際に仏教文化としてはいってきているのは、五三八年だとか、五五二年といわれていますが、こういったものがいろいろなかたちで、いつ、どこからはいってきたかということが、ある程度わかっています。実際には、日本書紀に記載されているものがあってですね、下の方ですけれども、六六〇年の百済の滅亡、あるいは六六八年の高句麗の滅亡ということで、そのときに、唐・新羅による四散があって、日本に多数の亡命者が来たということが日本書紀に記載されている。こんなふうなことから、たくさん日本には、この時期に朝鮮半島からはいりこんできただろうというふうに思われる。それで、これから最終的に何がいえるかということですが、言語学的には複数の人の集団というものがあって、その移動によって、日本語の継承というものと、人集団の接触による、言語接触によって、日本語というのが多層をなしている。単に一つの層ではないのだということですね。それと同時に、これは何を意味するかということですが、言語の側面からみてみると、中国、朝鮮から渡来してきた人集団というものとそれ以前に、西日本、とくに九州の地に定住していた人集団、そういった人集団の接触によって、おだやかな混成が生じた。これは人間もそうですが、言語もそうです。どちらかというと、ここで極端な共生社会というものを考えているわけではなくて、穏やかなものですけれども、そういったものがあったのではないか。いわゆるヨーロッパ的な、武力、力による支配というよりも、どちらかというとおだやかに共生していった社会というものができてきたのではないかというふうに、言語の面から考えられるということです。最後は、一番下のところですけれども、つい最近の遺伝学というのは目覚ましく発展してきているのですけれども、そういったものを引用するとさらに詳しいことがわかってくるのではないかと思われます。

もう時間もすぎてしまいましたので、この辺でおわりたいと思います。ありがとうございました。

前田：ありがとうございました。とても興味深い話をきかせていただきました。次は川本さんにお願いします。

歴史的観点から見た日本と大陸との関係

川本芳昭

報告の題目を「歴史的観点から見た日本と大陸との関係」ということにしておりますが、国家としての日本という呼称（自称）が出現したのは、七世紀後半ということになっております。正確には、七〇年ごろだろうと考えられておりますが、それ以前は魏志倭人伝に登場するように、他称として倭国と呼ばれておりました。それがこのころ、なぜ「日本」と変わるのかということは、我が国の形成を考える上で、巨大な問題でして、なかなか解答が見いだせない状況にありますが、近年色々な進展がございます。遣隋使、遣唐使というものが、日本史等で言われますが、これは中国の側から見たときには、中国の皇帝に対して派遣された朝貢使でございます。中国では王というのは、始皇帝の出現以来、一つの爵位でございまして、あくまでも皇帝の臣下にすぎません。志賀島の金印に見える奴国王は、博多の王でしたが、漢委奴国王印というものを下賜されております。それから、有名な卑弥呼が親魏倭王というふうになっておりますが、それぞれに王という爵位をもらっているわけで、これはこの二人が皇帝の臣下になったことを意味しております。

しかし、教科書でもよくご存じのように、六〇七年の遣隋使で派遣された小野妹子は中国の皇帝である煬帝に、「日出処天子」、相手を「日没処天子」とした国書をもってまいりました。これは同じ天子であるということを伝えたわけですが、この結果煬帝の勘気を被ったことは著名なことでございます。この時点で、日本ではまだ天皇という呼称はうまれておりませんでした。ただしかし、日の出る処、という言葉から、おそらく「ひのもと」という言葉がうまれてきて、「日本」という方向に変わっていくことと同じように、天皇という名称もこのころから芽を出してきたのではないかと考えられてきつつあります。日本が、国家として成立していくうえで、その国のリーダーの称号は非常に大きな意味をもってまいりました。最初は、奴国王、このときは、博多の一国の王にすぎませんでしたが、ただ金印をもらっていることからもわかるように、少なくとも日本列島の半分くらいを配下におさめる連合国家の頂点に奴国は立っていたと考えられます。当時の日本はそういう構造でしたが、その王はやがて大王と呼ばれるようになります。日本ではこれをオオキミと称しましたが、周辺の諸国、百済であるとか、高句麗もこの称号をとるようになります。皆様方のよくご存じのものでは、好太王という高句麗の王が、太王という称号を名乗りますが、この各国間の称号合戦といいましょうか、そういうものが起こってまいります。やがて日本は仏教の影響を受けまして、その称号をさらにあげて、天王を名乗ります。大阪の天王寺であるとか、あるいは聖徳太子の四天王寺であるとか、ああいう名称にみられるように、ここには非常に明確に仏教の影響があらわれているわけです。この読み方が、そのまま今の今上天皇に見られるような天皇の呼び方になっているように、ここから今の日本の天皇の呼称（テンノウ）がうまれています。本来であれば天皇は、皇帝の皇がつけば、「天皇」（テンコウ）と変わるはずでしたが、これがなぜテンノウのまま変わらないのかということも大問題としてあるわけです。天皇の称号にいたる変遷と日本という称号が倭国からうまれてくる変遷とが、必ずや連動して動いているということも、今お話したことから想定していただけるだろうと思います。

三年ほど前、中国の方で、配付されているレジメの真ん中ごろに書いてある、六七〇年、さきほど、板橋先生の報告にありましたが、いわゆる白村江の戦いの前後のころですね、日本にやってきた百済の遺民の墓誌銘が発見されました。禰軍（デイグン）という人の墓誌銘です。神社のネギの「禰」という字に、軍人の「軍」と書いて、デイグン墓誌と呼んでいますが、そのデイグン墓誌の中に、「日本」という文字が記載されていました。この日本という表記が、文字としては、日本という用例の現存最古のものですが、現在の学界はその日本が、その日本をさす、そうではなくて百済を指すのだという意見に二分されており、百済をさすという意見の方が優勢であろうかと思います。私は、これを日本という言葉の初出であろうと考えますが、この立場に立つとこの六七〇年のときは、天智天皇（中大兄皇子）の時ですが、天智天皇は、この禰軍墓誌によれば、「僭帝」と称されています。「僭帝」というのは、「僭越ではございますが」の「せん」という字と、「みかど」という字からなった用語ですが、このことからは当時の日本が帝号を称していたということが想像されます。中国の唐は当時、朝鮮半島の国、史料として明確に残っているものは新羅に対してですが、その新羅に対し女王を立てることや今日の「平成」のようなですね、年号を称することをやめるように、強く勧告しています。こうした唐の意に逆らった国は、具体的には百済、高句麗などですが、唐によって滅ぼされたわけです。また、この前後の時期に日本の国号が、倭国から日本にかわり、天皇という呼称が出現するわけです。当時の唐皇帝であった高宗は、則天武后の夫君ですが、同時に皇帝の別称として、天皇という称号を名乗っておりました。日本が、天皇という称号を名乗るということは、きわめて不遜なものであるという理解を、当時の唐がとっていたということは十分考えられることですが、そのことの一端を禰軍墓誌は、「僭帝」というかたちで表記しているのではないかという予想を私はもっております。朝鮮半島の高句麗、百済は滅亡させられましたが、日本は、こういう時期の緊張を経て、古代国家を完成させていくわけです。

中国の歴史は、非常に大雑把でございますが、「秦漢」と、「隋唐」と、それから「元」という、この三つの時代、もちろん、現代を入れると四つですが、それは除きまして、「秦漢」と「隋唐」と「元」、この三つを非常に大きな分岐とすることができます。「秦漢」というのは、それまでの諸国抗争の時代であった春秋戦国時代から、中国全体が統一されてくるという時代でございますが、一方でその統一を背景にして周辺の諸民族が中国の内部に文明を求めて、数多く移民となって中国へと流入していくようになります。その不安定な状況の中から、今度は諸民族の抗争と融合が生まれて、それが三〇〇年ほど経て、隋唐の統一国家というものが生み出されるわけです。しかし、その諸民族の流入というものはその後もやむことなく続きまして、それが後に契丹であるとか、遼であるとか、金であるとか、モンゴルであるとか、そういうものの侵攻をうむわけです。秦漢帝国以降、基本的に経済力は漢民族がまさっていましたが、武力、軍事に関しては北方民族の方がまさり、中国をその上から軍事的に支配するという、二極的なといいましょうか、二面的な体制が秦漢帝国よりのちの中国には生じるようになり、のちの明清時代にいたるわけです。この清帝国の時代になりますと、満州、モンゴルの地が中国とともにその支配領域となったため、国境防衛施設としての万里の長城はほとんど意味をなさなくなります。秦漢帝国時代の国境であった万里の長城をはるかに超えて、中国の領域が広まったわけです。ただ、その中国を実質的に支配していったのは、満州族であったり、モンゴル族であったわけです。あるいは、それと連携したチベット族であったわけですが、その支配者として臨んでいた人々が二〇世紀初頭の辛亥革命によって漢民族と交代することになりました。つまり、それまでの中国の質はここで大きく変わり、現在の状況に至るわけです。現在の中国は、レジュメの終わりのところに書いておきましたように、中華民族という言葉を、英語でいうとチャイニーズ・ネーションということになるのでしょうが、ここ一〇年ばかり盛んに使用し、中国の中にいる、たとえば内蒙古のモンゴル民族とか、あるいはチベットのチベット民族をですね、民族と呼称することはありません。いわゆるチベット族であるとかモンゴル族と呼び、英語でいえば彼らをネーションという言葉で呼ぶことはなく、エスニック・モンゴルであるとか、あるいはエスニック・チベタンというような、そういう名称で呼ぶようになっています。

こういうかたちで、「中華民族」を実質化しようとする動きが今日、強くあらわれるようになってきているわけですが、古代から現在までのことを通観したときに、この福岡の地には、金印であるとか、水城であるとか、さきほど私が言った三つの時期に関わる、中国拡大期の遺物が残されています。金印というものは、秦漢帝国の拡大の中で、周辺にその影響力が及んだときに、その周辺の諸国がその圧力のもと臣下となったことの一つの証しです。水城というものは、第二期の隋唐の勢力が周辺諸国に及んだときの勢いの高まりに抗するため、建造された遺物でございます。福岡には大野城とか、水城であるとか、基山であるとか、当時の遺跡が数多く残っておりますが、それらはこの第二期の遺物です。

そうするとモンゴルが元寇となったときも、同じような現象が起こっていることが考えられ、九州はやはりその影響を受けたわけですね。金印は、非常に似たといいますか、そっくりのものが中国の雲南省から出土していますが、この雲南省に志賀島の金印とそっくりの金印が何故存在しているのかという問題も、中原の勢力がその周辺に及んでいくときに、同じような現象が生じることとの関連で理解できるわけです。第二期のときに、雲南の民族は、すでにひとつの国家を形成しつつありましたが、その息の根は、隋唐の拡大によってとめられました。それはあたかも、同時期に百済と高句麗が滅亡したことと同様の現象です。それからほぼ七〇〇年後の元寇のときには、現在の雲南省には大理という雲南の民族がたてた国家がありました。しかしそれは、今度はモンゴルのフビライによって滅亡させられて、雲南省というものの設置を見るわけです。それは、雲南の地が中国内の直轄領・一行政区画としての雲南省として新たな出発を強いられたときであったといえます。日本の元寇も、もし元側の勝利に帰していたのであれば、同様の事態が日本に生じていたと想定されます。また、元寇後ほぼ五〇年にして、日本の鎌倉幕府が滅亡したということも、第三期の元寇の与えた影響の一環としてみることもできるかもしれません。

興味深いことは、一期、二期、三期の出来事がほぼ六〇〇年から七〇〇年の周期を経て、生じているということですが、第三期の元寇から数えて現在の時点は、ほぼ七〇〇年ほど経ております。そういう見地からみたとき、近隣の地域への中国の拡大ということは、換言すればこの東アジアにおける歴史展開のパターンが、決して過去のことがらではないことを示していると私は考えております。少し時間がすぎました。以上でございます。

前田：はい、ありがとうございました。長い日中の歴史を簡単にわかりやすくまとめていただきました。次は、小林さん、お願いします。

文明ネットワークの中の日本文明

小林道憲

人類の歴史を鳥瞰してみますと、文明の発展は、ネットワークの発展史だったのではないかと思われます。そして、その文明ネットワークの代表的なものを旧石器時代から数えてみますと、ユーラシアの北のほうの森林の道ネットワーク、さらに草原の道ネットワーク、また、いわゆるシルクロードといわれるオアシス路ネットワーク、これらが、ユーラシア大陸の代表的な文明ネットワークとして考えられる。さらに、海のネットワークとしては、東シナ海と南シナ海のアジアの海域ネットワークを考えることができるし、もう一つは、インド洋ネットワークを考えることができる。また、地中海ネットワークも考えることができる。近世になると、喜望峰まわりのネットワークができますが、それらを総称して、南海路ネットワークというふうに呼べるかと思います。そうすると、太平洋のことも考えなくてはいけないわけで、北赤道海流や黒潮や北太平洋海流によってつくられる北太平洋ネットワークが考えられる。南太平洋ネットワークは、海流は逆に回っています。こうして、太平洋全体のネットワークを考えることができる。もうひとつは、われわれとはちょっと間接的になりますが、大西洋のネットワークというものが考えられるだろう。そして、そういう多くのネットワークの結節点に生じる文明のひとつが日本文明だとみることができるのではないか、というのが大体の考え方です。

それを旧石器あたりからみていきたいと思うのですが、旧石器から新石器のころの森林の道ネットワーク、これを何に代表させようかと考えたのですが、細石刃をあげておきたいと思います。これは肉を切る包丁みたいな小さい二、三センチの石器です。これはバイカル湖あたりが起源とみられています。道具の技術も伝わってきているのですが、人も移動してきているのだろうと思います。この森林の道を通して、北方系の文化が旧石器時代から新石器時代にかけて入ってきている。これが、日本文明の基層を形成した。だから、森林の道ネットワークを考えなくてはいけないということであります。

次に、もう少し下がりまして、草原の道ネットワークです。みなさんご存知の通りでありまして、今ここにあげますのは、青銅器で、福岡県福津市津屋崎町今川遺跡出土の銅鑿《どうのみ》です。しかも、これは銅剣かなにかを鋳つぶして、もういっぺん作り直しているらしい。これはかなり古いです。つまり、弥生初期になります。これの起源は、ご存知のとおり、中国の遼寧地方から出てくる胡漢様式の青銅器であります。さらにその源泉は、やはり匈奴が受け継いだスキタイ文化にあります。結局このスキタイが開発した青銅器文化に至りつくわけです。これは、草原の道を通って騎馬遊牧民が伝えてきたもので、朝鮮半島を通って、九州の日本海側まで一番先にきた。これは、日本文明の形成そのものが草原の道に負っているという一つの例であります。

もう一つの例は、鉄ですが、鉄器も青銅器と同じころに入ってきていますけれども、ただその精錬技術そのものは、いつ頃入ってきたのか、弥生の後期のはじめぐらいには入ってきているのではないかというふうに言われています。ここにあげましたのは、壱岐島の原《はる》の辻遺跡出土の鉄槌の頭です。四世紀以前のものです。こういう鉄器やその精錬技術が弥生時代や古墳時代に入ってきますが、これの起源はトルコのところに行きます。トルコで日本の発掘している遺跡ですが、カマン・カレホユック遺跡出土の、これは鋼で、精錬してあります。これは、紀元前二〇世紀から一八世紀ころまで遡ると言われています。ここを発掘された大村先生は、もっと実際には遡りうるだろうと仰っています。今のところ、発見されているのでは、これが一番古いわけで、そのあとヒッタイト帝国ができて、そのヒッタイト帝国が紀元前一二〇〇年ぐらいに滅んで、鉄精錬技術がユーラシア全体に拡散していった。それをやはり、スキタイが受け取って馬具なんかをつくる。そしてそれを匈奴が受け取って、中国北部へもってくる。それが朝鮮半島へくる。日本列島にきた。これも、草原の道ネットワークを考えなければならない。

その次は、馬具なんですが、これは福岡県朝倉市池の上古墳出土の馬具（轡）であります。鉄製です。一時期は、これは日本最古といわれていたものであります。古墳時代の初期のものです。この馬具の起源も、やはり草原の道を考えなければならない。一番古いところでは、ウクライナ起源（紀元前四〇〇〇年ごろ）といわれていますが、それは十分発達していなくて、やはり後、スキタイなどの騎馬遊牧民が、鉄とのセットで、馬具をつくったりして、騎馬技術を磨いた。これをやはり匈奴が運んで、中国および朝鮮半島へもってくる。そして、日本に入ってくる。それでもって、鉄や馬がそろい、古墳時代を迎えて、大型古墳も作れるようなる。一種の産業革命みたいなことが起きたわけであります。文明の大きな飛躍が起きたわけです。だから、草原の道ネットワークを考えなければならない。

次にもう一つ、ユーラシアを下がりまして、有名なシルクロード、これを考えたいのですが、この道はシルクだけが通ったわけではありませんので、私は、オアシス路と呼んでおります。代表的なものとして、ガラス器の起源を考えてみたいと思います。たとえば、宗像の沖ノ島にカットグラスの破片が二つ出ております。これと同形のつくりかたのものでは、奈良の正倉院の御物の切子碗があります。もうひとつは、安閑天皇陵から出たといわれるのがあります。こういうのが、日本で出土しています。これとそっくりなのが、イランに出ています。イランのギラーン州に、同形のカットグラスがたくさん出てきております。だから、ササン朝ペルシャのガラス技術が、おそらくシルクロードを通って、今のアフガニスタンやタリム盆地や、河西回廊を通って、中国北部、朝鮮から日本ときたわけだから、やはりオアシス路のネットワークを考えねばなりません。これは、交易とか、外交とか、亡命、そういうものでくるわけです。

忘れてならないのは、有名なことですが、オアシス路を通って、大乗仏教が入ってきます。インド起源の仏教が、北西インドへいって、今のアフガニスタンあたりへいって、ヘレニズムとペルシャ文化とが融合しまして、はじめて仏像ができます。ガンダーラ仏です。いわゆるガンダーラ芸術ができるわけです。だから、仏さんが来ている着物は、ギリシア・ローマの紳士の正装です。うしろの光背は、ペルシャ起源です。こうやって融合し、それが同じシルクロードを通って、中国、朝鮮、日本へきているわけです。日本海側とか九州の方には、仏教公伝の六世紀前半よりももっと前におそらく来ているであろう。日本海側では、五世紀のころ小金銅仏、これは渡来人がその信仰とともにもってきているのですが、出ています。オアシス路は、この仏教の来た道でもありました。

もう一つの道、さきほど申しました南海路のことですが、まず東シナ海のネットワークを考えたいと思います。それは稲作の伝播以来ありますけれども、ここにあげましたのは、福岡県大野城市仲島遺跡から出ている王莽の貨布です。丸い貨泉は済州島とか、対馬とか、壱岐島、それに山陰地方のほうで出ています。大野城に出ているのは、貨布です。それは紀元間もなくの、前漢から後漢へいく間、新の時代に王莽が発行したお金です。これが出てくるということは、東シナ海で物の交換が盛んに行われていたということです。

次にあげますのは遣唐使です。遣唐使は、主に南路を通って、中国南部へいって、それから長安へいきます。それで、主に鹿児島の坊の津から出発しています。そのため、坊の津も発展をします。港市としても発展します。次にあげておりますのは、これは太宰府から出土している一〇世紀ころのイスラム陶器です。陶器というと、大体は、このころは中国起源であります。中国陶器は、南シナ海とインド洋を通って、イスラム商人が運ぶわけですが、製陶技術もイスラムの地へ伝わり、今度は、コバルトブルーの顔料を入れて、また新しくイスラム陶器をつくる。それが逆に輸出されているわけです。それが太宰府まできている。奈良にも出土しています。なんらかの交易、交流、接触というものがあったということです。ものの交換、交流です。こういうものがあった証拠であります。日本文明は、南海路を通ってイスラムのところまでつながっていくわけです。

もう少し時代を先にいきますが、ここにあげたのは宋銭であります。平清盛のころを思い出していただくといいと思います。一二世紀。平清盛の財力の起源は、南宋との貿易、日宋貿易です。広州とか寧波とかを、博多、福原（神戸）と、交易で結んで、貿易でその財力をためこむ。それで都市が発達する、武士階級が台頭してくる、そして荘園制がくずれて、封建制が成立していく。商業の発達、都市の発達、封建制の成立。これが日本で起きる。

他方、こちらのほうにあげましたのは、ヨーロッパの北イタリアのピサの大聖堂で、これだけ立派なものがちょうど同じ時期にヨーロッパでできていくわけですが、よくみればイスラム様式がはいっています。ということは、南海路のところで、イスラムがユーラシアの東西を結んでいるわけです。であリますから、西洋文明と日本文明は、とくに一二世紀に商業の発達や都市の発達や封建制の確立という点で連動し、平行進化しているけれども、実は、両者をイスラムが結んでいる。つなぐ文明がある。媒体文明と私は言っているのですけれども、それがあるから連動しているのだ。そうみなければならない。何の関係もなしに、同時発生しているのではないということです。

次に近世に入ります。ここにあげますのは、一六、一七世紀の長崎の大村市から出ているメダリオンであります。これはご存知のとおり、ポルトガルが、今度は、イスラムを出し抜いて、喜望峰まわりで、インド洋を通ってやってまいります。西洋文明が直接やってきたわけですが、これも、しかし東アジア海域の交易圏に彼らが参入してきたというふうに、考えた方がいいと思います。そういうしかたで南蛮文化が入ってきた。

次にあげていますのは、オランダから出ているオランダ貴族の紋章のある伊万里焼であります。これは、真ん中にオランダ貴族の紋章が入れてある。ということは、オランダ人がバタビアあたりから、長崎へきて、注文しているわけです。その注文に応じて、大量生産している。それをオランダが運んで、西洋との交易、交流が成立した。さらに、オランダは、西洋のものばかりでなく、東南アジア産のものももってきますから、それを買わないといけませんが、それを買うだけのお金が日本にはあった。ここには、石見の銀山の例をあげておきました。たくさんの銀が戦国時代から江戸時代にかけて発掘されましたので、銀で買えたわけです。その銀がヨーロッパへ運ばれますから、ヨーロッパでは、いわゆる通貨供給量が過剰になり、ときどきインフレが起きたりするのは、そういうわけです。そういうふうに日本文明も西洋文明に影響しているわけです。

そうしますと、どうしても太平洋ネットワークというものも考えなければいけないことになります。ここにまずあげましたのは、縄文時代後期から弥生時代中期にかけての沖縄県那覇市伊江村ナガラ原第三貝塚から出ているゴホウラ貝でできた装身具ですが、今でいうブレスレットです。ブレスレットをつけたまま、葬って、その人骨が出ているわけでありまして、縄文から弥生にかけて、南西諸島は貝の道でもありました。黒潮の道です。黒潮の貝の道を通って南方系文化がきているわけで、これは日本列島に広く分布しています。黒潮ルートの文化のルートが、新石器以来あったことになります。

そうしますと、どうしても、太平洋のネットワークを考えなければならないわけで、とくに南太平洋から日本列島にきている文化の可能性を考えねばなりません。いろいろなものが考えられますが、代表的なものとして栽培植物を考えると、間違いないだろう。南米起源のものですと、トウモロコシ、ジャガイモ、アボガト、唐辛子とかいろいろありますけれども、代表的なものとして、サツマイモをあげておきます。これはコロンブス以前に、すでに南太平洋では栽培されていた。メソアメリカ起源のものが、すでに南太平洋では栽培されていて、それがフィリピン、中国、台湾、琉球、種子島、鹿児島、長崎、平戸に来て、石見のほうへきたと言われています。関東地方で栽培できるようになったのは、吉宗のころで、これが江戸時代の飢えをしのいだ。だから、文明はどんなに遠くにあっても影響してくるわけであります。これは、やはり太平洋ネットワークを考えなければいけない。

ここにあげましたのは、メキシコシティから出ている日本の有田焼であります。大量に出てまいります。一七世紀後半になりますと、大量に出てまいります。ということは、長崎からオランダ人がマニラまで運んだのでしょう。マニラからは、ガレオン貿易で、スペイン人が北太平洋海流を使って、もうこのころは定期航路ができていますので、大量にメキシコに運んでいるわけです。こういうふうに、太平洋ネットワークというものも考えなければならない。

そうしますと、人類の文明史をまとめると、いろいろなところでネットワークができるわけでありますが、それを最初にグローバルにまとめたのは、やはりイスラムだろう。バグダードなどは、オアシスの道、インド洋、地中海、すべてとネットワークでつながっております。ニューロンネットワークみたいなものです。少なくともアフロ・ユーラシアで、グローバルネットワークを最初に形成したのはイスラムといっていいだろう。さらに、これを総合して、草原の道ともセットにして、ユーラシアの大循環露を作って商業を発展させたのは、モンゴルです。イスラムやモンゴルのおかげで、日本文明と西洋文明が同時飛躍をしているわけです。最後に海洋主体ですが、ヨーロッパ諸勢力が、このネットワークをまとめ、新大陸をも世界史に巻き込んでいった。そして新大陸なくして、近代文明は成り立たないというかたちにしていった。ということで、人類史を文明ネットワークの発展史としてみることができる。その結節点の一つとして日本文明を見るべきだ。

そうすると、文明とは、いったい何なのか、交流という局面だけでみると、交流なくして文明なしと。一つの文明は孤立して、独立して存在しているわけではなくて、あらゆる文明は交流によってつながっている。関係性のなかで生きている。つながりのなかで生きている。だから、一つの文明の中に、あらゆる文明が流入してくる。だから日本文明の中にも、世界文明がある。その文明ネットワークの結節点として、文明を考えるべきだというのが私の考えであります。

前田：どうもありがとうございました。報告し始めると誰でも時間がオーバーしがちですが、予定を少し過ぎています。次に島田さん、お願いします。

長崎出島のアジア人「奴隷」とイスラーム

島田竜登

東京大学文学部の島田と申します。東京大学文学部に所属をしているのですが、移ってから二年半しかすぎていません。それ以前はこの西南学院大学に勤めておりまして、おそらく私が移っていなければ、ここに立つことはなく、奴隷頭みたいなかたちで、実行委員会の突撃隊長みたいなことをやっていたと思います。前田先生には非常に申し訳なく思っているのですが、よろしくお願いします。

奴隷頭ということで、今日は奴隷の話をします。江戸時代の長崎の話です。これは長崎の蘭館図の一つです。一九世紀はじめごろだと思うのですが、長崎の博物館にはこのようなものがたくさんあって、解説などでは、オランダ人がいる、遊女がいるなどといったことはわりと強調されています。気になるのは、ここに黒い肌の人物が描かれていることです。日本語では、「黒坊」と書いて「くろんぼ」という人たちです。だいたいその数を蘭館図でカウントしていくとオランダ人よりも、この黒坊の数が多いのですよね。オランダ人は、通常、商館長は一年間滞在しますし、他の商館員たちは、それ以上長く滞在するわけですが、だいたい十数名、一年間出島で暮らします。今日は、彼らではなくて、このアフリカ人だか、アジア人かよくわからない人について分析してみたいと思います。彼らが出島で行っていることは、家畜を飼育しているとか、ラッパを吹いている、ここではバトミントンで遊んでいる。チェロを演奏していたり、ハープとかも弾いている。これらの人物はなんなのか考えてみたいと思います。

さて、二枚目のスライドです。日本側の記録で一八世紀後半の森島中良の文章です。蘭学者としても有名ですが、もうちょっと一般向けのものも書く人なのですね。今と変わらず、学者にもさまざまなタイプがいるものです。さて、この文章は伝聞のかたちをとっていますが、林子平が長崎に行った、そのときに「天竺人」、つまり黒坊のお葬式を見たというのです。稲佐山の方に死体を運びます。悟真寺というのが稲佐山のふもとにあるのですが、そこにはオランダ人の墓と彼ら黒坊のお墓が現在もあります。仏教のお坊さんの手を借りずに、自分たちで葬式をやっていくということが書かれています。横向きに伏せ、木綿の服を着させる。敷物を敷く。横文字で書いてある経文を読む。それはマレー語の文字、正確にはアラビア文字のことだと考えられますが、それを読経する。アミンと唱え、口の中に土を入れる。口の中に土を入れるというのは一部のムスリムだけですけれども、全体から考えてはっきりわかることは、彼ら黒坊はムスリムだということです。イスラーム教という宗教の存在を日本人が意識することはないのですが、ともあれ、何か別の宗教が存在しているということを理解させるような文章が書かれ、それが当時の日本国内で流通していたのです。

もちろん、間違った推測も森島の文章には含まれています。「くろんぼ」だから、当時、オランダが支配していたコロンボのことであり、彼らはスリランカ出身なのではないかという説も提示しているのですが、これはあとで検討するように間違いです。マレー語を使っていて、マレー人などの東南アジアのムスリムである。

ところで、オランダ東インド会社、これが私の専門のひとつなので説明しておきますけれども、よく言われることが世界最初の株式会社であるということです。現在のインドネシアを中心としたオランダ植民地支配のさきがけである、そういう説明もされるし、長崎での文化交渉の相手として捉えるときもあります。私としては別の考えかたももっていて、この会社は、オランダ人もいるし、他のヨーロッパ人、ドイツ人もいるし、アジア人もかなりこの職員として入っているのですね。あるいは奴隷みたいな人もいて、一つのグローバル・カンパニーとしてとらえています。しかも、この会社は海域アジア全般にわたって商館をもっている。もちろん、ヨーロッパで必要なものをアジアで購入するのが、もともとの目的でしたが、そのほかにアジア内で貿易をおこなう域内貿易でお金をかなり儲けています。結局のところ、ヨーロッパとアジアを結ぶ貿易もやりますし、アジア内でもやる。商館をたくさん維持することで、その職員たちとしてアジア人もかなり抱え込まざるを得なかったのです。

さきほどの黒坊なのですが、実は、オランダ東インド会社支配地域で認められている制度では奴隷といわれる人々です。もっとも、東インド会社はアフリカと新大陸の間の奴隷貿易みたいなことは行いませんでした。商品ではないのですが、ただその所有権、人間を売買することができるという点では、やはり奴隷であって、それは制度的にみとめていた。一八六〇年までつづきます。会社は奴隷を所有するし、私人も個人で所有することもできます。所有者はオランダ人だけに限らないで、アジア人も奴隷を持つことができました。たとえば、バタヴィアの華人が奴隷を持つとか、アラブ人が奴隷を所有するということもあります。奴隷の所有目的については、男の奴隷だったら肉体労働源として使う。女性だとすると、現地妻にするなど、いろいろな形があるのですが、一番多い用途は一八世紀ですと、家内奉公人、要するにサーバントみたいな仕事が多いです。また、オランダ東インド会社が所有する奴隷は、各地の商館に割り振られていましたが、とくに、セイロンやバタヴィアの商館にはかなりの数の会社所有の奴隷がいました。

次に、私人が所有するバタヴィアの奴隷の出身地ですが、これを示したものが、このデータです。一七世紀後半のデータなのですが、現在のインドネシア諸島全般にわたるところからきています。ジャワはわりと少なく、その他の地域の出身者が多かったといえるでしょう。

さて、長崎にオランダ人が連れてくる奴隷なのですが、一八世紀後半だと、長崎にやってくる船の乗船員名簿があります。船員以外のものは英語でいえばパッセンジャーという分類なのですが、そのパッセンジャーのヨーロッパ人と奴隷について名簿に記されております。たとえば、一七八四年の事例ですが、船にのっているのは一二四人、そのうちヨーロッパ人は一〇〇人、アジア人が二四人。ヨーロッパ人はほとんど船員であって、商館に赴任するためにくる人たちが六人です。その商館員たちがもっている奴隷が二四人ということになります。だから赴任するオランダ人よりも、彼らの奴隷の数の方が多い。だいたい二〇、とか三〇、そのぐらい毎年長崎に来ているのです。奴隷の所有者はたいてい商館長があることが多いです。

出島図に描かれている黒坊ですが、どこの出身者が多いのかというのは、さきほどの乗船者リストに出身地が書いてあるので、わかるのですが、バタヴィアをはじめ、インドネシア諸島の人が多い。バリ出身だとモスリムでないのでしょうが、おそらく出身地から判断するかぎり、かなりムスリムが多いのであろうということがわかります。また、若干ではありますが、現在のマレーシア、あるいはタイや南アジア各地から若干ですがきていたようです。

この黒坊が長崎でどういうことをしているのかということですが、オランダの商館日記を読んでいくとわかります。たとえば、艀の整備で、オランダ船が到着する際に、整備をしておきます。オランダ船が長崎に到着しても、沖止めですので、出島から船まで行く小舟の修理です。私的に所有されている奴隷ではありますが、会社のために働いているという事例ということになります。また、嵐のために出島の建物が壊れたときに、臨時の修復をしたという事例もあります。記録によく残るのは、彼らがやった密貿易などの記録でありますす。日本人のクーリーと結託して密貿易をする。密貿易といっても、銀のスプーンがなくなったとか、砂糖が盗まれたとか、そういう事例が多いのですが、そのような事例が多々あります。密貿易でつかまったオランダ側の奴隷を誰が処分するのかという事例もあるのですが、どういうふうに解決されるのかというと、おそらくインドネシア諸島出身だと思われる奴隷は、結局オランダ側の方が裁判を行う、処罰する権利がある。日本側の密貿易の相手である、日本人のクーリーは日本側で処分するという事例があります。あと、面白い事例ですが、さきほど最初におみせしました出島図にあるように、楽器を演奏するので、それを将軍がみたいという事例があるのですね。江戸まで連れてこいという事例です。いろいろな経緯があって、だれが旅費を負担するのかが問題となりました。旅費を幕府側が支払うとしても、通訳を連れていかなければいけない。奴隷はマレー語しかできないので、マレー語のできるオランダ人を連れていかなければいけない。そのオランダ人の旅費はだれが負担するのかという問題が生じます。結局この話は流れてしまうのですが、そうしたことでわかることは、奴隷たちはマレー語を話すのだということが確認できるのです。

以上が、出島の黒坊に関する分析だったのですが、結局何がいいたかったのかというと、今日のパネルの主題たる「交流」についてです。おそらく文明交流の在り方というのは、いくつかあったかと思います。何が文明かという問題はさておきますが、交流の在り方のひとつとして、モノを通じて交流するというのがあり、これはわりと広く一般に、古い時代からあります。一方、今日お話しした内容は、アジアのムスリムたちとの人を介した文明接触が明らかに行われていたということなのです。もちろんその前の時代からも若干あると思うのですが、これが人を介した文明交流の一つなのでしょう。もちろん、それがイスラーム教との認識は日本側にはなくて、むしろオランダ人の奴隷の変わった宗教でしかなかった。このようなかたちで理解されるという点が特徴的なのだと思います。ただしこの場合は、どちらかというと宗教指導者がはいって、日本の理論家、学者がそれを理解したというよりは、交流の実態としてはかなり底辺レベルの交流なので、ある意味広い底辺での交流があったということが理解できるのではないかと考えます。

前田：どうもありがとうございました。三時五〇分に終えていただく予定だったのですが、ほぼ一人分、報告が延びました。今から少し休憩をとります。四時一五分に再開をいたします。

《シンポジウム　議論》

前田：それでは、四時一五分になりましたのでシンポジウムを再開したいと思います。いま、四人の先生方に、「文明交流」ということでお話をいただきましたけれども、お聞きの通り、これを一つにまとめようというのは、私には至難の業でございます。まとまるかどうか分かりませんけれども、交流についての新しい視点なり、今までとは違う新しいものが出てくれればと期待をしながら、これから四人の先生方を中心に議論をしたいと考えております。

小林さんの報告にありましたが、日本の文明というのは、いわゆるグローバルネットワークの中の「結節点」であるというお話でした。お話のグローバルネットワークは、もちろんのことですが今の私達の形態とは違います。われわれが経験しているのは、国境もない、時間の差もない、パソコンによるネット社会というかたちのグローバル社会です。歴史的に、今とは違う、文明間のグローバルネットワークがあったということです。そこで、小林さんにお聞きしたいのは、そうした交流の中から生まれた、日本文明——文明はすべてそういうものだとおっしゃっているのですけれども——の特質というのを、どのように考えたらいいのかということです。そのあたりからお話を進めたいと思います。如何でしょうか。

小林：ご存知のとおり、日本列島は海で囲まれております。物資でも情報でもみな海を通して運んで来たわけでありまして、そして、日本列島の中に、旧石器以来、ずっとあらゆるユーラシアの文化、場合によっては新大陸からも入ってきていたわけであります。そうすると、他の文明も同じような特色を持っているかもしれないけれど、特に日本文明の特質といいますと、吸収力といいますか、無限の受容力、鏡のようにいろんなものを受け取る、そして吸収していく。そしてそれを重層的に積み上げて、ひとまとめにしていく。そういう力ですね。その吸収力と理解力、受容力、これが日本文明の一環して変わらない大きな特色ではないか。それがまた新しいものを発信していく力にもなっていったというふうに考えます。吸収力というところに、私は日本文明の特質をみたいと思っています。ただ、単なるブラックホールではないので、ブラックホールに見えるけれども、そこから発信もやっているのだということです。

前田：次は、川本さんにお伺いしたいのですが、中国との関係で、六世紀、隋の皇帝から日本が独自の古代国家として認められたと考えてよろしいのでしょうか。

川本：七世紀ですね。朝貢国として認められたということです。日本側は遣隋使において中国と対等であることを主張しますけれども、中国側がそういうことを認めたということは一切ありません。魏志倭人伝の「倭」という呼称は、古代の日本人が中国人から「お前は何者だ？」と問われたときに、「わたし」とか「われ」と言おうとしたことと関係があります。また、読み方ではなく「倭」という文字自体のもつ意味については諸説ありますけれども、有力なのは「こびと」とか、少し差別的ないいかたですが、要するに「ちび」とかいう意味合いを含んでおります。日本はその後、そうした差別的意味を克服して「和服」とか「和食」の「わ」をつけて、さらに「大」をつけて「大和」いう言葉をつくり、日本という呼称を生みだしていきます。ただし日本側のそういう主張を中国側が認めることはないわけで、のちにも「倭寇」とか、「倭」という差別用語を依然として使うわけでして、隣の韓国も、今の天皇を呼ぶときに「倭の皇帝」という意味で「倭皇」と呼ぶように、その「倭」という用字が倭寇の倭と同様の意味合いをもって今日まで根強く行われてきています。中国ではいわゆる易姓革命が生じるわけですが、中国の宋の時代に、日本からの使節が、中国の皇帝のまえで話をしているなかで、日本では、皇統が連綿と続いている、家臣の家柄も古来から受け継がれていると述べ、それを聞いた皇帝が感服しまして、我が国は新とか、漢とか、革命が起こって、皇帝も殺されるんだけれども、この日本という国はそうではないらしいとして、非常に感銘をうけるわけです。ただし、こうしたことは例外的なことで、先ほどの述べましたように、煬帝に見られるような対応が後の時代に消えたというわけではございません。対等云々はあくまでも日本側の主張ということです。

前田：日本文明を、私達のいう文明論として考えるとき、歴史をどこまで遡ればいいのかという問題があろうと思います。時代を遡れば、どうしても石器時代から縄文、弥生という、歴史の流れは無視できませんし、その流れの中で、交流が日本文明の形成にプラスに働いたのか、マイナスに働いたのか、時代によって違うだろうと思います。さきほど小林さんが言われた、吸収しながら日本の文明の形が出来上がる。文明が国家という形で認識されるとすれば、いわゆる古代国家というのは、とりあえず一つのメルクマールになるかもしれないという気がします。

ところで、板橋さん、言語のやり取りに三つあると考えていいのでしょうか。もともと同じであったところから分かれたという同源と、移住してきた人達が言葉を伝えたという場合、そしてさらに交流を通して伝わるという、このような三つの層で考えていいのか、よく分かりませんが、それはどうなのか。日本の文明における言語という問題を考えるとき、もともとの「やまとことば」が出来た語源は、専門ではないのでよくわかりませんが、どうなんでしょうか。

板橋：言語形成には、基本的に二つあります。一つは一番はじめに言いましたように同源語、同語源の、同じ起源をもつような言語、親子関係をもつような言語がある。したがって、元の親があれば、その子ども、あるいは孫というかたちで派生していって、いわゆる親子関係のような、そういった関係をもつような言語の形成の仕方が一つあります。典型的なのは、インド・ヨーロッパ語族で、いわゆるヨーロッパの言語はほとんどそうです。それからもう一つ典型的なのは、オーストロネシア系の言語で、いわゆるアジア、太平洋にまたがる島々ですね、それの大元のかたちはひとつだったといわれている。

もう一つは、言語接触による、これは二つ、三つと言われましたが、結局交流というのと、移住というのは、基本的には、言語接触というカテゴリーの中に入ってしまうので、どういうふうに人が動くかということに関しては違うかもしれませんけれども、基本的には言語接触という形で、出てくる。その場合には、ある特定の言語があるとするとそれに、ほかの言語がどんどん入り込んでくる。入り込んでくることによって、言語の音声が変わったり、構造が変わったり、あるいは語彙が変わったり、最終的にはひとつのかたちになるにしても、いろんなものが入り込んで、一つの言語を形成するという二つのパターンがある。

日本語というものを考えたときに、ヨーロッパのように

――典型的な分岐型というのですけれども――一つものからどんどん分かれていく、そういったパターンではないのだろうと思われる。それはどうしてかって言いますと、さきほどもお話しましたように、いろいろな層が日本語のなかにはあると見られるものがある。それは、断片的ではあるのですが、その受容性といいますか、高句麗語と日本語というのは、どうしてこんなに数字が、いわゆる中国語の数字と日本語の数字の対応の話をちょっとしますと、日本語には、漢語から入ってきた数字と和語の数字がパターンとして二つあるわけです。さきほどいった話というのは、和語の方の話であって、漢語ではないのです。漢語であれば、そういったものというのは隣の韓国にも同じようにあるわけで、それは借用というかたちでいいと思います。だけれども、日本語の和語と似ている、それも四つぐらいあるというと、これはどういうふうに考えたらいいのだろうということが非常に大きな問題。言語学からいえばこれは考えられるものとしては、接触ということも考えられるかもしれませんが、地理的に考えて高句麗というのと、日本というのはあまりにも離れすぎている。それから朝鮮半島をどういうふうに経由したのか、もし経由してきたのであれば、どうして経由して、今と同じような高句麗と日本が同じような数字をもっているというのを説明するのか、というのが一つ大きな問題。それを克服するような考え方として、どこかほかのところに以前は、同じような言語があって、そこから分岐していくというふうに考えた方がいいかもしれない。さらに日本全体を見渡すと、九州だけではなくて、サハリンをわたって、北海道に入るというルートもあるわけですね。そのルートもあって、それは現在のアイヌの人たちが、その中心となっている大元の種族といいますか、人集団ということになるかと思います。それといわゆる現代の日本人というのと、アイヌというのは似ているところもあるのですが、そうでもないのもあって、日本列島という全体を考えると本来であれば、北も南も同じように話をしなければならない。今回は九州が中心なので、九州に焦点を当ててお話させていただいたということです。

前田：言葉というのは、一つの体系というところもある、体系としての言葉ですから、漢字を借りる以前の「やまとことば」は、漢字による文字化によっておかしくなったというようなことを、中西進さんが言われています（中西進『日本語の力』集英社文庫、二〇〇六）けれども、言葉と文字というのは同列に語れない別の問題を含むのかもしれません。

次に、島田さんにお聞きします。近世江戸期のアジア人奴隷というのはほとんど問題にならなかった、そういう意味では、島田さんの着眼は、今まで発掘されていなかったものの研究に属するだろうと思います。私はタイトルを見たとき、ちょっと驚いたということもあるのです。というのは、鎖国という時代にあって、ヨーロッパ・オランダを介してイスラム系の人達がいたことが事実認識として初めてであったからです。そこで、アジア人奴隷労働の江戸期日本に与えたインパクトというものを知りたいのです。どのようなストーリー性をもっているのかを考えるのですが、そのあたりはどうですか。

島田：ありがとうございます。勝手な話をしたので、まとめにくくさせてしまったのかもしれないのですが、おそらく鎖国期における国際交流とか、文明交流を考える場合に、文明交流一般についても考える必要があろうかと思います。交流にはいくつかのタイプがあって、一つは人と人が接触するというもので、文化なり文明が伝わっていく。それはわりと鎖国時代になると限られていきます。もう少し幅の広い交流を考えるとすると、知識、あるいは書物という形で入ってくるというタイプがあります。外交情報であったり、科学や生産技術というものであったりする場合もあります。もう一つの交流のタイプは、モノが入ってきたり、あるいは物が出ていったりすることです。海外で作られたものは日本で幅広く使われる。たとえば砂糖で、中国の福建で作られた砂糖やジャワ島で作られた砂糖が日本にも入って来て、広く消費される。結局、人や情報、モノによる交流ですね。今回の私のお話は、直接には人の交流で、これは長崎の出島あるいは長崎市内だけに限られるものなので、日本全体にそんなにインパクトはない。ただし、森島中良の書物を紹介したように、彼が黒坊などの話をきいて、なんとか解釈し、それを日本全体に広めたことは、人の次元を超えた交流の段階に入ってきます。小林先生がおっしゃられたように、日本は海に囲まれていて、船を使えば早く接触することもある。しかし、一方、日本は海外のものに対して一歩距離をおいているというのは一般にあろうかと思います。もっとも日本人は好奇心が強く、海外の事物を理解しようとすることにかけては人一倍、努めるわけですね。自分たちの知らぬことも、それなりに解釈しよう、解釈して自分たちが理解できるようにして、日本語で広めていこうというのが、日本文明の一つの特徴なのかと思っています。これはたぶん現代もそうであって、学問体系が海外から輸入されて、それを理解して学生に伝えていくのが大学の使命みたいに思われるときもあろうかと思います、若干距離をおくも、好奇心はあって、なんとか理解して、それを説明していこうという姿勢は常にある。ところで、日本文明の交流を考える際に、もうひとつ述べておかなければならないことがあります。逆のことも考えなければならないということです。日本文明を考えるときは、逆方向にも検討しなければならないときもあると思っています。海外が日本をどう考えているのかなということも、考えなければいけない。それはちょっと、今日のテーマからは離れるのかもしれませんが……。

前田：日本の文明を、特に日本の近代文明を考える場合、やはりヨーロッパの影響がものすごく強い。今や日本は社会全体においてアメリカ化しているという感じに近いですけれども、日本にとっていまおっしゃったイスラムからのインパクトというか、大きな影響を受けたという感覚は、実はあんまりない。しかし、現在は、イスラム世界がいろんな面で世界におおきな影響力を持っている、身近な存在としてわれわれが体感している時代でもあるのですが、それはともかく、江戸期は、鎖国だったということが私達の頭に強くインプットされています。だけど、鎖国というシステムの中から抜け落ちる部分があったと思われます。例えば、小林さんがおっしゃったところの、海洋民は、九州の玄海では海の人、いわゆる「海人」と呼ばれ、この北部九州は海の民、海洋民と言われる人達が非常に大きく活躍した場でもあります。海洋民は、この玄海・対馬海峡などの海域だけでなくて、南の海にも認められます。大宰府で、今から三〇年ぐらい前に、木簡が出てきた。その木簡に、鹿児島の南の島、奄美大島の名が記されていたと言われています。つまり古代の日本にすでに南の島との交流があった。ここの博多は、大和政権下で言えば、ある種の出先みたいなところで、中心があって周辺があるという関係ですが、そしてそのまた外側にもう一つ、辺縁という場があるということが認められます。このことについて鈴木靖民さんが『日本古代の周縁史』（岩波書店、二〇一四）の中で、社会空間の三層構造ということを言われています。それは交流の三層構造と言い換えても良いと思います。やはり鎖国の時代でも、重要な存在として海洋民が考えられるのではないのか。海洋民というのは、いわゆる魚を採るという漁業にたずさわる人だけでなく、文明交流というか、文化交流ということも役割として担う人達のことであって、当然のことながらそうした人達がいたわけですね。こうした人達の文明交流に果した役割を無視するわけにいかないと思うのですが、もう少し海洋民の話を、小林さん、お願いできますか。

小林：ご存知の通り、この博多に古代に限定していいますと住吉族、志賀島を拠点にしていた阿曇族、これも一説によると東南アジアからきたのではないかとさえ言われています。宗像族、三海洋種族がいます。宗像でもシンポジウムをやったことがあるのですが、宗像族は、中国南部、広州あたりまでいっていたようです。宗像族というのは、中世のころまで活躍しています。阿曇もそうです。全国的に、渥美半島だとか、安曇野だとか、安曇川、とか長野県に安曇郡などがあり、富山市にも安住という地区がある。それ全部、阿曇族の居留地があったところです。海洋民というのは、非常に進取の気性に富んでおりまして、どこへでも出ていく。国があったとしても、国境なんてこともあまり意識しない。文明の境界ということも意識しない。海は交通路としか考えていない、障害とは考えていない。そういうふうな進取の気性に富んだ海洋民が、ものを運び、同時に文化・情報を運んでくる。それが、文明と文明を結びつける働きをもつ。文明と文明を結びつけるどころか、結びつけることによって、両方の文明を発展させる、そういう働きをしているわけであります。海そのものには、遺跡とか遺物は残らない。だからよくわからない。われわれは、意識しないのだけれど、そこをつないだ海洋民というのがいるわけで、彼らは、それぞれ港町を作ります。ポートシティを作っていきます。ずっと古代・中世の頃から、ユーラシア全体にポートシティが発展していくわけです。東南アジアでも古代の頃から、ポートシティによって、港市国家が発展をしていく。これはユーラシアにおける海洋民が起こした交流によってできていくわけであります。日本をはじめ、中国でも、朝鮮でも、東南アジアでも、インドでも、イスラムでも、ヨーロッパでも、文明を変動させる働き、物の交易などで文明を変動させる働きを、海洋民というのはやっていた。陸地史観でいきますと、草原の道の騎馬遊牧民だとかオアシス路の商業民、そればかりに注目してしまうのだけれども、海洋民の役割を大いに考えなければいけない。文明を変える役割です。

前田：一面的な見方とも考えられますが、私達日本人は、源氏に属するか、平氏に属するか、どちらかだと言われることがあります。源氏は鎌倉で土地をベースに支配を築く、一方の平氏は、海の民という性格を持っていて、瀬戸内海航路を整備して日宋貿易をする。歴史に「もし」はないのですが、もしも海の交易を重視した平氏が勝っていれば、あるいは鎖国はなかったかもしれない、と思ったりします。やはり江戸時代は、土地をベースにつくられた社会で、いまお話していただいた海の文化、海の文明というのは、そこで断ち切られたという形になった可能性が高い気もします。しかし、それが、今の日本の現状を見るとき、江戸のシステムに学ぶべきことがたくさんあることも事実です。ただ、歴史の流れから言えば、国を閉ざしたということは、ある意味では、あまり良いことではなかったという側面もある。和辻哲郎は『鎖国』（和辻哲郎全集第一五巻、岩波書店）に「日本の悲劇」という副題をつけ、鎖国に否定的評価をしていますが、今のわれわれが抱えている問題から言えば、開きすぎてもいけない、閉じすぎてもいけないという、まさに交流の在り方の問題だと思います。さきほど、小林さんは、日本文明は吸収力があると言われました。戦後の日本は、吸収してばかりで、咀嚼力を失って本来の日本の良さをなくしてしまった、と言ってもいいような、つまりそれが裏目に出たという状況だと思います。しかも、日本をさらに悪い方向に追い詰めるのではないかと懸念される、ＴＰＰが次に控えている。そうした日本の現状の中で、開く、閉じるということをうまく考えて行かないと、文明間交流が日本の文明を駄目にするというのではおかしいわけです。どのような交流で日本の文明は豊かになるかという視点がないといけないし、したがって、その意味で、文明交流の在り方、つまりは健全な交流の在り方が重要になると言ってよいと思います。言語の問題として、板橋さんからお話しいただいた「共生」という、そういう条件があってこそ、日本の文明は健全に豊かに育ってきた、という面が随分とあるのではないかと思います。

さて、実はこのシンポジウムのもう一つの課題として「九州」の問題があります。これまでの話にもあったように、九州は日本の一部として文明形成に非常に重要な役割を果たしてきたということは、間違いのない事実です。そこで、それぞれの先生方に、文明交流から見て、九州はどうであったかという問題を、討議するほどの時間はあまりありませんが、少しお話しいただけたらと思います。板橋さんから、よろしいですか。

板橋：言語の側面からということとなると、さきほど申しましたように、共生というのがひとつのキーワードかと思うのですが、九州は朝鮮半島、中国に近い地域であるということで、クロスロードといいますか、接地点であったと考えることができるわけですね。日本列島全体をみますと、北海道も北のそういった地点と考えることもできないこともないのですが、ただ北海道は明治になって、日本の領地になった。もともとは、アイヌの人たちの領土だった。そういった意味では、九州とは全く違った過去の経緯があるということが考えられる。九州の場合はそうではなくて、古来ずっとそういった地点として、アジアとの接点があった。それと同時に、共生というかたちで進めてきたと考えられる、言語の側面からですが、そういったことが重要なことではないかと思います。それと同時に九州はたくさんの方言群があるんですね。ほかの地域もそうですけれども、方言の保存ということも考えなければいけないのですが、ご存知のように方言というのはどんどん毎年のようになくなっていっているんですね。そういった意味では、国際交流をする、あるいは多様性という観点からいっても、そうしたものを保持していかなければいけないということ。言語は、言語がかってに動くわけではありませんが、人集団が、人間がどうするかという問題なんですね。北九州なんかだと在日の方がたくさんいらっしゃるんですね。いわゆるもともとは日本人ではなかったかたが、九州にもたくさんいらっしゃるということで、そういったことで逆に逆手にとると、共生社会を進めていく、一つの大きな役割があるのではないかと思います。

前田：ありがとうございました。川本さん、日中史という長いスパンがありますが。

川本：板橋先生とそんなかかわりは、ないのですが。そうですね、高校の「日本史の教科書に載っておりますが、奴国王が金印をもらった五〇年あとに、倭国王帥升という人物が使いを中国に出しています。学界の大勢は、その倭国王というのは、魏志倭人伝にでてくる伊都国王であると、完全にみんなが認めているわけではありませんが、私もだいたい賛成しております。要するに日本最初の王は、卑弥呼より一〇〇年以上前の倭国王帥升、その倭国王の居所は、現代の前原市あたりにあった。なぜそういうところに、日本最初の勢力が生まれたのかと考えたときに、大陸間の文化をいち早く吸収できたからだと思います。東京とか、関西からお見えになった方と話していると、九州にくると、大陸、あるいは半島が非常に近く感じられる。九州に長く住んでいるとあまりないのですが、それほど日本と大陸と、半島の接点にこの九州の地があるということを感じるわけです。そういうことはよいことばかりではなくて、大陸からの衝撃が一番先に、元寇等とかですね、そういうものがくるところでもありますし、また、文明がくれば、新しいものを生み出すところでもある地として九州をとらえております。

前田：ありがとうございます。次、小林さん、お願いします。

小林：私はすでに、発表のところで、できるだけ九州の遺産も出しまして、九州と全世界文明とのつながりに注目したつもりであります。よく言われますように、新石器、縄文のころから、今日に至るまで、九州は表玄関だったわけでありまず。朝鮮半島とすぐにつながりますし、中国の北部、南部とも、東南アジアともつながる。それだけつながれば、インド洋、地中海、ヨーロッパ文明とも、つながってしまう。さらに太平洋のポリネシア、メラネシア、ミクロネシア、こちらからも文化は流れてきています。それと全部つながってしまう、それが、九州をして、日本文明の表玄関、新文明の流入口にした理由であります。これは、当たり前といったら、当たり前なことなのです。

ただ一つ注目したいのは、九州のまわりにある島です、対馬、壱岐、琉球、種子島など、島が果たした役割も注目せねばならないだろうと思います。島に育つ文明は決して辺境文明ではありません。われわれ、島というと、東京からみますと、沖縄とか、対馬とか、辺境に見えてしまうのですけど、決して辺境どころじゃない、再先端の文明が真っ先に入ってくるところです。むしろ東京、江戸のほうが辺境というぐらいに、逆転してしまう。島というのは、文明の超電導地帯です。入ってきて、出て行く。それで、その島が果たした役割、媒体の役割、文明と文明をつないでいく、そして文明を変えていく、その媒体文明として、島をとりあげていかなければいけない。だから、九州のまわりにある島に注目したいと思うわけですが、九州全体も、そして日本列島全体もまた島であるわけです。陸でいえば、ユーラシアのオアシス都市が果たした役割、それからユーラシアの海岸沿いにあるポートシティが果たした役割と同じものを、島も果たしている。地中海におけるシチリアだとか、アラビアなどのソコトラだとか、インド洋のモルジブだとか、スリランカだとか、それから東南アジアは、すごいです、ポートシティもあれば、島嶼も半島すべてそろっているわけで、東南アジア文明は、ユーラシアにおける偉大な媒体文明だと思います。その余波が、琉球や九州に及んでいる、さらに日本列島につながっているわけですから、島の果たした役割にも注目したい。海洋民がつないでいるのです。

前田：ありがとうございました。次に、島田さん。

島田：九州について論ぜよということだと思います。私も今日の会場である西南学院大学に六年間いたわけですので、宣伝させていただくと、この大学のなかに元寇防塁というものがありまして、それはこの東キャンパスではなくて、となりの中央キャンパスの中にあります。本来、防塁があったラインが、この建物の玄関があるあたりの東西のラインが防塁のラインなのですね。だからみなさんが今いらっしゃる場所は、当時の防衛線の外側にあったところということになります。ここはですね、日本の防衛線の外側なのです。私がこの大学の教員をやっていたときに、教員は二四時間、研究室を使えるんですが、深夜、研究棟の廊下を歩いている際に、いつか幽霊でるんじゃないのか、そんな感じもするのですが……。ともあれ、どういうことかというと、九州はわりと海外との関係が非常に強かったということもあります。もちろん江戸時代になると若干限られます、鎖国の時代ですから。ゲートウェイとしては、長崎とか、対馬とか、薩摩とかに限られてくるわけです。もちろん鎖国以前ですと、かなり交易の拠点であったということがあります。江戸時代でもたとえば、坊津の話がでてきましたけど、前田先生は坊津のご出身ですよね。あそこも、密貿易の拠点みたいなところですよね。

前田：江戸時代に密貿易の拠点になった……、その通りです。

島田：みたいなところなので、海外と接点がある、というよりも海外と共生する地ともいえるでしょう。もう一つは、九州に住む人はわりと海外への関心が強いのかなという気がします。それは、実感としてこの大学で働くと、東京の大学と比べるとわかるのですが、学生の海外に対する関心は東京とはくらべものにならないですね。東京の大学の学生は、どちらかというと内向き志向になっていることを実感しています。あと、日本文明を考えるときに、海外から日本がどう見えるかを考えなきゃいけない。海外からみても、たとえば日本町の時代、あるいは近代以降の時代でも、九州から海外に出ていく人は常に多い。現在も、たとえば駐在員になるとかいうかたちで、海外に日本人のソサイエティ、日本人社会があるわけですけれども、私もオランダに五年間留学してきたんですが、知り合う人の多くは九州出身者なのですね。日本人向けの食料品店にいくと、何が売っているのかというと、マルタイの棒ラーメンや五木の乾麺が売っていたりします。東京のスーパーではなかなか見慣れないにも関わらずです。ともあれ、こうした九州的な日本食品が平然と売られていているように、九州人はわりと海外向けの出ていく志向が強いし、海外の事物に対する好奇心も強い。それは少なくとも東京とは全然違う感じです。こうした状況は歴史的にあるのではないかと思います。

前田：どうもありがとうございました。最後に何故九州のことを聞きたかったかと言いますと、地域がきちんとしていないと、つまり健全でないと、日本全体も駄目になるからです。東京だけが肥え太ると、ほんとうに日本は駄目になる。東京都の人口は一三〇〇万人、九州がそれとほぼ同じ規模の人口です。今の日本は、文明論的に見て、人口の分布、配置はでたらめと言ってもいいくらいです。東京首都圏に何千万人もいるわけですから。異常と言うしかないです。地域が元気で健康でないと、日本の文明は滅びる、そういうふうに言っても差し支えない。

　つまり、日本の文明というのは、地域が支えている。その地域は身体の細胞みたいなものですね。細胞が異常をきたせば、身体が悪くなるのと同じで、細胞としての地域がしっかりと健康でないと、日本の文明は、その基盤を失うということになります、松本会長のお話にありましたように、文明としての多様性を保持出来ない。その多様性は、地域が担っているという話ではないのかと思います。

　ところで、残りの時間があまりありません、申し訳ありませんが、休憩の時間をカットさせていただきます。フロアからの質問を受けたいと思いますので、五分程度で質問用紙を回収します。是非、質問をお出し下さい。お願いします。

《フロアからの質疑応答》

前田：フロアから回収された質問用紙を元に進めたいと思います。まず、板橋さんへの質問ですが、内容は「言語接触とＤＮＡ人類学での日本人の構成とは一致しますか」ということです。言語接触の問題と、最近DNA鑑定で日本人のルーツが分かるということが出てきているわけですが、その辺の関係性というか、日本人の構成と一致するのか、という質問です。

板橋：そこまでは、はっきりとは申し上げられないですけれども、今までわかっていることで、遺伝学からの知見というのは、いつごろどこにその民族がいたかということなんです。あとは考古学的なものからの推論で、どういうふうなルートを通って、日本にきたかということなんですが、遺伝学の場合は、基本的には縄文時代なんかを基本に考えているので、そういったことも、言語接触との関連で言えば、縄文人の以前から、日本というのは、大陸と陸続きでしたから、そういった意味では当時も、日本列島といいますが、日本には人が住んでいたわけです。定住していた人たちがいるということですけれども、だからそのどういった人たちがどのくらいいたのかということに関してはまだわからないのです。ここで問題にしているのは、DNAはそれ以降の話なので、それ以降だから、一万五〇〇〇年ぐらいから、それ以降、日本にどういうふうに人集団が、どのくらい、どういうルートを経てきたのかということはある程度推測が可能だということに今のところはなっていると思います。ただ、言語接触ということになると、それ以降の話になってくるので、それを組み合わせた話でないと、進まない。

前田：もう一つ、「アイヌ民族と琉球民族は、どこから来て、言語的にはどの地域の影響を受けているのですか」という質問です。

板橋：琉球とアイヌでは、遺伝子がだいぶ似ていると、つい最近いわれているのですけれども、琉球とアイヌ語の、琉球語というのは、日本語の方言です。いつごろからああいうふうな変化を遂げたのかというのは、だいたいわかっているのですけれども、古典の時期、以前なんです。古墳時代とか、その辺を考えていただければいいのかもしれません。アイヌとの関連は、そういった意味では言語的にはまったくありません。あるとすれば、日本語とアイヌ語が接触しているということは、これまで当然あったわけで、その中でどういった言語が、どういうふうに借用されたかというふうなことがあるかと思います。そのぐらいでしょうかね、詳しくお話することはできるのですが、今時間がないので。

前田：はい、ありがとうございました。次に、小林さんへの質問。「過去、日本は国外の文明を取り込んで、新しい文明を築いて来たと考えられますが、二一世紀も同様なのでしょうか。人口減少、超高齢化という点で最先端にいる日本はむしろ新しいシステムを国外に提供しなければならない立場にあると思います。日本からの発信の可能性について、お話しいただきたい」という質問。それから、もう一人同じような質問で「どのような発信の方法があるのか、発信の仕方というか、そういうものはどうなんでしょうか。日本の文化の、「和食」が遺産に認められたというのはあるのですが、発信の仕方がわれわれは下手だと言われ続けていますが、その辺のところを知りたい」という質問です。

小林：難しい質問で、どう答えたらいいかよくわかりませんが。たとえば、今日、日本は少子高齢化というふうに言われておりますが、ただ、おそらくは日本人の能力といいますか、今までいろいろと新しい文明を吸収して、つくりあげてきた能力から考えますと、少子高齢化でも、それに対応して社会をつくっていく。そうして技術の開発をしていくことになると思います。文明というのは、さきほど松本先生の講演にもありましたように、その核のところには目にみえないものがある。核のところは、文化、情報なのです。この前また、日本からノーベル賞が出ましたけれども、最終的には小さなメモリーみたいなものに集約してしまうような、そういうものが文明の核にはあるのです、特に技術情報の場合。それだから、少子高齢化は、少子高齢化で、新しい文化を日本がさきがけて作っていく、それは最終的には技術、社会技術も含めて、新しいイノベーションしかありません。また情報という観点でみますと、この情報化社会、地球全体がそうなっていますから、すぐに発信できるというような状況になっている、二一世紀、文明のネットワークは、もはやいちいち船で運ばなくてもいいわけですから。その意味で、そういう情報発信は、むしろ容易になっていくだろう。日本人はまた新しいものをつくっていくだろう、そして発信していくだろうというふうに思っております。

前田：ありがとうございます。次に、島田さんへの質問です。「江戸期に色々なものが外国から入ってきた。そういうもののなかで入ってくるのが難しいものがあったのではないか、それについて教えてほしい。例えば、砂糖は製糖技術が後れた。綿についてはどうか。絹は生糸の国産化に時間がかかった。つまり、鎖国したことによって入るべき技術が入ってこなかったために、日本の生産が後れてしまった。他にそういう例がありますか」ということです。

島田：お答えします。入ってくるのが難しいものということですが、もちろん一番はキリスト教に関する書物だと思います。そのほかに真剣に考えてみますと、製糖技術の伝播が遅れたというのは事実だと思います。クリスチャン・ダニエルスという研究者によって、明らかになっています。日本や琉球の場合は、書物を通じて入りました。一方、マニラやジャワでは中国人自身によって製陶技術が伝えられています。結局、日本は人の交流ではなくて、書物を通して入ってきたので遅れたのです。また、もう一つの原因があって、だいたい江戸期の真ん中くらいを考えてくだされぱいいのですが、日本で消費される砂糖の三分の一くらいは国内産で、三分の一が長崎経由での中国からの砂糖、残りの三分の一がジャワからの砂糖でした。国内消費の三分の二は長崎を経るという構造があります。こうした構造がある以上、貿易に関わっている人の生活を支えるために、あえて砂糖を輸入し続けなければならないというのが江戸時代後半にはあったかと思います。貿易なしでは長崎の人たちは生きていけないので、ある意味、国産化を若干おさえていたという側面があるのです。ほかにも、生糸の国産化は一八世紀なかばぐらい。ほかに技術が遅れた事例はもう少しあります。日本経済史の先生方もいらっしゃるので、私がいうべきことかどうかわからないのですが、たとえばポンプです。たしかに蒸気機関を利用したポンプだったと思うのですが、一九世紀の鎖国時代にオランダが日本の銅鉱山にポンプを導入することを勧めました。当時、オランダ側は日本から銀ではなくて、銅が欲しいのですが、日本の銅山では排水が困難で、生産量が増えません。西洋的な技術を導入すればどうにかなるのではないかということがあって、オランダはポンプを売り込んでくる。しかし、日本はなかなかそれをうまく導入できない。人海戦術で水をくみ上げた方が早いのです。日本がもっている文明体系と西洋の文明体系の違いから、うまくは移植されなかったのです。

前田：もう一つ、島田さんに質問があります。「イスラム奴隷についてですが、庶民レベルでの交流は現実にあったのか」ということです。何か証拠があれば。

島田：基本的に、サーバントみたいに使われる奴隷なんですが、基本的に出島内から出ることはできません。しかし、直接の交流を持つとすると出島の倉庫で働く日本人の労働者や役人たちとはよく接することはあったと思います。出島の外へでるということは難しいのですが、たとえば、艀の修理のために出島の外に出るとか、お葬式のときにも外に出ます。とはいえ、やはり完全に、かつ常に自由に外に出られたわけではない。しかし、推測になるのですが、長崎に住んでいる人は、そういう人が出島に住んでいるのだということは当然知っていたとは思います。

前田：それに関連することで質問。「モスクとか、ウラマーなどはかれらの間に存在したのでしょうか、証拠などありますか」という質問です。

島田：そこは大変気になっております。モスクはもちろんありません。奴隷なので、おそらくは要するに教養のない人なのかと私は思っていたのですが、アラビア文字を読んで、読経をするというので、当時としては文字が読めるということですと、けっこう知識人であったということがわかります。もちろん、それがウラマーであるとか、そういうことは確証しようもありません。

前田：はい、ありがとうございました。これまでの議論とフロアとの質疑応答をうけてまとめに入りたいと思います。まとめにならないまとめになりますけれども、ご容赦下さい。

近代文明の、また現代文明の持っているさまざまな傷と言いましょうか、病と言いましょうか、現在いろんな形で明らかになっています。私達の身体を文明にたとえれば、頭がおかしい、手がおかしい、足がおかしい、内臓までもおかしい、そういう文明を構成している要素が、さらに言えば、小さい細胞までもいろんな意味で破綻しているという時代であると思います。そういう意味での文明全体の危機です。私達の社会総体を文明と考える観点からすれば、文明要素のどこを見てもおかしい。文明の崩壊はすでに始まっているわけです。これから、二〇二〇年、二〇三〇年、二〇四〇年と近い将来に、何があるということをほとんど予測できない、あるいは何が起ころうとおかしくないというような、かなり厳しい時代に私達は生きています。

私達は、今日の議論からも示唆されたように、私達が長い歴史を通して築いて来た、文明の基礎から考えなおすということの重要性を思わないわけにいきません。基調講演の中で、染谷さんがおっしゃいました、日本の言葉は極めて自然主義的であるという、日本の文明の特徴づけは、ある意味で象徴的な言い方でもあると思うのですが、そういう文明の社会は、なによりもまず風土がベースにならなければならないと考えられます。風土型の生活世界、風土型の経済、風土型の文明、それが文明の基礎にないと、文明はどこか欠陥品で常にふらふらしてしまう。それはおそらく縄文時代の一万年の間に創られた世界であります。最近、岡村道雄さんが書かれた『縄文人からの伝言』（集英社新書、二〇一四）という本を読ませていただきました。私達は、昭和三〇年頃まで、ほんの半世紀前のことですが、縄文人と共通する生活を営んでいたと、岡村さんは言われています。昭和三〇年代以降、日本は本当に劇的に変わったということです。日本文明のルーツに、またわれわれの身近なところに、風土型の文化・経済・社会があったということだと思います。そして、次は、今日のテーマであった、交流のある社会・文明です。いわゆるネットワーク型の生活世界と言ってよいと思います。これがないと閉じられた社会になってしまいますので、オープンな社会ということです。さらにもう一つ、染谷さんの今日の話にもつながりますが、高い精神世界をもつ、あるいは宇宙観をもった、コスモロジー型の生活世界が文明には不可欠であります。文明にこれらのものが備わっていないと、空虚な生活世界に成りかねないし、文明の多様性を保持出来ないのではないかと思います。

ところで、今日は、九州に焦点をあて、様々なお話をしましたが、九州を文明の基礎という視点から見ることが出来るのではないかと思います。九州には、有明海という豊かな自然を持った、風土型の生活世界があります。今、有明海では、漁民と農民が対立しているという悲しい状況がありますが、風土とともに謙虚に生きる人達の生活が存在していました。それに水俣の世界が繋がっています。不知火海が有機水銀に汚され、水俣病という環境破壊の負の遺産はいまだに解決していないのですが、豊かな生態系を必死に守り生きる人達の生活世界は、自然と和する「のさりの思想」とともに健在であります。

次に、この博多を中心にした北九州は、まさに大陸との交流の世界、ネットワーク型の生活世界であるということです。そして近世の長崎には、広く海外に開かれた自由な風情をもつ世界がありました。また、南の方では、奄美、沖縄（琉球）、そして東南アジアと繋がる、ネットワークの世界が広がっていたと思われます。

さらに、九州には、宮崎に神話の世界がございます。コスモロジー型の生活世界が今でも生きづいています。

これ以上、多くを語れませんが、九州には、文明の基礎になるべきそうした生活世界が相互に有機的な関係性を持ちながら重層的に存在していると言って良いのではないかと思います（少し視点はちがいますが、高谷好　氏の世界単位としての類型化、生態型、ネットワーク型、コスモロジー型という三つの類型化に多くの教示を得た。『世界単位論』京都大学学術出版会、二〇一〇）。つまり、日本の文明の将来を考えるとき、われわれが引き継いでいかなければならない生活世界がこの九州にあるのではないか、と思っています。

これからのより良き文明のあり方を考えるというのが、比較文明学会の課題の一つとすれば、これを機会に、九州にも眼を向けてほしいと思います。まとめになったかどうか分かりませんが、これで今日のシンポジウムを終わらせていただきます。パネリストの先生方、会員の方々、そして一般の参加の方々、本日はありがとうございました。

明治初期における西洋ジュエリー文化との出会い

博覧会と金石学を中心に

中島朋子

はじめに

西洋のジュエリー文化が、日本に本格的に流入し始めたのは明治時代になってからのことである。それ以降、現在日本では、ティファニーやカルティエなど欧米の宝飾品店のグローバルな展開も相まって、欧米市場と同製品を同時代的に消費するようになるまでに、その文化は定着している。(1) 日本がジュエリー文化と出会って以来、既に百五十年近い歴史があり、それは日本人の間に広く浸透していると言えるだろう。しかしながら、これまで日本のジュエリー文化については、その歴史が十分検証されていなかったこともあり、その産業の発展や日本が生み出したジュエリー製品に十分な文化的関心が払われることがなかった。ところが近年、明治の輸出工芸品や近代化産業遺産への再評価が進む中、日本のジュエリー作品の見直しと歴史化への試みも徐々に始まっている。この分野では、露木宏、関昭郎、丸山伸彦らによる日本の装身具についての研究が、主な先行研究としてあげられる。彼らの研究は、明治に入り最初にジュエリー製作を試みたのが、刀装具製作に従事していた彫金師たちであったことを明らかにした。さらに、その後の日本のジュエリー産業の発展についても、露木と関は、作品の分類・分析を行いながら、歴史区分化を試みている。関は、明治期をジュエリー産業の基礎がつくられた時代とし、それをさらに明治初期、鹿鳴館時代、明治後半期に分類している。(2) 本稿では、これらの研究の流れを汲みながら、明治初期（一八六八—一八八三）に、近代化を主導した明治政府が、博覧会や大学などの制度的な枠組みの中で、ジュエリーの概念や知識をどのように理解したかについて注目し、この時期の日本の西洋ジュエリー文化との出会いについて考察をおこないたい。

ところで、議論を進める前に、本稿で使用するジュエリーという語の意味について触れておきたい。ジュエリーには、貴金属を使用し宝石の美しさを引き出した「宝石のジュエリー」と、金・銀・プラチナをメイン素材にした「貴金属のジュエリー」の二種類あると考えられている。本稿においては、これらを基本的にジュエリーと定義したい。また、同様な形状を持ちながら貴金属や宝石以外の素材を使ったものについては装飾品と定義する。(3)

1　万国博覧会におけるジュエリーとの出会いとその理解

日本における西洋ジュエリー文化との本格的な出会いは、近代化と共に始まった。日本の近代化は、五箇条の御誓文に示した開明進取の方針からも理解できるように、明治政府の発足当初から積極的に進められることになった。その促進にあたって、政府は、欧米諸国で開催された万国博覧会への参加、博覧会の国内開催、博物館の開設、東京大学を始めとする高等教育機関の設立、お雇い外国人の雇用などをおこないながら、欧米の制度、知識、技術、文化の移植を進めることになった。(4) これらの多角的な西洋文明移築制度が機能するなかで、日本は西洋ジュエリー文化とも出会うことになった。

とりわけ明治初期において、日本は万国博覧会への参加を通じて、欧米から多くの知識・技術・文化を摂取することになった。折しも、明治政府が発足した十九世紀後半の時代、博覧会は欧米社会において「最大の祭典」(5) と考えられており、なかでも万国博覧会（以下、万博と記す）は、国家が威信をかけて開催した、政治的・経済的・文化的にも影響力の大きなイベントであった。そもそも日本が最初に参加した万博は、一八六七年のパリ万博であり、江戸幕府に加えて薩摩藩と佐賀藩が出品を行った。「博覧会」という語も、幕府がフランス公使レオン・ロッシュからパリ万博への参加を要請された際に造語されたと言われている。このように明治以前から、日本は万博と接する機会を持っていたが、万博の重要性を十分に意識し、日本の近代化に寄与する制度として包括的に利用し始めたのは明治時代に入ってからのことであった。[6] そこで以下において、日本のジュエリー文化との出会いについてまず万博に注目し、この制度のなかで、明治日本がどのようにこの文化と向き合い、それを認識し、製品化していったのかについて考えてみる。

1・1　ウィーン万国博覧会におけるジュエリーとの出会い

明治政府が最初に参加した万博は、一八七三年（明六）に開催されたウィーン万博であった。これはオーストリア皇帝フランツ・ヨーゼフ一世の治世二十五周年を記念し、オーストリア文明と世界の諸国民の経済の現状を示し、その発展を支援する目的で開催された。[7] 政府は、この万博への参加を、日本の存在を世界へアピールする機会、欧米各国の物産や知識・技術を学ぶ機会、輸出促進の機会などと捉えていた。さらに閉幕後には、政府の博覧会事務局によって万博についての報告がされたのみならず、広く西欧諸国の産業、教育、貿易、兵役、風俗の事情などについても報告書にまとめられた。このようにウィーン万博への参加は、欧米の文明を百科的に学び、それを日本に移築する機会として重要なものであった。[8]

このウィーン万博への参加を通じて日本は、どのように西洋ジュエリー文化と出会ったのだろうか。まず、ウィーン万博においてジュエリーが、どのように理解され位置付けられていたのかを見てみる。ジュエリーは、万博に集められた展示物全体が二十六区に分けられたなか、第七区「金属産業」に分類された。その「金属産業」部門は、さらに四つに細分類され、そのうちの第一類が「金・銀製品及びジュエリー」と規定された。[9] このように定義された第七区第一類の「金・銀製品及びジュエリー」を、日本がどのように捉えたのかを、明治政府の報告書から確認してみる。『墺國博覧會筆記　巻二』

によると、第七区は「金銀銅鐵其外あらゆる金物細工或ひは玉石細工の諸品」[10]と説明されている。これはウィーン側で定めた第七区「金属産業」と、その下の四つの細分類を、まとめて訳したのだろう。この部門に、当時日本は二百件以上のジュエリーあるいは装飾品類を出品した[11]。会場本館における日本列品所の図を見てみると、「金銀細工」「玉石細工」という区分があり、これらがジュエリーを意味する訳語として使われた[12]。日本から出品されたジュエリーには、七宝職人であった平田彦四郎製作の、黄金製草花文様の腕環（ブレスレット）三個、耳飾（イアリング）三セット、指輪十個、鈕釦四セットなどが含まれていた。これらは平田が七宝刀剣金具師だった経歴を考えると、日本の伝統的な金工技術を用いた和洋折衷的なジュエリーだったと思われる[13]。

ウィーン万博開催時に、明治政府は、西洋の技術について学ぶために日本から人材を派遣し、その伝習も試みている[14]。ジュエリーに近い分野では、朝倉松五郎が「水晶其他諸種ノ玉石類製造」の伝習生として派遣された。朝倉は、珠玉製造を生業とし、万博開催中は、事務官随行員として小間物販売店の販売係を務めた。閉会後には、博覧会事務局副総裁佐野常民の命を受け、ウィーンで眼鏡製造法を学び、イタリアでモザイク技術を見聞している。しかしながら、朝倉が、西洋のジュエリーに関して専門的な知識を学んだことは記録されていない。また朝倉は、次に考察するフィラデルフィア万博開催中の時期に亡くなっており、彼が明治期においてジュエリー文化の伝達に大きな役割を果たすことはなかった[15]。

1・2 フィラデルフィア万国博覧会におけるジュエリーへの理解

ウィーン万博に引き続いて明治政府が参加したのが、一八七六年（明九）にアメリカで開催されたフィラデルフィア万博であった。これはアメリカの独立百年を記念し、経済成長著しい新興国アメリカで最初に開催された万博であった。会場には、科学技術に裏付けられた最新の機械製品の数々や、新たに生み出される消費の欲望を満たすような大量の製品が展示され、急速な発展を遂げるアメリカの工業力を国内外に印象付けることになった。

ウィーン万博開催中に、西欧諸国の市場調査を実施していた明治政府は、フィラデルフィア万博への参加にあたって、内務省管轄下の博覧会事務局の指導のもとに『温知図録』というデザイン・プロジェクトを立ち上げていた。政府指導により欧米市場の嗜好に合わせた工芸品を作り、海外への輸出促進を図っていたのだ[16]。実際フィラデルフィア万博での日本の展示は、陶磁器、銅器、漆器などの工芸品の分野で高い評価を受けた。それは後にアメリカ社会において日本美術品ブームを本格化させ、大量の工芸品が輸出される契機ともなった。しかしながら、日本のジュエリー製品は、ほとんど注目されることがなかった[17]。

　このフィラデルフィア万博において、日本はジュエリーとどのように向き合ったのだろうか。まず万博におけるジュエリーに関する区分規定から確認してみたい。この万博の出品物全体は、七つに区分され展示されることになったが、ジュエリーは第二区の「製造物」(Manufactures)に位置付けられた。第二区の製造物は、さらに十四類に分類された。ジュエリーは、八類目の「衣服、寳玉及ヒ装飾、旅装需物」(Clothing, Jewelry, and Ornaments, Traveling Equipments)に分けられた。

この区分は、さらに第二百五十小区から第二百五十七小区まで細区分されたが、ジュエリーは、第二百五十三小区の「人ノ服用スル寳玉及装飾」(Jewelry and ornaments worn upon the person)に展示された[18]。この八類の区分は、表一に示したように、身体文化に関するものが集められており、ファッション、装飾品、ジュエリー、鞄、旅行用品関連の物産が集められていた。

　日本は、八類において、第二百五十七小区を除くすべての小区分に出品・展示を行なっている。第二百五十三小区には、起立工商会社によって「玉石装飾小品　朝倉松五郎製、水晶女装具、水晶及瑪瑙珊瑚ノ釦鈕、水晶瑪瑙飾用ノ偶像印[19]」が出品された。これら水晶、瑪瑙、珊瑚などは古くから日本で産出するものであった[20]。水晶女装具とあるのは、水晶製のネックレスやイアリングだったようで、元々珠玉製造職人であった朝倉は、日本産の水晶を使用して、西洋式ジュエリーの製作を試みたのだろう[21]。別の政府報告書にも、「近年ニ至テ歐洲ノ貨物ニ擬シ金環(ゴールドリング)、鎖條(クサリ)及ヒ飾鐶(ブローチ)ノ製ヲ創メタリ[22]」という記述も見られる。その他にも、第二百五十四小区に、起立工商会社、箕田

表1：フィラデルフィア万博における8類
「衣服、寶玉及ヒ装飾、旅装需物」の小区分規定

第250小区	裁衣類
第251小区	帽子、沓、手套其他ノ女装
第252小区	刺繍及衣服、家什等ノ装飾
第253小区	人ノ服用スル寶玉及装飾
第254小区	玩具、嬉戯物及ヒ装飾用ノ小品
第255小区	革製玩具、粧匣、行李、行嚢
第256小区	毛皮
第257小区	日本からの出品が無かったため記載なし

出典：『米國博覧會報告書　日本出品目録第二』米國博覧會事務局、明治12年、p.51-63. から筆者作成。

長次郎、宮川長次郎、鈴木茂助らが、金、銀、赤銅、四分一でつくったボタン製品や鼈甲製の装飾品などを出品している。このように明治初期から万博への参加を一つの契機として、日本の伝統技術や素材を使用しながら、欧米で需要が見込まれるような西洋式ジュエリーや装飾品製造の試みが始まったことが理解できる[23]。

ジュエリーを意味する語も、ウィーン万博時の「金銀細工」「玉石細工」から、フィラデルフィア万博時には「寶玉」に代わることになった。これは、宝石と貴金属というジュエリー素材の高価さと希少さへの理解が進んだために、その訳語に「寶」という語が加わったのではないだろうか。実際に、フィラデルフィア万博会場にも、欧米の著名なジュエラーによる高価で貴重なジュエリー製品が数多く展示されていた。では次に、フィラデルフィア万博において展示されたジュエリーについて、さらに考察を進める。

2　フィラデルフィア万国博覧会に展示されたジュエリー

フィラデルフィア万博は日本にとって、自国製品売り込みのための重要な場となったが、開催国のアメリカにとっても、展示品を広くアメリカ国民に宣揚する重要なイベントとなった。会期中同博には、当時のアメリカの人口の約二割にあたる千万人近い人々が訪れた。彼らは会場に展示された、自国および世界中から集められたあらゆる物産を目にすることになった。さらに開催期間中、アメリカの新聞や雑誌は万博について詳細に報じ、展示品の情報は全米に及ぶことになった(24)。ジュエリーに関しても、拡大するアメリカ市場を意識し、欧米の著名な宝飾業者たちが数多く出品し、高品質なジュエリー製品が多数会場に展示されることになった。

2・1　ティファニー社などのアメリカ製ジュエリー

多くの展示品中、すぐれたジュエリーを出品したと評されたのはアメリカのティファニー社であった。同社の孔雀の羽をかたどった頭飾り（エグレット）は、その中心に、ブランズウィック・イエロー・ダイヤモンドとして知られた三十カラットのダイヤが輝いていた。その大粒のイエローダイヤを引き立てるために、レッド・ゴールドの台座に黄色と無色のメレダイヤが二重に飾られていた。その周りの羽の部分は、プラチナの台座にダイヤがセットされていたが、羽毛部分の接合箇所は繊細な動きを生み出すためにスプリングで留められ、無数の煌めきを見せたと言われる。この頭飾りには全部で六百個ものダイヤが使用され、貴金属技巧の秀逸さと共にダイヤの豪華さが讃えられた(25)。その他にも、ティファニー社は、貴重なインド産のゴルコンダ・ダイヤモンド三十七石からなるリヴィエール・ネックレスに、三日月形のペンダントがついたジュエリーも展示していた。

ティファニー社は、現在もアメリカを代表する宝飾品店として知られているが、その設立は一八三七年にさかのぼる。当初、ファンシー・グッズの販売店としてニューヨークでチャールズ・ルイス・ティファニーらによって創設されたが、一八四〇年代からヨーロッパ製のジュエリーの輸入販売も行なうようになっていった。その後、自社においてジュエリーや銀製品の製作も手掛けるようになり、フィラデルフィア万博開催時には、アメリカを代表する宝飾品・銀製品の店に発展していた。この時期のティファニーは、ヨーロッパの王侯貴族たちが手放した宝石や新たに産出されたダイヤの名品を次々と買い上げ、「キング・オブ・ダイヤモンド」としてその名を馳せていた。この万博に出品されたブランズウィック・イエロー・ダイヤも、ヨーロッパ貴族からオークションを通じて購入したものであった。他にも一八七八年には、現在「ティファニー・ダイヤモンド」として知られる百二十八カラットのアフリカ産イエローダイヤを、一八八七年には、オークションにかけられた大量のフランス王室所有のジュエリーを購入したことなどでも知られている。(26)

この他にも、ニューヨークの宝飾品店のスター＆マーカスが、ティファニー社と並ぶ高品質なジュエリーを出品していた。スター＆マーカスは、一八六四年にニューヨークでセオドア・B・スターとヘルマン・マーカスが共同で設立した宝飾品、銀製品、時計などを製作販売する店であった。マーカスは、一八五〇年にアメリカにやってきたドイツからの移民で、ティファニー社で職人として働いた経験も持っていた。スター＆マーカスは、万博会場に、大粒のダイヤと小粒のダイヤを交互に組み合わせたリヴィエール・ネックレスとダイヤのクラスター形ペンダント、大粒の貴石の周りを繊細な貴金属細工とダイヤで飾ったペンダント、カメオ細工の数々などを展示した。リヴィエール・ネックレスは、ダイヤの大きさと美しさが、貴石のペンダントは細工の繊細さが、賞賛されることになった。また同店のカメオ製品の展示も多くの人々の注目を集めた。これまで紹介した二社の宝飾品以外にも、フィラデルフィアのモルガン＆ヘッドリー、ロードアイランド州プロビデンスのＪ・Ｓアダムズ社などの出品もあり、全体的にアメリカ製の宝飾品も、ヨーロッパ製に引けを取らないという評価を受けた。しかしながら、これらのデザインは、フランスやイギリスの伝統的な様式からの影響を色濃く受けたオーソドックスなものが多かった。(27)

2・2　ヨーロッパから出品されたジュエリー

フィラデルフィア万博会場に展示されたアメリカ製のジュエリーが、高価な宝石を多用しながらも、デザイン的には保守的でオーソドックスなものが多かった一方、ヨーロッパから参加した宝飾業者たちの製品は、当時の流行をより反映したエキゾチックで折衷的なデザインのジュエリーが多かった。

イタリアからは、アレッサンドロ・カステラーニの金細工によるジュエリーの数々が出品された。アレッサンドロの父ファルトゥナート・ピオ・カステラーニによって始められた古代ギリシャとエトルリアの金細工技術の研究は、その技法を復活させた新たなスタイルのジュエリーを生み出すことになった。ファルトゥナートと二人の息子のアレッサンドロとアウグストによる金工細工のジュエリーは、一八五〇年代以降、ヨーロッパに考古学的リバイバル・スタイルの流行を生み出していった。とりわけ彼らは、古代エトルリア人たちが持っていたグラニュレーション（金粒細工）を復活させたといわれ、高度で繊細な金工細工を特徴とするジュエリーで有名であった。そしてカステラーニは、フィラデルフィア万博会場にも、その技法を用いたネックレスなど数点を出品し注目を集めた。カステラーニの他にも、ローマのN・A・ベレーザ、サルボ社、ミラノのジェラルディなどの宝飾品製作工房が、古代ギリシャ・ローマのリバイバル様式によるジュエリーを展示していた(28)。

この時代には、古代ギリシャやローマのリバイバル様式以外にも、非西洋文明の要素を取り入れた折衷スタイルのジュエリーも流行することになったが、フィラデルフィア万博においては、エジプト趣味が目を引くことになった。エジプト趣味のジュエリーの流行は、テーベの古代エジプト女王の墓から発見された金細工の装身具が、一八六二年に開催されたロンドン万博で展示されたことが一つの契機となった。その後も、エジプトにおける考古学的発見やスエズ運河の完成により、古代エジプトが注目され続けた。フランスの宝飾品店ブシュロンやメレリオ・ディ・メレー、ロンドンで宝石商を営んでいたイタリア出身のカルロ・ジュリアーノなどもエジプト趣味のジュエリーを製作したことで知られている。

フィラデルフィア万博には、パリの宝飾品業者のエミール・フィリップがエジプト趣味のブローチを出品していた。出品作の一つは、クリスタルのスカラベと色石を象眼した銀製のもので、赤と緑のエナメル細工と金で装飾が施された、鮮やかな色彩がエキゾチックなものであった。もう一つは、スフィンクスやスカラベ、エジプトの女性像や古代蓮の花をモチーフに、エメラルドなどの貴石を用いたエジプト的な文様を多用したブローチだった。同じパリからは、ブシュロンがダイヤと金で出来た豪華なボンボニエールの小箱を出品していた[29]。このほかにもロシア、イギリス、ドイツ、アイルランドからも優れたジュエリーが出品され人々の関心を集めた。

この万博では、欧米の宝飾品業者の作品が大いに注目されたが、それ以外の出品作も評価された。例えば、エジプト政府の展示したネックレスとイアリングは、そのオリエンタル調のエキゾチックさと、その技巧の卓越さが讃えられた。またトルコ製の金細工のブレスレットも、やはり欧米の人の目に映るエキゾチックで、原始的な豪華さと装飾の豊かさが好評だった[30]。

これまで見てきたように、フィラデルフィア万博においては、欧米の著名な宝飾品業者や各国政府が出品した様々なジュエリーが展示された。これらの高価な宝石を多用した豪華なジュエリーや、精巧な貴金属細工が施されたものに比べると、日本から出品されたジュエリーは、使用した宝石の価値の点でも、貴金属加工の技術の点でも、積極的に評価されなかった。しかしながら、明治政府が、西洋の文明を包括的に移植するなかで、ジュエリーに関する知識の輸入とその製作への試みは続けられることになる。

3 内国勧業博覧会と金石学を通じたジュエリー文化の移植

万博参加を通じて明治政府が学んだ文化、技術、情報は、やがて日本での博覧会を通じて伝達されることになった。欧米の万博の形式を受け継いで、日本で最初に開かれた博覧会は、一八七七年（明十）の第一回内国勧業博覧会（以下、内国博と記す）であった。これまで見て来たように、ウィーン万博が皇帝の治世二十五周年を、フィラデルフィア万博がアメリカ独立百年を、それぞれ記念していたように、万博の開催は国家の祝祭性と強く結びついていた。フィラデルフィア万博の翌年に東京の上野で開催された第一回内国博においても、天皇臨席のもとに開会式が行われ、会期中も天長節、神嘗祭、新嘗祭には奏楽が催されるなど、新国家の正統性が国内外にアピールされることになった(31)。

さらに内国博は、近代化を促進する政府が、輸入超過などから生じる財政危機を乗り切るために展開した殖産興業政策の重要な一翼を担うことになり、国内の物産調査と産業奨励を主目的に立案された国家事業であった。このように新国家にとって重要なイベントと位置付けられた内国博であったが、実現までには多くの困難が伴った。例えば、当時の人々にとって博覧会は馴染みがない中、多くの物産を収集することは容易なことではなかった。そこで政府は、出品世話掛を設置し、自費出品人助成法、資本金貸与、運賃減額などを制定し、全国から展示品の収集を図った。これは、発足したばかりの明治政府の中央集権体制が、実際に機能するのかが問われるものでもあったと言われている。加えて、会場には多くの西洋の機械類を展示し、開会式に出席する人々に洋装の礼服着用を義務付けるなど、西洋文明の受容の場としても機能することになった(32)。このように内国博は、近代化を進める日本の「民衆教化の装置(33)」としての役割も担い、欧米の万博の場における秩序と知識を日本に紹介する機能を果たしていった。それでは、ウィーン万博とフィラデルフィア万博を通じて日本が向き合った西洋ジュエリー文化が、内国勧業博覧会を通じてどのように国内に伝達されていったのかを考察してみる。

3・1　内国勧業博覧会におけるジュエリーの区分設定とその展示

第一回内国博は、その形式において前年に開催されたフィラデルフィア万博の制度を模倣した。例えばフィラデルフィア万博では、すべての展示を七つの大区分に分類したが、第一回内国博では、その区分をほぼ踏襲し、六つの大区分が設定された。そしてジュエリーは、第二区の「製造」部門第九類「衣服宝玉等」に分類された(34)。この「衣服宝玉等」には、表一に示したようにフィラデルフィア万博での区分の流れをくみ、着物・洋服・帽子・下駄・靴などの衣服類、櫛・簪・笄・襟飾・釦・指輪などのジュエリーや装飾品類、巾着・袋物金具など鞄類の他、扇、煙草入、時計鎖、傘、杖などが含まれた。しかしながら、フィラデルフィア万博においては、この区分は、さらに八の小区に細分化され、ジュエリーは他の物産と区別して展示されたが、内国博では、詳細な小区分規定は設けられなかった。その結果、ジュエリーと装飾品の違いをはっきりと教示しないまま展示したのみならず、着物や足袋や草履、帽子や股引などとも同じ区分の物産として展示されることになった。

この内国博の第二区第九類に出品されたジュエリー製品には、東京府の布川一則製作の純金四季花虫象眼彫刻襟飾、杉村梅次郎の金銀銅撫角純金草花彫刻襟飾、澤田治助の純金彫指輪、平亥一郎の水晶磨無地指輪などがあった。しかしながら、全体の中で金製品は少なく、大多数は、銀、真鍮、銅、蒔絵、硝子、珊瑚、鼈甲、象牙、水晶、琥珀など、日本人になじみが深い素材をつかった伝統的な簪、笄、櫛などの装飾品であった[35]。

しかしながら、なかにはより西洋風の要素を取り込んだ製品も見られた。神奈川県横浜本町の今井徳太郎は、黒水晶総銀作り、水晶総銀金滅金作り、黒水晶金作四方サカハ真珠入十文字、婦人十文字金作四方サカハ附と記載されたジュエリーを出品していた。これらは、水晶や真珠を使い、十字架や葡萄など西洋風の文様で装飾したジュエリーだったのだろう。これらの出品作は、当時博覧会事務局から、今井の「装飾具」は廉価で手際良く、輸出すれば多少は売れるだろうとも評された[36]。しかしながら大半の製品については、外国で需要の無い国内向けの小間物や髪飾りであるため、輸出出来そうもないと厳しい指摘を受けた。今後、輸出を盛んにするために、職人たちが外国のジュエリー職人から学んで、外国で需要がある製品に転換する必要性も説かれた。また、この政府報告書において、ジュエリーの意味する語に「寳貨玉飾」「貴金寳貨」「金銀細工」などの訳語が使用されている。これは、当時の日本で、未だジュエリーの概念とその理解が十分でなく、その語の定訳もなかったためであろう[37]。

第一回の内国博に続いて一八八一年（明十四）には、第二回内国博が東京の上野で開催された。この内国博は、西南戦争後の不況から、厳しい予算の中で計画されたが、会期中明治天皇と皇后の行幸も賜り、八十二万人以上を集客した一大イベントとなった。会場面積、出品者数、出品数、入場者数において、前回の内国博の規模を上回り、博覧会事業の定着を示すことにもなった[38]。この万博の展示区分も、引続きフィラデルフィア万博及び第一回内国博の出品区分を引き継いでおり、ジュエリーは第二区「製造品」第十一類「衣服及び装飾」に区分された。しかしながら、ここでは、これまでの「宝玉」という語が「装飾」の語に置き替わっている。これは前回の内国博において、この部門におけるジュエリーの出品が少なく、大部分が装飾品だったという実態を反映して、このような区分名称に代わったのではないだろうか。

この第二回内国博に展示されたジュエリーには、村松万三郎の出品した指輪十五点が含まれていた。それらは金の高彫り装飾のものが大半であったようだが、真珠の指輪なども あった。村松は、後に優れた時計鎖の生産で名を為し、この分野の第一人者となった人物である。その他、出品作中で政府報告書に特記されたものに、若松治助が出品したボタンや指輪類がある。これらは、その光輝は遂にヨーロッパ製にしたがうものだと評価された。若松治助は、横浜の輸入時計を扱う商人であり、職業柄、欧米のジュエリーを見る機会にも恵まれていたと思われる。また、この頃横浜の商人清水弥三松がダイヤを輸入し始めたとも言われる。この時期までに、商人や職人たちのなかにも、欧米のジュエリーを見る機会に恵まれ、それらを模倣し製作をおこなうものも出て来た。しかしながら、この内国博におけるジュエリー製品は、全体的に貴金属の研磨が不十分なために、美観を呈していないとされ、総合的に厳しい評価を受けた(39)。これは、この時期の内国博の主目的が殖産興業と日本製品の輸出力強化におかれるなか、日本製ジュエリーの輸出競争力が、他の陶磁器、銅器、漆器などの工芸品に比べて低かったことの反映でもあろう。しかしながら、内国博におけるジュエリーの展示は、日本にジュエリー文化を紹介し、国内における需要を新たに生み出していった。実際に、この時期から国内においても指輪が流行し始めたと露木茂は言及している(40)。

このように、内国博においてジュエリーや装飾品が大規模に展示されることになった。しかしながら、展示の実態は、江戸時代から続く伝統的な装飾品が大部分で、貴金属を使用し、西洋的な要素を取り込んだジュエリーはごく一部であった。その理由として、当時の日本には、西洋の宝石や貴金属に関する知識がほとんどなかったことがあげられる、実際にジュエリー製作への理解を深めるためには、それらに関する知識の輸入が不可欠であった。では日本はいつ頃からどのように、西洋の宝石や貴金属に関する知識を手に入れていったのだろうか。

3・2 金石学を通じた西洋の宝石と貴金属に関する知識の輸入

明治になって宝石や貴金属に関する本格的な知識を日本にもたらしたのは、金石学という学問であった。金石学というのは、金石すなわち「無機物中固形或ハ流體ニシテ地球ノ成分トナル者」(41)を研究する学問で、現在の鉱物学、地質学、鉱山学にあたる学問である。その金石学において、プラチナ、金、銀などの貴金属や、ダイヤモンド、ルビー、サファイヤ、エメラルドなどの宝石の知識についても扱われることになった。

明治時代に入り、近代化に必要な知識の多くがお雇い外国人や大学機関を通じて輸入されることになるが、金石学もそれらを通じて日本にもたらされることになった。一八七三年（明六）に洋学研究のために改称設立された開成学校には、法学校、化学校、工学校、諸芸学校（フランス語）、鉱山学校（ドイツ語）が開設された。その鉱山学校において、ドイツの鉱山技師だったシェンクが鉱物学の講義をおこなったのが、日本における近代的な鉱物学の始まりと言われている。その後、ミュンヘン大学で学位を取得したナウマンが一八七五年（明八）に来日するが、彼は一八七七年（明十）に設立された東京大学で鉱物学、地質学の教授に就任し、黎明期の日本の鉱物学・地質学・鉱山学において指導的な役割を果たした。しかしながら、これらのお雇い外国人たちから西洋の鉱物学を学び、それらの知識を日本語に翻訳し、学問の定着と普及を図ったのは和田維四郎であった。

和田維四郎は、福井の小浜藩の貢進生として上京し、大学南校に学んだ。その後、開成学校では鉱山学校に入学し、シェンクの鉱物学の講義を受けている。一八七五年（明八）には開成学校助教となり、金石取調所勤務を経て、東京大学では助教授を経て教授に就任し、明治時代の日本で金石学という学問を確立するのに尽力した。和田は、ドイツの研究書を基本に、一八七七年（明十）に『金石識別表』、一八七八年（明十一）に『金石学』という著書を出版している。これらは、東大において和田の金石学の教科書として用いられたと考えられているが、宝石や貴金属を含む西洋の鉱物的知識を日本にもたらす契機となった[42]。

金石学に関する知識は、東京大学の和田を通じたルート以外からももたらされた。代表的なものとしては、アメリカのエール大学教授ジェームズ・ドワイト・ダナ博士著の *Manual of Mineralogy*（鉱物学マニュアル）をベースにした翻訳本の数々である。この本を元にして出版されたものには、一八七八年（明十一）に丸屋善七が出版した『金石学必携』、一八七九年（明十二）『金石小解』、一八八三年（明十六）『金石一覧図鑑』などがある。さらに、この時期には、江戸の本草学をもとに一八八四年（明十七）に執筆された『金石學教授法全』なども出版されている。このように、一八七〇年代末以降、大学や政府機関、あるいは民間の出版物を通して、金石学の知識が徐々に普及していくことになった。

3・3　明治初期における宝石と貴金属への理解

日本における学者や知識人たちの金石学への取り組みは、主に鉱山開発、鉱物資源調査や研究を主眼とするものであった。しかしながら、この学問は、同時に宝石や貴金属に関する知識を日本にもたらすことになった。

現在、宝石と聞いて多くの人が最初に思い浮かべるのはダイヤモンドであろう。このダイヤモンドの存在を、広く一般に紹介したのは、一八九七年（明三十）に『読売新聞』で連載が始まった尾崎紅葉の小説「金色夜叉」であった。「金色夜叉」では、ダイヤセンドは金剛石と呼ばれ、高価で光り輝く貴重なものとして語られている。この金剛石の語は、江戸時代からダイヤモンドの訳語として使われていた[43]。

金石学の著書を見ていくと、金剛石（ダイヤモンド）は、炭素の結晶で、硬度は十度で万物中最も堅いとある。その原石は、八面体或は十二面体をしており、色は白、黄、紅、橙黄、緑、褐、黒などがあるともある。ダイヤの色については、無色透明のものを貴ぶとしながらも、鮮やかなカラーダイヤのより希少な価値についても触れている。産地については、インドとブラジルが主で、一部ウラル山脈からも産出されることが書いてある。アフリカについて言及が無いのは、原書の出版が、未だアフリカでダイヤが発見される前だったためである。さらにダイヤが最堅の鉱物のために、ダイヤの粉以外で研磨することが出来ないことや、それらがブリリアントカットやローズカットなどに研磨されることへの言及もある。また、欧州の君主や貴族たちが所有する歴史的に有名なダイヤについても触れ、その価値の高さを物語る記載もある。このように、現在ダイヤモンドに関して知られている多くのことが既にこれらの著書に記載されている。

ルビーとサファイヤに関しては、両者とも鋼玉石（コランダム）という鉱物で、その硬度が九でダイヤに継ぐ堅さを持つこと、色は透明から半透明で、中には六条のスター状の光を映し出すものがあることが紹介されている。さらに、コランダムの加熱による色の改善方法などの記載もある。この他にも、緑玉石（エメラルド）、柘榴石（ガーネット）、電気石（トルマリン）、尖晶玉（スピネル）、黄玉石（トパーズ）、金緑玉（クリソベリル）、石英（クオーツ）、蛋白石（オパール）などの宝石や真珠に関しても記述されている。

さらに黄金（金）、銀、白金（プラチナ）の貴金属に関しても、その産地や、産出時の状態や形状についての情報のみならず、その特性、比重、堅度や用法についての情報もある。例えば、黄金は柔軟なため、銀や銅などの金属を混合して用いることや、千二百度以上で溶解することなど、金製品を製造するのに必要な知識も含まれている。さらに、それらが高価なことにも触れている。(44)

おわりに

これまでみてきたように、西洋のジュエリー文化は、明治以降、徐々に日本に流入しはじめた。明治初期におけるその主要な流入経路の一つとして、万国博覧会の存在があげられ、明治政府はその参加を通じてジュエリー文化とも向き合うことになった。万博は、欧米市場への日本製品輸出の可能性をさぐる場でもあったことから、日本は、職人たちが持つ伝統技法を利用しながらジュエリーの製作をおこない、輸出向けの折衷的なジュエリーが作られることになった。残念ながら両万博において、和製ジュエリーは余り注目されることなく、その後の本格的な輸出にもつながらなかった。一方で、万博では、欧米の宝飾品業者が出品した高価で精巧な技巧がほどこされた製品の数々とも出会うことになった。ジュエリーを意味する語が、ウィーン万博時の「金銀細工、玉石細工」から、フィラデルフィア万博時の「寳玉」に変化していったことからも、ジュエリーが高価で貴重なものと認識されるようになっていったことがわかる。

日本が万博で向き合ったジュエリー文化は、やがて内国博を通じて国内に紹介されることになった。そこで展示されたジュエリーは、一部西洋のジュエリーを模倣したものもあった。しかし大多数は、伝統的素材と技法で製作されたもので、区分規定にも「宝玉」や「装飾」という語が使われ、未だジュエリーの定訳語もなかった。同じ頃、西洋の宝石や貴金属に関する知識も、金石学という学問を通じて日本に入ってくるようになった。この時期には、金石学を研究していた学者や知識人と、ジュエリー製作に携わっていた商人や職人の間に、知識や情報の共有があったわけではないだろう。それぞれが別のルートから、ジュエリーに関する知識を徐々に蓄積していたという段階であった。しかしながら、日本は明治初期に博覧会や大学などの制度を通じて、徐々にジュエリーに関する知識を蓄積しながら、和製ジュエリーを生み出し、日本でのローカル化と定着への歩みを始めることになった。

注

(1) 拙稿「LVMH、リシュモン、ケリングによるラグジュアリー・ブランド業界の再編とその成長」『東海大学紀要文学部』第百輯、二〇一四年。

(2) 関昭郎、大橋紀生編『ジュエリーの歩み一〇〇年』美術出版社、二〇〇五年：露木宏編『日本装身具史』美術出版社、二〇〇八年：丸山伸彦「帯留の発生と展開」国立歴史民俗博物館編『男も女も装身具』NHKプロモーション、平成十四年。

(3) 諏訪恭一「ジュエルとジュエリー」『婦人画報』二〇一四年十二月号、一九五。

(4) 松宮秀治「明治前期の博物館政策」西川長夫・松宮秀治編『幕末・明治期の国民国家形成と文化変容』新曜社、一九九五年、二五三〜二七八：北澤憲昭『眼の神殿「美術」受容史ノート』美術出版社、一九八九年、一一〇〜一三八。

(5) 吉見俊哉『博覧会の政治学　まなざしの近代』中央公論社、一九九二年、二二。

(6) 佐藤道信『明治国家と近代美術—美の政治学』吉川弘文館、一九九九年、八八〜八九。

(7) 國雄行『博覧会の時代—明治政府の博覧会政策』岩田書院、平成十七年、二九。

(8) 吉見、前掲書、一一六〜一一九。

(9) ウィーン万博の公式カタログによると、VII. Gruppe. Metall-Industrie. 1.Section. Gold und Silberwarren, Juwelier-arbeiten. とあり、ジュエリーが第七区の第一類に区分され

ていることがわかる。*Officieler General-Catalog Universal Exhibition* (Wien: Druckerei des Jounals, 1873), p. v. またアメリカ政府発行のウィーン万博報告書を見てみると、第一類は"Gold and Silver wares and Jewelry"と訳されている。*Reports of the Commissioners of the United States to the International Exhibition Held at Vienna, 1873* (Washington: Government Printing Office, 1876), p. 102.

(10)『墺國博覧會筆記　巻二』明治六年、一三。

(11) 関昭郎「私たちの装身具—ジュエリー再考の試み」『ジュエリーの歩み一〇〇年』、一〇〜一二。

(12)「澳国博覧會場本館日本列品所全図」田中芳男、平山成信編『澳国博覧会参同記要』東京印刷、明治三十年、ページ無。

(13) 東京府勧業課編『東京名工鑑』有隣堂、明治十二年、二八五。平田家は、代々七宝製刀剣金具を製作し、江戸時代には徳川家腰物奉行を勤めていた。維新後、彦四郎は賞牌、ジュエリーなどの製作に転じた。

(14) 樋田豊次郎『明治の輸出工芸図案—起立工商会社の歴史』京都書院、平成十年、二〇九。

(15)『澳国博覧会参同記要』、一三七〜一三八。朝倉は、一八七六年九月に亡くなっている。

(16) 横溝廣子「『温知図録』の成立と構成」東京国立博物館編『明治デザインの誕生—調査研究報告書「温知図録」』国書刊行会、平成九年、一三〜三〇。

(17) 拙稿「アメリカのエステティック・ムーブメントにおける日本の美術工芸品の受容」『近代画説』第十号、二〇〇一年。

(18)『米國博覧會報告書　日本出品目録第二』米國博覧會事務局、明治十二年、五一、五五；*International Exhibition 1876 Official Catalogue. Part I Main Building and Annexes* (Philadelphia: John R. Nagle, 1876), p. 29-32.

(19)『米國博覧會報告書　日本出品目録第二』、五五。

(20) 田村栄太郎『日本職人技術文化史（上）』雄山閣出版、昭和五九年、三〇九〜三一四。

(21) *Official Catalogue of the Japanese Section, and Descriptive Notes on the Industry and Agriculture of Japan* (Philadelphia: Japanese Commission, 1876), p. 121.

(22)『米國博覧會報告書　日本出品解説第一』米國博覧會事務局、明治十二年、一四四〜一四五。

(23)『米國博覧會報告書　日本出品目録第二』、五五〜六二。

(24) フィラデルフィア万博がアメリカ社会に与えた影響については、以下を参照のこと。Robert W. Rydell, *All the World's a Fair: Visions of Empire at American International Expositions, 1876-1916* (Chicago: University of Chicago Press, 1984). さらにこの万博後、アメリカが高度な消費社会へ移行していった歴史については以下を参照。Kristin L. Hoganson, *Consumers' Imperium: The Global Production of American Domesticity, 1865-1920* (Chapel Hill: The University of North Carolina Press, 2007); William Leach, *Land of Desire: Merchants, Power, and the Rise of a New American Culture* (New York: Vintage Books, 1994).

(25) Walter Smith, *The Masterpieces of the Centennial*

International Exhibition Illustrated, Volume II. Industrial Art (Philadelphia: Gebbie & Barrie, 1876), p. 488-492.

(26) ジョン・ローリング「ティファニーの魅惑」『世界を魅了したティファニー 一八三七—二〇〇七』アプトインターナショナル、二〇〇七年、二〇～二一。

(27) *The Masterpieces of the Centennial International Exhibition*, p. 57-58, 103, 279, 281, 456-457. スターとマーカスは、一八七七年にはパートナーシップを解消してしまうことになる。その後は、マーカスはティファニー社に戻り一八八四年まで在籍した。一八八四年にはジャック&マーカス社に入り、同社は一八九二年にマーカス社となった。マーカス社に関しては、Macklowe Gallery H.P. の Marcus & Co. を参照。インターネットアクセス日、二〇一五年一月二九日。http://www.macklowegallery.com/education.asp/art+nouveau/Artist+Biographies/antiques/Jewelry+Artists/education/Marcus+%26amp%3B+Co./id/166

(28) *The Masterpieces of the Centennial International Exhibition*, p. 164, 167, 191, 196, 199, 202, 297-302, 324-6, 332-333; デイヴィッド・ベネット、ダニエラ・マセッティ著、山下耕二訳『アンダースタンディング・ジュエリー』徳間書店、二〇〇四年、一三四～一三六。

(29) *The Masterpieces of the Centennial International Exhibition*, p. 279;『アンダースタンディング・ジュエリー』、一四〇、一五四～一五五。

(30) *The Masterpieces of the Centennial International Exhibition*, p. 123-124, 312.

(31) 國雄行『博覧会と明治の日本』吉川弘文館、二〇一〇年、九三～九四。

(32) 國『博覧会の時代』、五一～五八。

(33) 吉見、前掲書、一二一。

(34) ゴッドフレッド・ワグネル著、浅見忠雄等訳『明治十年内国勧業博覧会報告書』明治十年、九九。

(35) 『明治十年内国勧業博覧会出品目録一』明治十年、東二區九類ノ二七～三四。このうち杉村梅次郎は、内国博に牡丹透かし彫りの襟飾りを玉宝堂から出品したという記述もある。『東京名工鑑』、二〇六。

(36) 『明治十年内国勧業博覧会出品目録二』明治十年、神二ノ八：内務省勧商局『内国勧業博覧会委員報告書』明治十二年、一八六～一八七、二一〇。

(37) ワグネル、前掲書、一〇一：内務省勧商局、前掲書、二〇九。

(38) 國『博覧会の時代』八八～九二。

(39) 農商務省博覧会掛『第二回内国勧業博覧会報告書　第一–四区』明治十六年、五四：『宝石百年』若葉倶楽部、昭和四十一年、一七～一九、二九七。

(40) 露木宏「近代装身具の発生とその変遷」『ジュエリーの歩み一〇〇年』、二一。

(41) 和田維四郎編『金石識別表』東京大学理学部、明治十年、一。

(42) 田賀井篤平編「和田維四郎　その人物と日本鉱物誌」『東京大学コレクションⅪ 和田鉱物標本』東京大学総合研究博物館 HP. http://www.um.u-tokyo.ac.jp/publish_

db/2001Wada/4.html インターネットアクセス日：二〇一五年二月十二日。

(43) 露木『日本装身具史』、一〇四。

(44) ヨハンネース・ロイニース選、和田維四郎訳『金石學』博物館蔵版、明治十九年、一〇五～一二一、一八八～一九五：杉郁次郎訳『金石學必携内編上』丸屋善七、明治十一年、八～一三、一三七～一四〇：大坪源造訳『金石一覧図解』文光堂、明治十六年、一七～二〇。

ヘゲモニー論からみた英語による言語・文化支配の構造

言語・文化多様性の視点から

鷹取勇希

1　英語支配構造への問題提起

かつて、イギリスは世界各地に植民地を広げた。これは、大軍を引き連れてのいわば「直接的支配」であった。しかし、昨今のグローバル化のもとで展開しているアメリカ主導の支配体系は、かつての直接的支配体系とは様相を異にしている。それは、先の軍事的支配、政治的支配および経済的支配に加えてもう一つ重要かつ強力な「間接的支配」が鍵となっている。第三の支配体系――文化的・文明的支配――である。この支配の根底にあるのは言語としての英語であり、それはわれわれが想像している以上に強力であると思われる。すなわち、今日のアメリカ主導の支配体系は、言語を通した文化や文明への支配をもって世界各地に浸透しており、換言すれば英語という言語を媒体にして展開していると考えられる。

本稿では、こうした文化・文明のレベルでの「パックス・アメリカーナ」ともいうべき状況を、英語による言語支配およびそれから生じる文化支配という視点から検討する。今日では、英語は世界の共通語（lingua franca）とされ、世界のほとんどで基本的には英語が通じ、多くの人々がそれを容認している。それどころか、英語がもたらす文化様式もまた広く浸透している。この間接的支配は必ずしも強制的なものではない。むしろ、先進国であれ発展途上国であれ、また、積極的であれ消極的であれ、各地域の人々の自発的な意志によって推し進められていると考えられるのである。

こうした背景には、英語自体の言語文化支配力というよりは、むしろそれ以上の力が働いていると考えられる。本稿では、その力を、英語の言語や文化を受け入れる人々の自らの意思選択によるものとしてとらえる。すなわち、アントニオ・グラムシによるヘゲモニー概念に着目し、今日の英語と英語文化の支配状況を人々の「自発的同意」という点から検討する。これは同時に、こうした「同意」が英語支配を受ける国や地域にどのような変化をもたらすのかについての検討の可能性も生じさせる。

本稿では、まず、一集団や社会における言語と文化の関わりについて「サピア＝ウォーフの仮説」について検討し、言語や文化が集団や社会にとっての「核」となっている点を指摘する。次に、グラムシのヘゲモニー概念を応用することで英語ヘゲモニーの概念を構築し、伊東俊太郎が提示する文化・文明の相関モデルおよび文明接触・文明移転の考え方を基礎に、英語ヘゲモニーの影響について考察する。これらの議論をふまえ、英語支配としての英語ヘゲモニーの状況を三つのパターンとしてモデル化することで、国や地域における変化について検討する。最後にこの理論モデルの具体例としてハワイに関する検討を添え、今後の問題提起とする。

2　言語と文化の関係性――サピア＝ウォーフの仮説

一般的には、言語は「他者と意思疎通を図るコミュニケーションツール」としてとらえられる。確かに、言語は事物、事象を表現する「ことば」であるがゆえに、他者との意思疎通を図る最も手っ取り早い手段の一つである。しかし、少数言語や少数文化の問題、言語・文化多様性の問題を論じる際には、伝達手段という機能面を離れ、言語が本質的にはそれ以上の重要な側面を備えていることを考える必要性が生じる。

鈴木孝夫は「ことば」を「文化の重要な構成要素」とした上で、文化を次のように定義する。

「ある人間集団に特有の、親から子へ、祖先から子孫へと学習により伝承されていく、行動及び思考様式上の固有の型（構図）のことである。（中略）つまり文化とは、人間の行動を支配する諸原理の中から本能的で生得的なものを除いた残りの、伝承性の強い社会的強制（慣習）の部分をさす概念だと考えて頂いてよい[1]。」

そして、「人間の言語活動の大部分にも、このような文化の定義があてはまる[2]」と述べる。すなわち、言語と文化は人間にとってほぼ同等の意味をもつことになる。それが手話言語（non-verbal）であれ音声言語（verbal）であれ、言語は各個人が属する集団、社会によって作り上げられ、その集団を特徴づける。それゆえ、個人は集団の言語を通して規定され、その中で自らの個性を築く。したがって、言語は個人のアイデンティティ形成に深く関わり、それぞれの存在を作り上げる「核」のような役割を担う。その一方で、文化もまた同様の機能をはたす。ここでは、文化を集団や社会における価値観や習慣、風習や信念などを包含するものとし、この前提に立てば、個人にとっての文化もまた自らが属する集団や社会によって形成されるといえる。つまり、同じ集団に属する人々は価値観や生活習慣を共有することで文化を共有し、その文化によって自らを規定し、意味付けるのである。

言語と文化の密接な関係性についてはさまざまな議論があるが、本稿では「サピア＝ウォーフの仮説」を取り上げる[3]。これは、集団の文化性にはその集団が有する言語が反映されるという仮説で、端的には「一社会集団それぞれの文化が有する言語は、その文化の範囲内における思考方法と習慣を決定付ける」ことを主張する。つまり、個人の思考や習慣は言語によって決定され、そうした個人が集まった集団や社会もまた言語を通して思考や習慣が共有される。逆に、人間の思考や行動様式はその言語習慣に規定され、それゆえに言語の異なる集団では思考様式や行動様式が異なることになる。したがって、言語は、集団や社会を特徴付けるという点でその集団や社会に属する文化の特異性（idiosyncratic）と固有性（inherent）を保障することになる[4]。この仮説は、ホピ族とエスキモーにおける研究を基礎とし、そこでは彼らの言語が身の回りの状況や対峙する自然のさまざまな様相、さらにはそうした環境に呼応する自らの意識や思考、行動を表現する手段となっていることが示唆されている。[5] すなわち、彼らは自らの行動様式や生活様式にふさわしい独自の言語体系をもち、そうした言語表現が用いられることで、多様な行動様式が継続的に保持され、文化や習慣が形成されることになる。このように考えると、言語はたんなる伝達手段ではなく、人間の文化的価値観や伝統的知識を内包し伝えていくものとしてもとらえることができる。

この仮説を考えると、多様に存在する言語は、それを用いる集団の文化を特徴付け、その特異性や固有性を継承する役割を担ってきたと考えることができる。したがって、言語保持はその集団の文化保持を保障し、文化多様性の主たる要素である集団のアイデンティティ維持をはたすのである。しかし、英語支配が広まる昨今では、少数言語や少数文化など独自の言語や文化は英語の影響を受けて変容し、場合によっては消滅の危機――「言語消滅」(language death) の状態――にあるといっても過言ではない。ここで重要となるのは、そうした状況が英語の一方的支配によるのか、それとも人々の英語受容に対する肯定的な態度によるのかという点である。

3　英語ヘゲモニーの状況――グラムシのヘゲモニー概念からの展開

英語支配についての考察に際し、支配構造そのものを検討する。支配に対する同意という人々の意識に関しては、政治学者アントニオ・グラムシによる「ヘゲモニー」(英：hegemony) なる概念がある。語源はギリシア語の「ヘーゲイスタイ」(古希：ἡγεῖσθαι) であるとされ、元々は「導くこと、先導者であること」を意味し、主として他の都市国家社会に対する「支配」の意味で用いられていた。彼はこれをより広くとらえ、「支配」に「同意」という意味をこめて用いた。つまり、権力構造の中には上層からの支配だけでなく、その支配に対する下層からの同意が存在し、この二つがあいまってその構造を成り立たせているというのである。すなわち、ヘゲモニーは支配者による「強制」だけではなく、被支配者による「合意」あるいは「同意」によってでも作りあげられることになる。したがって、彼が述べるヘゲモニーとは、上からの支配に加え、「指導」や「合意」あるいは「教育」や「説得」によって被支配者に自らの同意をうながすように仕向ける性格をもつことになる。これが、ヘゲモニーに内包される「自発的同意」(spontaneous consent) とよばれるものである。[6]

この概念はこれまでさまざまな分野において用いられてきたが、英語支配の問題にも有用であろうと思われる。[7] 何故なら、「自発的同意」を含む「英語ヘゲモニー」は現代社会においてわれわれ大衆の最も身近に存在しており、なおかつ強い影響力と発展性をもっていると考えられるからである。実際、英語の支配力はもはや政治や経済の側面のみならず言語的、文化的側面にもおよんでおり、とくに後者に関してはその影響を受ける人々の「同意」によって構成されている部分も大きいと思われる。

日本における英語の影響を考えてみる。電車に乗れば日本語に続いて英語のアナウンスが流れ、ホームの駅名も日本語の下に英語が記されている。テレビ放送される語学学習番組にしても、多くが英語を扱ったもので、英語以外の外国語に関する放映は早朝もしくは深夜の時間帯に追いやられている。英語の影響は身近な大衆文化にも如実に現れ、例えば日本人歌手名や曲名、歌詞にも多くの英語やカタカナ英語がみられる。他にも、国内生産されたさまざまな商品や看板の表記、レストランのメニューなど、英語が添えられている例は数多い。

日本におけるこうした英語支配は、英語による間接的支配の様相を代表していると思われる。その共通点は、必ずしも全てが強制力をもった支配の結果ではないということである。つまり、英語は文化や言語を通して人々にある種の「憧れ」のようなものを抱かせることに成功しているのである。人々に「英語は素晴らしいものである」、「英語を使った文化はカッコいいものだ」と感じさせることで、人々は「支配されるという意識をもたずに支配されている状態」――見えざる手によって導かれた「間接的支配」の状態――にあると考えることができる。

それでは、言語へゲモニーとの関わりから、言語・文化多様性はどのようにとらえられるのであろうか。

伊東は、ハンチントンの『文明の衝突』を題材とする講演において、昨今のインターネットの普及や経済のグローバル化に伴う国際的な連携によって文明が一体化しつつある一方で、帝国主義的な支配にあった植民地の解放に伴って文化的には逆に多元化、多様化が進んでいると主張する。そして、「それぞれの文化が自分のアイデンティティーを主張しようとしている状況にある（中略）それぞれの文化の独自性や重要性というものが強調されている」[8]と指摘する。また、こうした状況に対しては片桐薫も、かつてのような「身近な地縁・血縁的な関係における統一性・均質性よりはむしろ、地球規模における多様性・異質性が注目され、それぞれの個性が尊重され（中略）このような多様性・異質性にたいする寛容こそ新しい共同体の第一の戒律」[9]でなければならないと指摘する。すなわち、グローバル化が進むことで、それとは逆に自らの言語保持、国際的には多言語指向が生じ、「効率的な国際コミュニケーションが重視される一方で、それとは逆に「ことば」への国民的・民族的な誇りや絆が注目されている」ことを意味している[10]。

これらの指摘から、英語支配や英語へゲモニーが広まるほど、その対極にある多様性の価値が見直され、その認識が高まっていくことになる。このような言語・文化多様性の議論は、サピア＝ウォーフの仮説からも検討することができる。その際、人間営為そのものが文明を形成するとすれば、この仮説は言語を基礎とする文化あるいは文明の形成モデルとしてとらえることができる。この時、ある社会や集団における人間営為を基礎として形成された文化や文明は、その一集団における「核」のようなものであり、その「核」の中には、言語をはじめ、集団が培ってきた「土着の知」や言語文化を基礎とするアイデンティティなどが含まれうる。こうした視点から昨今の英語へゲモニーを考えると、それは他の集団や社会に対する異言語支配の問題、あるいは、一集団の「核」の存在やその保持を脅かす問題としてとらえることが必要になるのである。

4　英語支配における文化・文明の関係性——文化・文明の相関モデルからのアプローチ

以下では、昨今の英語の支配状況と、少数言語・文化の消滅あるいは持続可能性の阻害とはどのような関係に

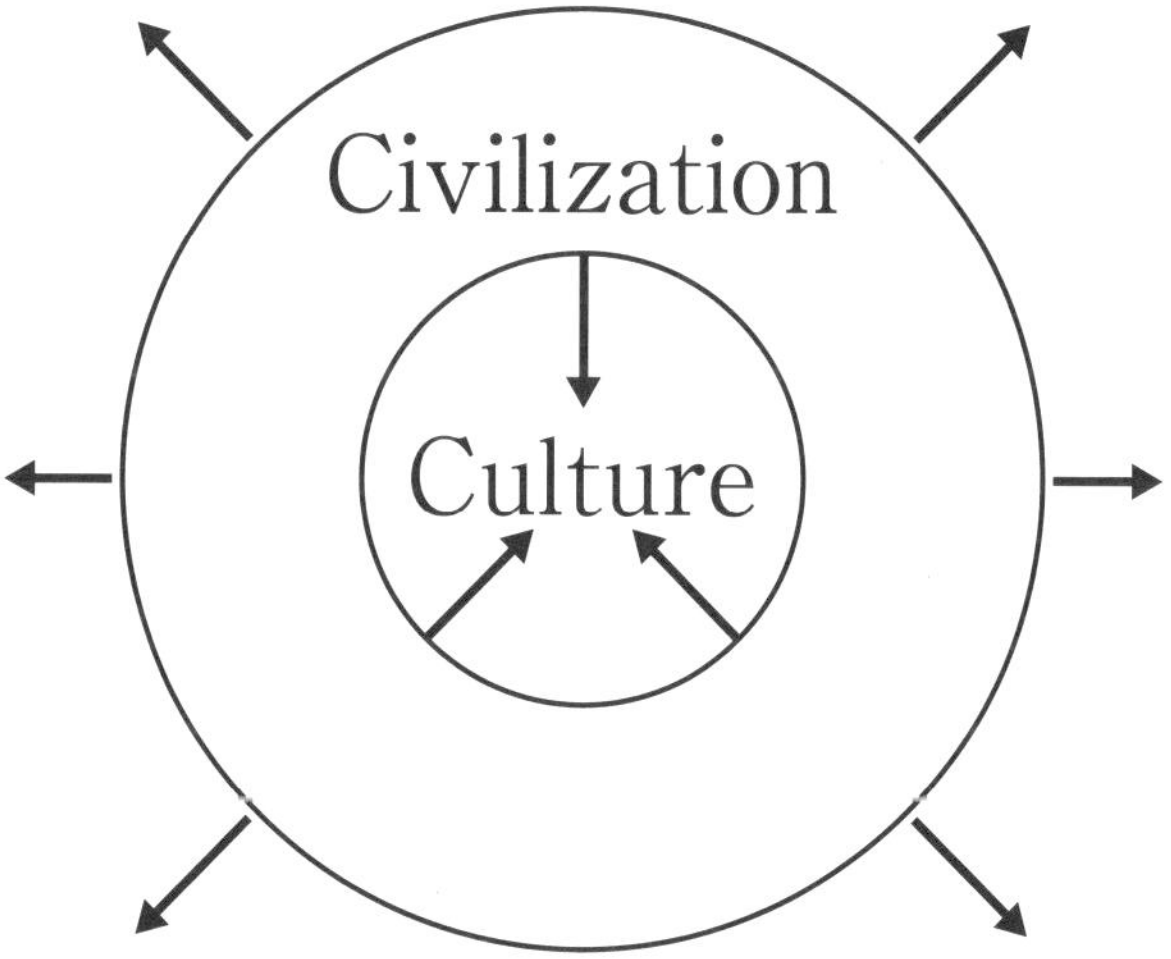

図1　伊東による文化・文明の相関モデル

あるかについて、伊東による「文化と文明の相関モデル」を基礎に検討する。(11)

図1は、ある地域の集団の生活様式を「生活体」と称し、それが一つの球体を成すとしたモデル（伊東モデル）である。(12)この球体は文明としての「外殻」（outer shell）と文化としての「内核」（inner core）の二層から構成される。(13)伊東は、「文化」を「慣習的な生き方」あるいはその生活体が備えるエートス――「価値観、観念形態、考え方」など――とする。一方、「文明」はそこでの人間営為に必要な「制度、組織、装置」とされる。これらは相互に作用しあうとされ、同時に、外殻の文明は外部に向かって働きかける。また、外殻の文明はその生活体に属する人々の生活様式を規定し、それゆえ文明が内核の文化に絶えず影響をおよぼすことになる。

その上で、伊東は異文明間の「接触」を論じる。異なった文明集団同士の「ぶつかり合い」が生じる際、基本的にはまず外殻の「文明接触」（civilizational contact）が起こり、その結果、相互の文明の交流、あるいは一方から他方への文明の移入――「文明移転」（civilizational transfer）――が生じる。また、一つの生活体において

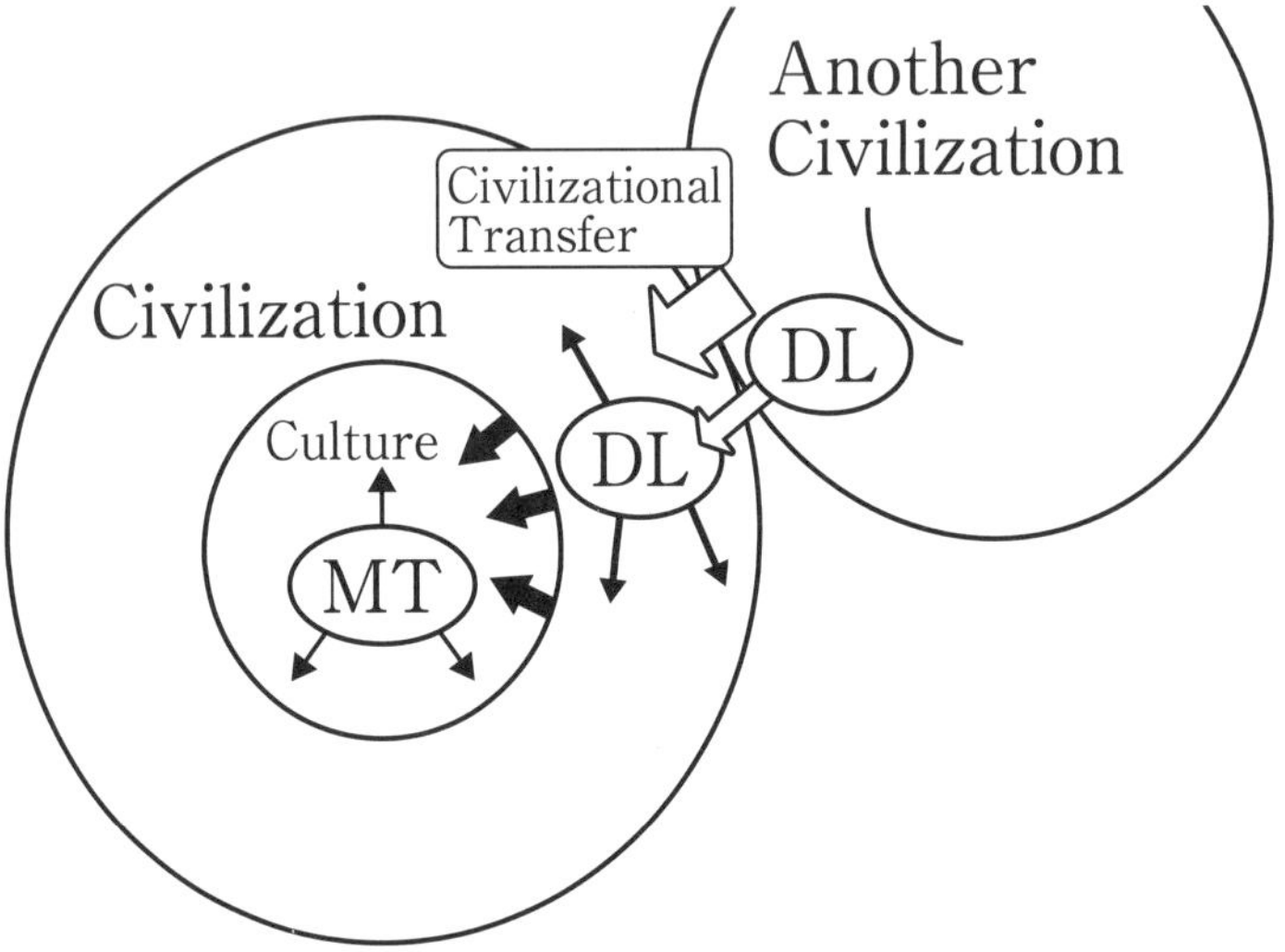

図2 生活体における母語と支配言語の様相

MT：Mother Tongue（母語）
DL：Dominant Language（支配言語）

文明と文化は相互作用性をもつが、一度文明が形成されると、それは内核にある文化から独立（文化剥離）し、外殻にある文明は他の生活体との接触により一方から他方へ移入されうる。つまり、生活体としての球体の外殻を成す文明は外部で接触する他の文明に働きかける。生活体の内部では外殻の文明と内核の文化は相互作用するため、文明接触による外殻の変化が内核の文化にも影響をおよぼす。その結果、外殻を成す文明の変化の圧力が大きい場合は、内核の文化はその影響を受けて変容すると考えられる。

このモデルを英語支配の問題に結びつけて考えてみる。英語が国際的な共通語としての地位を確立するにつれ、その影響力は言語的にも文化的にも強まる。結果、英語を「国際語」としてみなす社会的合意が生じ、英語は一つの「文明装置」（civilizational device）として機能する。非英語母語集団の生活体の外殻に対して外部から移入された英語は、その外殻である文明に影響をおよぼす。いうなれば、一種の文明移転が生じる。そして、英語の支配が否応なしに認められるようになると、時としてその「文明装置」は内核の文化をも浸食しはじめる。

この時、その集団は、たんに利便性や有効性を超えて、英語そのものを「文化的優位性を備えたもの」として無意識あるいは積極的に受け入れている。すなわち、「自発的同意」としてのヘゲモニーが働くのである。

この状況を、上の「伊東モデルを用いて表すと図2となる。生活体の外殻間での文明接触によって、英語を主とする文明移転が起きたとする。その際、英語を受け入れた文明では、それが支配言語として機能する場合がある。その支配力が強ければ、英語はこの文明に変容をもたらす。これが政治的、経済的な直接的な支配であれば、被支配者の心情も手伝って、外殻の文明変容と比較して内核の伝統的文化は保持される可能性が高い。しかし、この支配が生活体に属する人々の「同意」を伴うものであれば、その支配は人々の精神にまで影響を与えうる。この場合、内核の文化は「浸食」されることになる。

ここで、ある生活体の文化に対する母語の役割をサピア＝ウォーフの仮説から考えると、母語が内核の文化を形成する場合もあれば、文化そのものを決定付ける場合もある。この点をふまえれば、言語が文化の保持を保障することは十分に考えうる。したがって、ある集団における母語がその集団の価値観や精神性、アイデンティティを確立させる支柱であると考えると、支配言語として働く英語が母語である言語を凌駕するに至った場合には、内核に存在する文化までをも侵食しうるのである。

さまざまな歴史背景が示すとおり、英語は支配言語としての地位を確立し、多くの社会的要因を伴って言語優位性を保ちながら、少数言語など多くの言語を消滅の危機に追いやってきた。そうした支配に自ら積極的に英語を取り入れようとする自発的同意としてのヘゲモニーが重なるとすれば、英語は言語多様性維持の大きな脅威となる。なぜなら、「文明装置」としての英語が「二重のバインド」[14]――支配＋自発的同意――を生み出す「装置」として機能するためである。そして、その装置に呼応し形成をうながされた自発的同意としてのヘゲモニーは、集団の核である文化にも影響をおよぼし、文化多様性の脅威ともなる。すなわち、英語支配による言語の消滅や一元化は、それと付随して文化消滅を生じさせるという点で、言語・文化多様性の危機を内包しているといえる。

5　言語・文化多様性と英語へゲモニーモデル

これまでの議論から、英語支配を論じる上では、ある集団や社会に対する外部からの「文明接触」さらには「文明移転」が起こる際に生じる生活体の変化について検討することが重要となる。以下では、変化の段階に応じた三つのモデルを提示する。

まずは、議論の前提として「市民社会」および「知識人」なる概念についてふれる。これらはグラムシによるヘゲモニー概念の確立において重要な意味をもつが、[15]ここでは「知識人」を「強制や支配を自由や同意に転ずる役割をはたす者」とし、「市民社会」を、教会や学校、メディアを含む、文化伝達がおこなわれる「大衆からの自発的同意獲得の場」とする。現在の英語支配の状況では、これらの「場」においてさまざまな文化が「知識人」を通じて伝えられることにより、その支配を支配と思わせないような形で大衆の同意が形成される。この構造こそ、まさに昨今の英語による言語支配あるいは文化支配に相当するといえる。そして、多くの場合、英語の実質的支配に人々の意志による同意が重なり、英語へゲモニーが強化される。

昨今の英語へゲモニーにおいて、「知識人」は多種多様である。英語がへゲモニーを獲得する場では、知識伝授者としての「英語教師」や文化伝達者としての「マスメディア」はもちろんのこと、「英語圏からもたらされる文化や文明」も十分に「知識人」としての役割を担いうる。また、「英語は必要である」、「英語は役に立つ」といった英語を肯定的にとらえる普遍化された価値体系や、それを当然であるとする「風潮」や「言説」といった知的構造、英語に対する「憧れ」や「羨望感」なども「知識人」の一部となりうる。とくに「英語母語話者」は強力な「知識人」であり、それによって生み出されるヘゲモニーは大きな影響力を行使する。

「知識人」および「市民社会」の概念をこのように設定した上で、ある集団や社会におけるアイデンティティの基礎としての「核＝コア」(identity core) と「知識人」および「市民社会」によって生産される英語へゲモニーの関係を考えてみる。一つ目に考えられるのは図3に示すモデルである。円の中心、つまり、市民社会のコア部分にはこの集団の言語や文化、思考形態や行動様式

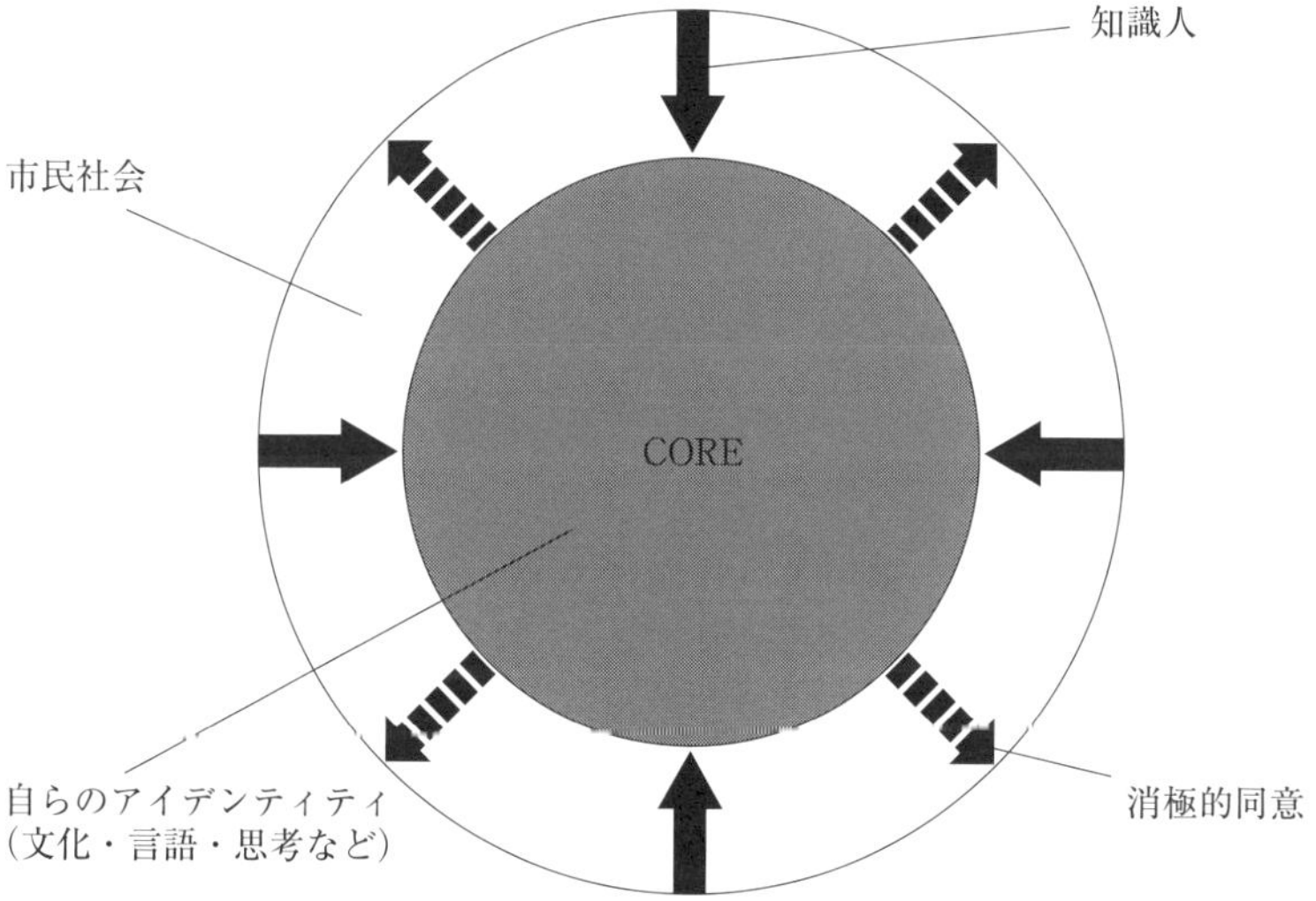

図3　異文化反発モデル

などが含まれ、集団固有のアイデンティティを形成する。このコアには、国や地域といった集団を特徴付ける「個のヘゲモニー」が存在する。

このコアに対し、「英語ヘゲモニー生産装置」としての知識人が英語支配とともに入りこもうとする。しかし、そのような英語ヘゲモニーに対する同意が消極的なもの、つまり「仕方のない同意」であれば、自らのアイデンティティは保持され続けうる。このモデルでは、英語支配は主として言語機能を中心としたもので、英語を「コミュニケーションツール」として用いるに過ぎない。すなわち、英語に対して消極的ではあるものの、伝達手段としての有用性に対しては同意を示しているという意味で「消極的同意」となる。

言語としての英語に対応する文化という点では、このモデルは「異文化反発モデル」（Intercultural Rejection Model）と名付けられる。英語に付随する文化への傾倒はあまりみられず、固有の言語や文化としての中心のコアはあまり浸食されずに残り、集団のアイデンティティを保持する。つまり、固有の文化の保持性あるいは維持性が高いことになる。したがって、支配的要素が取り除

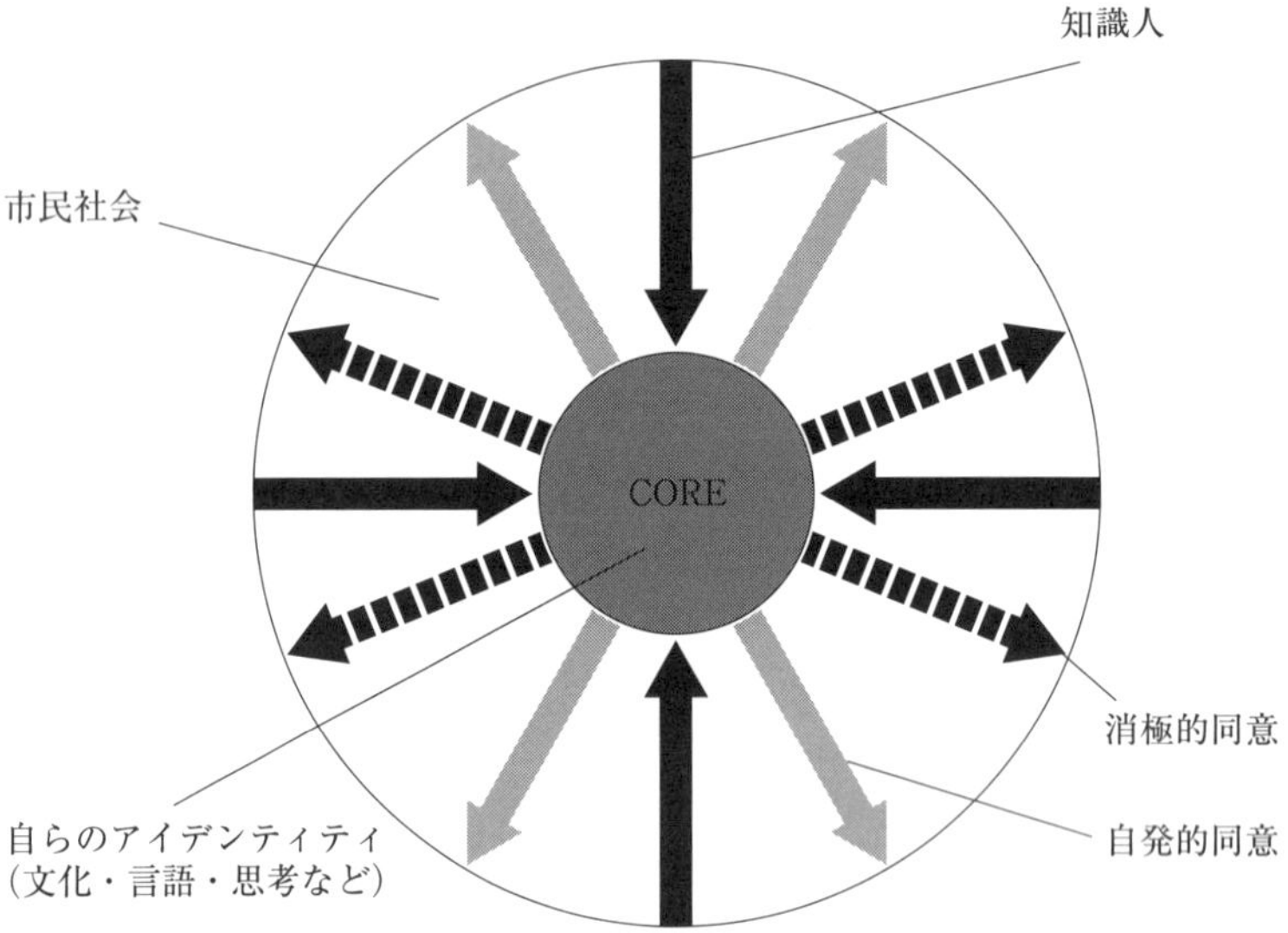

図4 異文化受容モデル

かれた際には元の文化に戻る可能性が大きいと考えることができる。

二つ目は、図4に示した「異文化受容モデル」(Intercultural Acceptance Model) と名付けられるモデルである。このモデルでは、英語へゲモニーに対して「消極的同意」と「自発的な同意」の二種類が混在する。「消極的な同意」は、最初のモデルと同様に英語の機能的な部分への同意を意味する。だが、「自発的な同意」は、英語の言語の背景にある思考形態や文化、価値観などにある程度の同意を示し、それらを受け入れることを意味する。つまり、市民社会において英語を受け入れる一方で、自らのアイデンティティを守ろうとする意識が多少なりとも残されたモデルである。

このモデルは、上の「反発モデル」より度合いは小さいものの、ある程度は固有の言語や文化を保持する。「反発モデル」と異なるのは、他から文化が入りこんだ際には、その文化が元々存在している固有の文化と交じりあって「新文化」を形成する可能性がある点である。つまり、コアには、元々存在している固有の文化と「新文化」との二種類が混在することになる。また、固有の

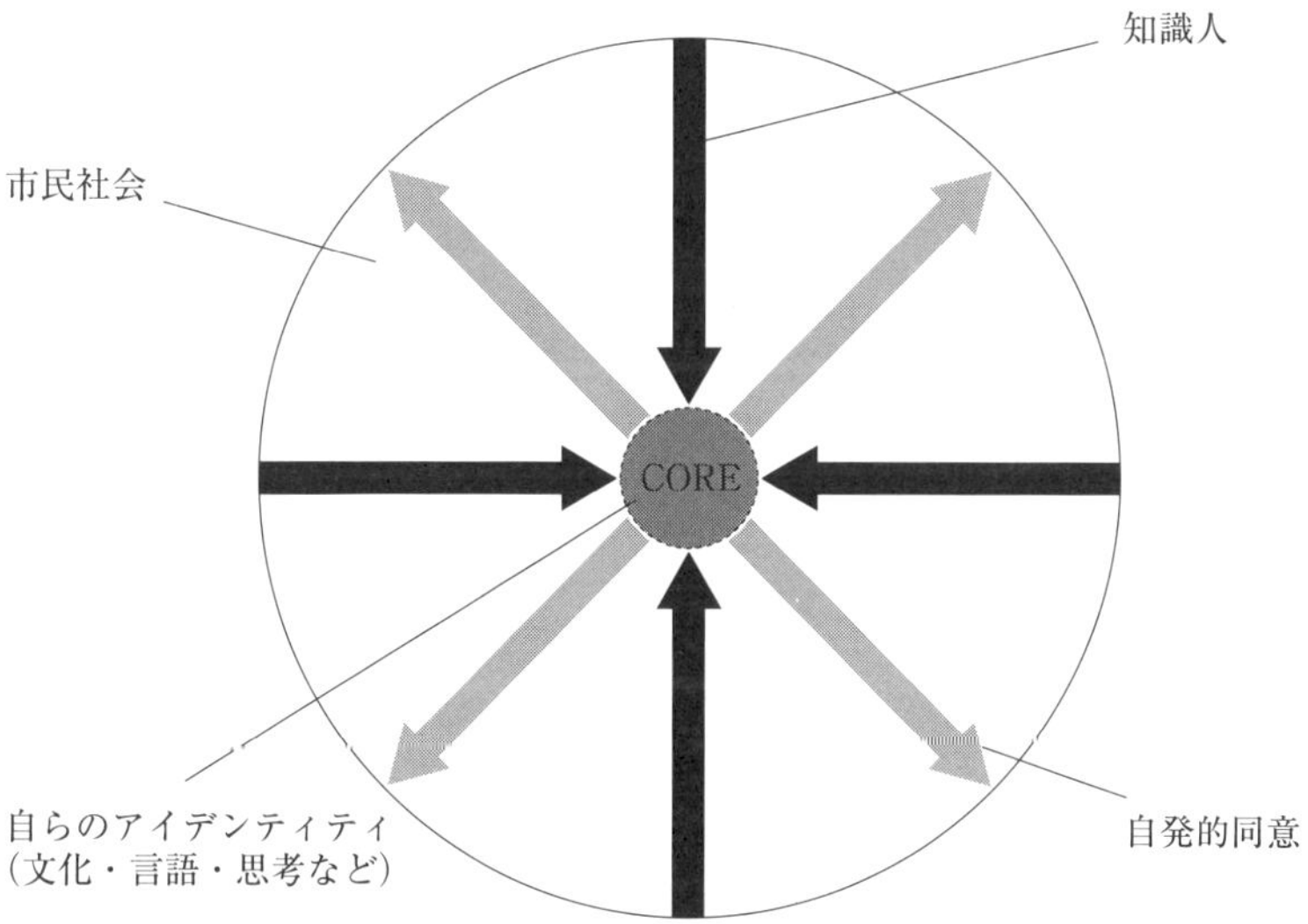

図5　異文化迎合モデル

アイデンティティに関しては、元々の文化のコアがその分だけ小さくなる。したがって、最初の「反発モデル」に比べて、元のコアに戻る可能性――固有の文化の保持性あるいは維持性――は低くなる。

最後が、図5の「異文化迎合モデル」(Intercultural Indulgence Model)である。このモデルでは、英語ヘゲモニーに対してはもはや「自発的な同意」しか存在しておらず、市民社会における自らのアイデンティティを保持しようとする意識は低く、場合によってはほとんど残っていない状態となる。同時に、言語や文化としての固有のアイデンティティはほとんど存在しないか、究極的には消滅してしまう。すなわち、ある国や地域において英語ヘゲモニーが「支配」よりも「自発的同意」として浸透し、人々はもはや固有の言語・文化に固執しないことで、それらの消滅が引き起こされるのである。

この「異文化迎合モデル」では、コミュニケーションツールとしてだけではなく、英語そのものに対する「憧れ」など肯定的な意識も手伝って、英語が積極的に受け入れられる。また、その姿勢は英語に付随する文化――とくにアメリカ文化を中心とするポピュラーカルチャーなど——に対する「憧れ」や受容の意識をも増長させる。これらの要素が相乗効果となって「自発的同意」の意味合いを強める。また、この「迎合モデル」が先の二つのモデルと決定的に異なるのは、外部から入りこむ異文化に傾倒する——あるいは同一化しようとする——ため、元々存在している固有の文化の保持性あるいは維持性が著しく低下する点である。

ヘゲモニー論からみた英語支配構造の三つのモデルでは、それぞれの「固有性保持の度合」と「ヘゲモニーの意味合い」が大きく異なる。しかし、そうした違いも厳密に分けられるものではなく、モデル間での状況に応じた変化は生じうると考えられる。また、それぞれのモデルにおける英語ヘゲモニーは、たとえ「自発的」なものであっても本質的な意味での「支配」には変わりないことも事実である。「自発的同意」というのは「支配されていない」のではなく、もはや「支配されていることに気付かない」というべき状態であり、「教育」や「説得」によって被支配者に自らの同意をうながすように仕向けるというグラムシ的ヘゲモニーの様相を内包しているのである。

今日のグローバル化によって生み出されてきた英語支配は、多くの国や地域を「異文化迎合モデル」へと変容させる力を備えていると考えられる。さまざまな社会的風潮や要請をうけ、文明装置としての英語が言語的および文化的支配に対する人々の同意の度合いを高めていくのである。逆に、文明装置としての英語を支持する「知識人」が生産され続けることで英語ヘゲモニーが強められると、人々は英語に対してますます「自発的同意」を示すようになる。英語に対して肯定的な意識をもち、英語の広まりを是とする知識人の再生産が「英語ヘゲモニーの再生産」をも助長し、結果として言語・文化の多様性の消滅——「個のヘゲモニー」の消滅——をもたらすのである。[16]

6　英語ヘゲモニーモデルの実証的アプローチ
——ハワイ州を例として

前節で示した三つのモデルは、ある集団や社会における英語支配の状況やその展開をみることを目的としたものであるが、英語支配の現況は必ずしも単純ではない。

例えば、インドやフィリピンのようなかつて英語圏の植民地であった国々においては、言語や文化などなおも根強い英語支配の影響がみられる。他方、日本など、英語圏による直接的な植民地支配を経験したことのない国においても、やはり英語の影響は大きい。これが現在の英語支配の複雑さと巧妙さである。たとえ歴史的背景や文化的背景が異なっていても、多くの国々において人々は英語の言語教育を受け、ハリウッド映画を鑑賞し、ハンバーガーを食べ、コカ・コーラを飲み、アメリカ文化に傾倒する。これらは、ある意味で英語圏からの間接的支配とも考えることができる。

　こうした中、英語支配を論じる上で興味深い一例はハワイである。ハワイは元々一つの王国として独自の文化を築いていたが、後にアメリカから直接的な支配を受け、伝統的な言語や文化が消滅の危機に晒された。しかし、アメリカ志向の文化や英語の移入、支配がありながらも、現在でもなお独自の言語と文化を保ち続けている。こうした経緯を考えると、伝統文化を含めたハワイ語と英語の関係性、共存の状況を明らかにすることは少数言語および少数文化と英語支配との関係性の検討という点で一つのケーススタディとなりうる。

　ハワイの先住民たちの文化と文明を支えてきたのは独特の自然環境であった。火山を中心とした土地、そこに繁茂する独特の植物、そして海岸部のサンゴ礁である。それゆえに、彼らの伝統的な生活様式や社会組織はこれらの自然環境と深く関わっている。数多くの独特な植物の名前や膨大な種類の釣り針の呼び名など自然に密着した言語が存在し、それらが文化を築いてきた[17]。彼らが用いてきた伝統的なハワイ語の語彙の一つひとつが、彼らの生活や価値観と非常に密接な関わりをもっているのである。

　しかし、一七七八年のキャプテン・クックの来航を契機とする西洋文明との接触が、その暮らしを変えた。内戦を経て統一王朝が確立、近代化を目指す国民国家の形成がおこなわれた。その後、ハワイ人の人口激減と欧米人の入植に伴って、ハワイ社会は急激に変化していく。十九世紀前半にキリスト教布教を目的としたアメリカ系白人が入植し、この際にキリスト教のプロテスタント倫理に基づく法や教育が促進された。これを通して、ハワイは西欧近代化へと大きな社会的変容をとげていく[18]。一八八七年には、カラカウア王がアメリカ系白人の圧力によって新憲法の公布を強いられ、王権が縮小する。さらに、一八九三年にはリリウオカラニ女王のもとにあったハワイ王朝が転覆させられ、ハワイ人系民族国家としてのハワイ王国が終焉を宣告される。アメリカ国内でハワイ併合への反対は強かったが、一八九八年に国家王権が剥奪されると、ハワイは最終的にアメリカの領土として併合された[19]。これが、伝統的なハワイ語と文化が消滅の危機に晒される最初の出来事であったと考えられる[20]。

ハワイにおける英語の影響は、ハワイ人のための公立英語学校の創立数に表れている。ハワイ人の両親たちは将来のためにと、子どもたちに熱心に英語教育を受けさせた。徹底した文教政策は、欧米的にみればハワイ住民の教育水準を飛躍的に高めたと評価されるが、他方では、ハワイの伝統文化継承の流れは断絶し、それまで「声」によって成り立っていたハワイの文化は文字や書き言葉の出現によって跡切れたといえる[21]。実際、一九七〇年代後半にはハワイ語を母語とする母語話者は極端に減少し、わずか二千人ほどの話者のうち九割が七十歳以上のクープナ（Kūpuna：老齢の先住民）であったほどである[22]。

この状況は Reinecke によってまとめられている。彼は、一八〇〇年代中旬から一九〇〇年にかけてのハワイ語学校と英語学校の推移を報告しており、それは、公教育におけるハワイ語の衰退が壮絶な状況であったことを物語っている[23]。一八四八年の時点では、全学校のうちハワイ語学校の比率は全体の九九％におよんでいた。しかし、ハワイ語学校数は、二十年後の一八六八年には三分の一になり、さらに二十年後の一八八八年にはわずか十分の一にまで減少している。一九〇二年にはハワイ語学校は完全になくなり、一八四八年にはわずか一％程度であった英語学校が、一九〇二年には完全に全体を凌駕した。こうした状況は、ハワイにおける英語支配が着実に進行している様子、とくに子どもに対して英語を教育しようとする状況を表している。ハワイにおける英語支配の経緯には、支配としてのヘゲモニーに加え、その支配に対する同意としてのヘゲモニーが表出していると考えることができる。

その一方で、ハワイでは一九八〇年頃から「ハワイアン・ルネサンス」とよばれる動きが高まっている。これはハワイが本来もっていた土着の文化や言語を残そうとする動きで、現在でも全島を通じて盛んな運動が展開されている。「ハワイ人の暗黒時代」は終わり、「アメリカ化」（Americanization）の時代は終わり、「脱アメリカ化」（De-Americanization）と「ハワイ化」（Hawaiianization）の時代が始まったのである。[24] ハワイ語を用いて英語を教える学校も徐々に設置されはじめ、ハワイの伝統的な言語や文化の保持を目的とした教育がなされている。ハワイの州教育局によれば、これらのプログラムの発展によってハワイ先住民の言語および文化が社会全体に蘇ることが目指されている。[25]

「ルネサンス」における一例が「フラ」（hula）の復興である。かつて、アメリカ人宣教師たちはハワイ人にキリスト教を信仰させるためにフラを禁止した。ハワイの神々を崇拝する意味で踊られていたフラを禁じたのである。フラの根幹にはハワイ語で「メレ」（mele）とよばれる詩が存在する。[26] これは、ハワイ諸島における創世神話や神々の物語、自然現象、航海、漁労、農耕、さらには王族などに関する出来事を伝える貴重な情報源としての機能をはたしている。[27] フラはそこで謳われている内容をさまざまに細かい身体的な動き（手先や腕、腰やつまさき、足や目、さらには顔の表情など）によって表現したものである。フラが演じられる際には、踊り手は伝統的な衣装に身をつつみ、ハワイ語やハワイの楽器が用いられる。それは伝統文化を残そうとする人々の意識の表れでもあるが、結果としてフラはハワイの伝統文化・言語の保持につながっている。

ハワイの伝統的な言語や文化を伝えようとする動きは他にもみられる。一例を挙げれば、ワイキキの石版である。ワイキキの主要道路カラカウア通りの入り口、足元に敷かれた石版一枚一枚にはいくつかの簡単なハワイ語が刻まれている。石版に書かれたハワイ語の下には英語での意味も書かれており、ハワイ語が分からなくても意味が取れるようになっている。その他にも、公衆トイレ（男性・女性）やレストランのメニュー（メニューそのものがハワイ語のものもある）、ショッピングモールの方向（山側・海側）や学校内の建物の名称、小さな小道から大きな幹線道路など、数多くのハワイ語表記が見つかる。

また、ハワイの歴史的文化の周知、保存の動きとして、ハワイの主要な場所やかつての重要拠点にカメハメハ大王の姿とともに“Hawai'i Visitors & Convention Bureau”または“Heritage Site of Hawai'i”と銘打った看板がみられる。こうした伝統的な言語や文化の提示が、少なからず観光客向けの〝客寄せパンダ〟となってしまっている可能性も否定できない。しかし、観光客などの人目につく場所で「ルネサンス」を〝観せる〟ことは、「ハワイの伝統や文化を知ってほしい」という意識の表れであり、同時に、こうした意識を通じて自らの伝統的言語や文化を保持し続けようとする姿こそ、「ハワイアン・ルネサンス」とよびうるものである[28]。

このような歴史経緯をふまえると、現在のハワイは「異文化受容モデル」に相当しうると考えられる。ハワイは当初アメリカによる直接的支配に対する「異文化反発モデル」の様相を呈していたと思われるが、その後のアメリカによる併合を経て、「自発的同意」による文化融合へと向かう。そして、現在の「ハワイアン・ルネサンス」を機とする伝統言語や伝統文化の復興と保持を考えると、ハワイは「異文化受容モデル」としての構造を備えるに至ったととらえることができる[29]。

こうしたケーススタディを基に英語の影響を受ける他の国々においても帰納的アプローチをおこなうことで、少数言語・少数文化に対する英語支配の状況を知ることができ、言語・文化多様性に関する検討の新たな可能性がみえてくると思われる。

7　結語——言語・文化多様性の保持と英語支配

今日、英語の影響力は社会的な風潮やマスメディア、教育現場などさまざまな場面において垣間みられる。英語の言語的ヘゲモニーや文化的ヘゲモニーの生産に繋がるようなこれらの要素が絶えず流布されることで、英語に対する「合意」あるいは「自発的同意」が形成される。そして、それは英語による言語や文化の一元化、英語へゲモニーの強化へと結びつく。

しかし、アメリカ主導による英語の支配的影響が幅広く認められる一方で、経済面ばかりではなく文化面においてもアメリカの影響力が弱まってきており、そのヘゲモニーが揺らぐ可能性も指摘されている。グローバル化は統一化や画一化をもたらしてきたが、その進展が逆に、諸地域が自らの言語や文化、アイデンティティを主張する動きを生じさせているというのである。例えば片桐は、経済的支配力の低下が主となり、アメリカは「支配」という意味でのヘゲモニーをこれまでのようには保てなくなっていると指摘する。(30) アメリカ主導の経済的ヘゲモニーは言語的な英語ヘゲモニーを形成してきたが、現在ではそうしたグローバル化に対抗する個の主張として言語と文化の多様性が叫ばれているといえる。

人々がそれぞれの生を営む社会において、そのコアを形成するのは言語、文化であり、さらにはアイデンティティである。そして、多種多様な社会に生きる人々が共存していくことは、決して世界が唯一の言語で統一されることを意味してはいない。また、「サピア＝ウォーフの仮説」が示すように、人々が自然などの環境と対峙する中で言語を通して文化を築いてきたとすれば、人々と自然の共生という意味では言語と文化の多様性を維持することが必要となる。

われわれの文明は快適さや便利さを求めて発展を遂げてきた。だが、文明的発展を遂げた現代社会は、「合理性」の名のもとで何かを代償としてきたとも考えられる。かつて自然を合理的かつ効果的に活用する方法に「土着の知」が存在していた。例えば、ある集団では身の回りに存在する草が実は薬としての役割をはたすと代々伝えられ、受け継がれてきた。しかし、この「知」はやがて西洋の薬に取って替えられ、次第に失われていく。つまり、それまで自然と共生してきたコミュニティは、その手段の一つを失うことになるのである。そして、かつては薬草として活用されていた草が何の意味ももたず、その草が生えていた土地が別の用途のために開発されていく。いうなれば、かつての「自然と共に生きる型」の「自然共存文明」から「自然食い尽くし型」の「自然消費文明」への「文明変貌」（civilizational mutation）が起こっているのである。

同時に、世界とそこに生きる人々が統一化、画一化されつつあることも事実である。実際、英語へゲモニーが典型的な例で、力による直接的支配は減少したものの、その一方では人々の「自発的同意」を伴う英語へゲモニーが展開している。こうした英語へゲモニーは人々の無意識のうちに文化支配にまで広げられ、結果として、ある集団においては文明変容を超えてコアとしての文化までもが支配されることになる。

英語へゲモニーをもたらす要素はさまざまである。かつてのような一国による政治的支配はわかりやすい構造であるが、さまざまな言語や文化、さまざまな価値観が交流しあうグローバル化の時代にあっては、支配者と被支配者がただちに英語へゲモニーの主体と客体に対応しない複雑さがある。その一つが被支配者の「自発的同意」である。それゆえに、文明と文化の多様性の問題もまた複雑な様相を呈する。「土着の知」も、閉じた集団では成立していたものの、外界からの種々の「誘惑」には揺れ動くのである。

英語支配が進む今日にあって、世界はどの程度まで「画一化」されるべきなのか、また、どの程度「多様性」を維持していかなければならないのか。英語支配と言語・文化維持の問題は、言い換えればグローバル化と多様性維持の問題である。ハワイにみられる英語支配と伝統的言語や文化の保持の関係性はその一つの形であると思われるが、より一般的にはこれら二つの概念の未来的調和の姿を模索することが求められているのである。

注

（1）鈴木孝夫『ことばと文化』岩波書店、一九七三年、一一二頁。

（2）同書、一頁。

（3）代表的なものは、Whorf, B. L., "Science and Linguistics" (1956), in Carroll, J. B. (Ed.), *Language, Thought, and Reality. Selected Writings of Benjamin Lee Whorf*, Cambridge, MA: The M.I.T. Press, pp. 207-219である。また、「仮説」はTakatori, Y., "Perspectives on the World View and Lexical Terms in the Sami Language and the Hawaiian Language—From the framework of the Sapir-Whorf Hypothesis and linguistic diversity—" (2013), in *Tokai University Bulletin of English Literature and Language Studies*, 2, pp. 52-90でも考察した。

（4）鷹取勇希・平野葉一「言語・文化多様性に関する一考察」、文明研究、二〇〇九年、二八号、九二−一〇九頁。

（5）Whorf, B. L., "An American Indian Model of The Universe" (1956), in Carroll, J. B. (Ed.), *Language, Thought, and Reality. Selected Writings of Benjamin Lee Whorf*, Cambridge, MA: The M.I.T. Press, pp. 57-64 および Whorf, *op.cit.* を参照のこと。

（6）他にも、例えば Demont-Heinrich, C., "Beyond Culture and (National) Identity? Language, Globalization and the Discourse of Universal Progress in American Newspaper Coverage of English" (2008), in *Journal of International and Intercultural Communication*, 1 (2), p. 138 は、「支配的な集

団によって、多くの大衆の社会生活全体に与えられた自発的同意」(原文は英語、訳は筆者による)としている。

(7) 筆者はグラムシのヘゲモニー概念を「自発的同意」とし、現在の英語ヘゲモニーについて検討した。詳細は、吉田欣吾・鷹取勇希「A・グラムシの〝ヘゲモニー論〟からみた英語支配の構造―知識人及び英語ヘゲモニー再生産モデル」、東海大学紀要文学部、二〇一三年、第一〇〇輯、九九―一二二頁を参照のこと。

(8) 伊東俊太郎「二十一世紀の文明共存へ―『文明衝突説』を超えて」『伊東俊太郎著作集　第8巻　比較文明論Ⅱ』伊東俊太郎著、麗澤大学出版会、二〇〇八年、三九七頁。

(9) 片桐薫『ポスト・アメリカニズムとグラムシ』リベルタ出版、二〇〇二年、一三八頁。

(10) 片桐薫『グラムシとわれわれの時代』論創社、二〇〇八年、一六五―一六六頁。

(11) 本稿で扱う伊東俊太郎のテキストは“Second International Seminar on Civilizational Dialogue”(2-3 September 1996, Univ. of Malaya)における Keynote Address の講演録である。

(12) 伊東、前掲書、三九八頁参照。

(13) 同書、四〇五頁参照。

(14) つまり、英語圏からもたらされる文明―英語支配―を受け入れなければ文明的発展は困難である　方、それらの文明に傾倒すること―自発的同意―で自らの言語や文化を失いかねない状況に陥ってしまうことを意味する。

(15) 彼が提唱する「市民社会」および「知識人」に関する議論は、Gramsci, A., *Selections from the prison notebooks.* (Eds. and Trans. by Q. Hoare and G. N. Smith), London: Lawrence & Wishart, 1971. および吉田・鷹取、前掲書を参照のこと。

(16) 「知識人および英語ヘゲモニーの再生産」の議論については、吉田・鷹取、前掲書を参照のこと。

(17) 山中速人『ハワイ』岩波書店、一九九三年、とくに二四頁、三二―三四頁。また、サピア=ウォーフの仮説を基礎とする自然環境とハワイ語の関係については、Takatori, *op.cit.* を参照のこと。

(18) 中嶋弓子『ハワイ・さまよえる楽園―民族と国家の衝突』東京書籍、一九九三年、三四頁。その際の教育政策などは、同書三六頁を参照のこと。

(19) 同書。また、中嶋はこの併合を「国家の発展のため、あるいは「劣った人々に文明の光を照らしてあげるため」」という「ハワイ併合を強行したアメリカ人の傲慢と独善的な姿」(同書四―五頁)であると指摘し、これはいかにアメリカが支配的価値観をもってハワイを併合したかを表している。

(20) Schütz, A. J., *The Voices of Eden: A History of Hawaiian Language Studies*, Honolulu: University of Hawai'i Press, 1994. 矢口祐人『ハワイの歴史と文化』中央公論新社、二〇〇二年。「クックが到来して以来の長い歴史のなかで、ネイティブ・ハワイアンの文化はさまざまな形で抑圧されてきた。カメハメハの死後、白人の権力が増すにつれ、かれらは多くのものを失った。土地や資源のみならず、言語や文化も危機にさらされた。アメリカからやって来た白人宣教師はハワイ語の使用を禁止し、フラも「みだらな踊り」として排除しようとした。（中略）ネイティブ・ハワイアンの人口は減少し、社会的地位も低下した」（二〇九頁）。

（21）中嶋、前掲書、三六頁。

（22）松原好次「ハワイ語復権運動の現況」、湘南国際女子短期大学紀要、二〇〇四年、一一号、八五-九五頁。

（23）Reinecke, J. E., *Language and Dialect in Hawaii: A Sociolinguistic History to 1935*, Honolulu: Social Science Research Institute, University of Hawaii, 1969.

（24）山中、前掲書、第七章。中嶋、前掲書、六頁および Nettle, D. & Romaine, S., *Vanishing Voices: The Extinction of the World's Languages*, Oxford: Oxford University Press, 2000, pp. 180-183. 例えばハワイ語イマージョン教育（松原、前掲書あるいは Warner, S. L. N., "Kuleana: The Right, Responsibility, and Authority of Indigenous Peoples to Speak and Make Decisions for Themselves in Language and Cultural Revitalization" (1999), in *Anthropology and Education Quarterly*, 30(1), pp. 68-93）や伝統文化としてのフラ（城田愛「フラにみる多文化社会ハワイのポリフォニー　聖地、観光地、主権回復運動で共振する祈りと踊り」『多文化社会ハワイのリアリティー—民族間交渉と文化創生—』白水繁彦編、御茶の水書房、二〇一一年、四九-八六頁）が挙げられる。また、ハワイ語の復興について、Wong, K. L., Language, Fruits, and Vegetables ［Video file］, (https://archive.org/details/Dr.K.LaianaWongLanguageFruitsAndVegitables), 2009 では彼自身がおこなっているいくつかの運動が紹介されている。

（25）松原、前掲書。

（26）塩谷亨「フラとハワイ語」『ハワイ研究への招待—フィールドワークから見える新しいハワイ像』後藤明・松原好次・塩谷亨編、関西学院大学出版会、二〇〇四年、四七-五七頁。

（27）城田、前掲書。

（28）Takatori, Y., (2014). "A Case Study of the Relationship of English Domination and the Preservation of Cultural and Linguistic Traditions of Hawai'i —Research in the island of O'ahu in March, 2014—" (2014), in *Tokai University Bulletin of English Literature and Language Studies*, 3, pp. 133-152.

（29）歴史経緯をみると、かつてのプランテーション産業から始まった人種の多様化に伴う混合（混成）文化（mixed culture）—「受容モデル」において言及した「新文化」—の存在もみられる。これに関しては、例えば矢口、前掲書、第四章を参照のこと。

（30）片桐、前掲書（二〇〇二年）、一一四頁。

抽象絵画と近代照明

近代技術による視覚の変容

秋丸知貴

1　はじめに

筆者は、『比較文明』第三〇号で、「自然的環境から近代技術的環境へ」と題し、近代技術が人間の心性をどのように変容するかを総論的に考察した[1]。本稿では、その各論として、近代技術の一つである近代照明が人間の視覚をどのように変容するかを、それが視覚芸術としての絵画表現にどのように反映したかという観点から分析する。なお、本稿は、近代と前近代という時間上の比較技術文明論の試みである。

2　近代照明について

一八世紀以後の急速な科学技術の発達は、照明技術においても「近代技術」の性格である「有機的自然の限界からの解放[2]」をもたらす。つまり、太陽光や天然燃料を用いる単なる「自然照明」とは質的に異なる、脱自然的で強力な「近代照明」が次々に発明される。

古来、太陽光は、時刻・天候・立地等の日照条件に大きな制約を受けていた。また、天然燃料による人工照明（松明・ロウソク・灯油ランプ等）は、光度が非常に微弱で不安定な上に燃焼時間も極めて短かった。これらの自然的制約の多い「自然照明」に対し、一八世紀末から次第に自然的制約から独立して人為的な技術革新により照射光を自由に強烈化・規則化する「近代照明」が開発され、一九世紀後半以降西洋先進諸国の都市空間を中心に広まっていく。ここで言う「近代照明」は、ガス灯と電灯である。

編年的には、まず石炭を乾留して生じるガスを用いる裸火ガス灯は、一七九二年にウィリアム・マードックが発明し、一八六〇年代に火口を平たくした魚尾ガス灯として普及している。また、装着したマントルを発光させる白熱ガス灯は、一八八六年にカール・ヴェルスバッハが開発している。一方、電池による炭素棒間の電気放電を利用するアーク電灯は、一八〇八年にハンフリー・デーヴィが成功し、一八七六年にパーヴェル・ヤブロチコフが発電機を用いるより扱いやすい「電気蝋燭」を考案している。さらに、発電機による電流で炭素フィラメントを発光させる白熱電灯は、一八七九年にトーマス・エディソンが実用化し、一八八一年のパリ国際電気博覧会の人気製品となる。また、この炭素フィラメント白熱電灯を大量に用いて一八八九年の第四回パリ万国博覧会では夜間照明が行われ、一九〇〇年の第五回パリ万国博覧会でも電気館等の夜間の大規模な電飾照明が人気を博している（図1）。ただし、電灯が一般社会に普及したのは、より発光効率の良いタングステン・フィラメントを発光させる白熱電灯が一九一一年にジェネラル・エレクトリック社により商用化されてからである。そして、アーク電灯に連なる放電灯として、水銀灯は一九〇一年にピーター・クーパー・ヒューイットが実現し、蛍光灯は一九三八年にジョージ・インマンが発案している。なお、放電灯の一種で、用いる封入ガスや蛍光塗料や着色ガラス等により多様な原色の光を発することが可能なネオン灯は、一九一〇年にジョルジュ・クロードが創案している(3)。

3　近代照明による視覚の変容

それでは、こうした近代照明は人間の視覚をどのように変容したのだろうか？

まず、建物内部の近代照明は、夜間にガラス窓を通じて個々の建物を内側から照射することで本来の建築構造を露わにすると共に、その内部から溢れる光自体が建築外観の新しい重要な装飾要素となる。

例えば、近代照明で内側から照射された建築外観について、ヴァルター・グロピウスは『デッサウのバウハウス建築』（一九三〇年）で次のように言っている。「夜間照明は、建物の構造的骨組を特によく認識させる」[4]。

また、レイナー・バンハムは『快適環境の建築』（一九六九年）で次のように述べている。「初めて、日没後に近代照明に内部から構造を照射されてのみその真の性質を知覚できる建築を思い描くことが可能になった」[5]。

その一方で、建物の外壁や街路に設置された近代照明は、夜間に個々の建物を外側から照射することで本来の建築外観を照明面と陰影面に新たに分割すると共に、その外部で発光する光自体がやはり建築外観の新しい重要な装飾要素となる。

例えば、近代照明で外側から照射された建築外観について、ラズロ・モホリ＝ナギは『新しい視覚』（一九二八年）で次のように説いている。「夜間の強烈な光は、細部を破壊し、無駄な装飾を消滅させ、さらに――もし視覚上の目的として用いられるならば――ファサードではなく空間関係を示す」[6]。

また、モホリ＝ナギは『運動における視覚』（一九四六年）で次のように論じている。「光を用いれば、建築自体を変化させることができる。光を用いれば、複数の壁や窓を一緒にしたり小さな部分に分解したりできるだろう。ネオンやその他の光源を用いれば、実際の構造の代りに、それとは完全に異なる建築の輪郭を夜通し創出することもできる。将来は、光が――単色でも多色でも――建築において本質的役割を演じるだろう」[7]。

こうして近代照明は、その内外の照射光の規則的強烈性やその位置・大小・強弱の相互関係により、暗闇に輝く仮想的で幾何学的な個々の新しい建築外観を作り出す。その結果、光を構成素材とする抽象的で非実体的な立体感・空間感を持つ新しい夜景が誕生する。また、それらは色ガラスやネオン管により多彩に着色されうる。

例えば、近代照明による抽象的夜景について、エズラ・パウンドは一九一二年に「パトリア・ミア」で次のように語っている。「ここにあるような夜は、他にはない。私は、高い窓から都市を見下ろした。無数の建物が現実性を喪失し、魔力を発している。建物は、非物質的である。つまり、窓明りしか見えない。エーテルの中で整列され分割された無限の光点。私達は、自らの意志で星々を引き降ろした。これは、私達の詩である[8]」。

また、ヴィルヘルム・ハウゼンシュタインは一九三二年に次のように話している。「もはや、家並は見えない。醜悪なファサードは、全く見えない……。街路は、ただもう電球だけでできている。電球が、街路を織り成している。電球が、街路の実体である。光の遠近法が導くのは虚偽の無限だが、虚偽もまた人を夢中にさせる。〔…〕人生の重荷が軽くなり、軽薄や無駄が重視される――虚構が現実になり、空虚が実体になる[9]」。

さらに、ル・コルビュジエは『伽藍が白かった時』（一九三七年）で次のように談じている。「夜は暗く、空気は乾いて寒かった。都市全体に光が灯っていた。それを見たことがない者には、理解することも想像することもできない。この光景を自らに浴びてみる必要がある。〔…〕飾り立てられた空。それは地上に降りた天の川であり、私達はその中に居る。それぞれの窓に、それぞれの人が居て、それが空の中の一つの光となる。そして、それぞれの摩天楼の幾千の光の構成により遠近法が創造される。それは、夜が無限の火に穿たれているというよりもむしろ精神の中に描かれている[10]」。

その上で、近代照明は、静的発光装置としてではなく、広告や信号灯や電光掲示板等の動的発光装置として用いられた場合には、点滅や発光の連続移行により動画的な運動感を現出する。また、これにはスポットライトやサーチライト等の強烈な照射装置の運動も加わりうる。その結果、夜景には光を構成素材とする新しい抽象的で非実体的な運動感も付け加わる。

例えば、近代照明による動的照明効果について、モホリ＝ナギは『新しい視覚』で次のように考察している。「大都市の夜の生活はもはや様々に輝く電光広告なしでは想像できないし、夜間飛行も明るい航空標識がなくてはならない。反射鏡やネオン管の看板広告、店頭で動く光の文字、回転機構の彩色電球、幅広で横長の電光掲示板は、新しい表現分野の全ての要素であり、多分その創造的芸術家が現れるのも間もなくだろう[11]」。

事実、ル・コルビュジエは『伽藍が白かった時』で次のように記述している。「一方、私はブロードウェイの電光広告を黙って見過ごすことはできない。映画、《バーレスク》、演劇の観客や野次馬の群集が溢れるマンハッタンを対角線に横切る白熱する流動については誰もが知っている。電気が支配している。しかし、ここでは動的であり、白、青、赤、緑、黄と移り変わる光が、爆発し、滑走し、飛散している[12]」。

これに加えて、近代照明は、固定建築に設置されるのみならず、鉄道・自動車・飛行機等の移動機械の内外にも備え付けられることで夜景を一層躍動的に演出する。例えば、移動機械に設置された近代照明について、モホリ＝ナギは『新しい視覚』で次のように洞察している。「通過する自動車のライトは、仮想的量感を創出する[13]」。

実際に、セルゲイ・エイゼンシュテインは『映画感覚』（一九四二年）で次のように叙述している。「夜景の電光広告の海では、遠近法や現実的奥行の感覚が全て消去される。遠いものも近いものも、小さいもの（前景にある）も大きいもの（後景にある）も、高く聳えたり薄く弱まったり、競争したり回転したり、輝いたり消えたりすることで――これらの光は、現実の空間感覚を全て失わせ、遂には黒いビロードの空の表面上を彩られた光点とネオン線が躍動する一枚の平面に還元させがちである。だからこそ、人々は星々を――空に打ち込まれた輝く釘として描いてきたのである。加速する自動車のヘッドライト、遠く連なる線路のハイライト、濡れた舗装道路に輝く反射――水溜まりに反映する全てが、私達の方向感覚を破壊する（どちらが上で、どちらが下だろうか？）[14]」。

また、こうした近代照明は、単一でも強烈な発光による知覚的衝撃をもたらすのに加えて、そうした烈光が視野に大量に入る場合にはさらに知覚的衝撃を付加される。これにはまた、動的発光装置・動的照射装置の高速運動や、通過する移動機械の高速運動か与える知覚的衝撃も加算されうる。これにはさらに、色ガラスやネオン管による発光の原色性による知覚的衝撃も加味されうる。

例えば、近代照明による知覚的衝撃について、ギオルギー・ケペッシュは『視覚言語』（一九四四年）で次のように明察している。「機械、自動車、路面電車、高架鉄道、飛行機、明滅するネオン・サイン、ショー・ウィンドーは、近代的光景の共通の特色になった。上空には摩天楼が聳え、地下には地下鉄が走り、複雑な秩序を持つ内部空間が広がり、近代的風景は次元を増大したが、それらには近代照明による新しい豊富な照明効果が付け加わっている。こうした近代的風景が私達の目に与える光刺激は、過去のいかなる視覚環境が提示したのとも比較できないほど強い速度と密度を持っている[15]」。

事実、ヴァルター・リーツラーは、ヴィルヘルム・ロッツ編『光と照明』（一九二八年）所収の「光と建築」で次のように評述している。「まず目に飛び込んでくるのは、街路自体と交通であり、〔…〕次に個々のもの、例えばショー・ウィンドー、広告板、凄まじく運動する極彩色の光の遊戯が目を引く。その光の遊戯は、確かに無粋な目的で用いられているのだが、それにもかかわらず童話風の幻想的な雰囲気が街路中に広がっている。〔…〕今や重要なのは、単なる暗闇の克服ではなく、光自体を一段と豊富に現実化することである。〔…〕古い童話で夢想されたどんな輝きも太刀打ちできない真に目を眩ませる光が、未来の大都市を明るく照らすだろう[16]」。

他方、こうした近代照明による知覚的衝撃は、観者自身が移動機械で高速移動する時にはさらに様々な視覚の変容も加わる[17]。つまり、疾走する鉄道や自動車から眺めると、抽象的に輝く夜景はさらにその高速直線運動により抽象的な歪曲化を被る。これに加えて、飛行機では上空から見下ろすことで地上の夜景は一層抽象化され、それらはたとえ飛行機に一度も搭乗経験がなくてさえ航空写真やその印刷物等の普及により日常化する。

例えば、近代照明と移動機械による複合的な視覚の変容について、ケペッシュは『視覚言語』で次のように論察している。「近代人の生活環境は、過去のいかなる時代のいかなる環境とも比較しえない複雑さを持っている。摩天楼、色彩が万華鏡的に震動する街路、映像が多様に反射するショー・ウィンドー、市街電車、自動車が、伝統的な視覚習慣によっては見分けえない視覚印象のダイナミックな同時性を生み出している。この視覚的騒乱においては、動かない対象は出来事を測る基準としては全く不十分なように見える。近代照明、電球の閃光、多くの新式の光源を備えた動く遊戯装置が、かつて経験されたことのない階調を有する動的な色彩感覚で人間を爆撃している。観察者である人間自身も、かつてなかったほど移動性を増している。人間は、市街電車に、自動車に、飛行機に乗る。そして乗物に乗った人間自身の運動が、具象的な対象知覚の範囲を遥かに超えた速度の視覚的衝撃を与える。人間が操作する機械が、新しい見方への要求を創出する」[18]。

実際に、田山花袋は「銀座の夜」（一九一九年）で、鉄道列車内から見た抽象的夜景を次のように描述している。「急行の夜の汽車は、今は光の海の中を通るやうにして、その中央の大きな停車場へと入つて行つた。光の海！　実際光の海だ。そこには、赤い、青い、黄い、白いさまざまの色彩が一面に巴渦を巻いてゐた。また、自動車の灯が、電車の灯が、或は早く或は遅く、其處にも此處にもチラチラと動いてゐた。遠く夜の空を劃って、赤い青い廣告燈が廻轉した」[19]。

また、フランソワーズ・サガンは「スピード」（一九八四年）で、自動車内から見た抽象的夜景を次のように描写している。「速力は、道路沿いのプラタナスをぺしゃんこにし、夜にはガソリンスタンドの光の文字を引伸ばし歪曲する」[20]。

さらに、アンリ・ルフェーヴルは『空間の革命』（一九七〇年）で、飛行機内から見た抽象的夜景を次のように描出している。「都市的なものを最も強く喚起させるものは、一体何だろうか？　それは、夜、特に都市の上空を飛行する時の光の洪水――あらゆる種類の照明、ネオン、電光掲示、電光広告による眩惑――富と記号の同時的蓄積である」[21]。

4　抽象絵画と近代照明

こうした脱自然的・抽象的な近代照明による視覚の変容は、西洋近代絵画における脱自然主義的・抽象的な形態・色彩表現と非常に照応的である。

例えば、ギオルギー・ケペッシュは『視覚言語』で、西洋近代絵画に対する近代照明の形態上の影響について次のように分析している。「近代人が生活する都市環境では、夜には過去のいかなる視覚経験とも比較できない様々な近代照明による視覚的光景が提示される。建物は、太陽の下では明確な立体的形体として肉付けられるが、同時的に動作する近代照明の下ではその三次元的性質を失う。輪郭は、曖昧になる。建物の内外から同時的に現れる光の点々や、発光と陰影の融合は、空間の測定単位としての立体的形体を解体する。変動し震動する光の模様は、陰影的に肉付けられた形体とは相容れない。こうした空間の解釈は、光と影により肉付けられる立体的形体ではなく、よりダイナミックな空間的統一を学ぶことによってしか達成されえない。明るさの差異、明瞭と不明瞭、光の肌理が、その前進的——あるいは後退的——な内在的作用により空間を定位する。ここでもまた、環境からの強い影響が、画家に陰影による肉付けという古い習慣を再考し放棄するように強制している」[22]。

また、ラズロ・モホリ＝ナギは『運動における視覚』で、西洋近代絵画に対する近代照明の色彩上の影響について次のように説明している。「何世紀もの間、目は太陽光による陰影の効果を観察することに慣れ、画家達の解釈も同様であったが、今や物理的に純粋な実際の光の補色のコントラストを見るようになった。その結果がいかなるものであるのかを私達はまだ語ることはできないが、このことは重要な意味を持っているように思われる」[23]。

さらに、モホリ＝ナギは同著で次のように解説している「新しい画家は、既に彩色において強烈で純粋な調和や純色を用いる傾向を示しているが、これは色彩意識が進化過程にある証拠である。このことは、新しい照明方式——電灯——や、新しい着色技術と関係している」[24]。

現に、近代絵画における素描・彩色の脱自然主義化を推進した様々な画派の画家達は、近代照明により照射された屋外空間を多様に描いている。その実例として、印象派のカミーユ・ピサロの《夜のモンマルトル大通り》（一八九七年）（図2）、後印象派《ポスト》のフィンセント・ファン・ゴッホの《夜のカフェテラス》（一八八八年）（図3）、表現派のエルンスト・キルヒナーの《ライプツィヒ通りと電車》（一九一四年）（図4）、超現実派《シュルレアリズム》のマックス・エルンストの《パリの街路》（一九一二年）（図5）等を挙げられる。

ここで注目すべきは、これらの作品がいずれも近代照明が創出する新しい抽象的夜景を、洗練された構図で情趣に満ちた詩的風景として表現している点である。このことから、これらの画家達は全て、既に近代照明による視覚の変容を体験し、それを肯定的に享受・内面化していると推測できる。

また、従来こうした近代照明による視覚の変容を積極的に絵画化したのが未来派であることは広く知られている。例えば、未来派のフィリッポ・トンマーゾ・マリネッティは、「未来派創立宣言」（一九〇九年）で「荒々しい電気の月に照射された兵器工場や造船所の震える夜の熱気」[25]を謳い、「未来派第二宣言」（一九〇九年）で「月光を殺そう！」[26]と叫んでいる。そして、未来派のジャコモ・バッラは《夜の万国博覧会》（一九〇〇年）（図1）や《街灯》（一九〇九年）（図6）等で、ウンベルト・ボッチョーニは《ギャラリーでの暴動》（一九〇九年）（図7）や《街路の力》（一九一一年）（図8）等で、カルロ・カッラは《ベッカーリア広場の夜景》（一九一〇年）（図9）等で、近代照明により照射された屋外空間を描いている。（なお、図2・図3・図7では屋外に展開した屋内という趣きの照明空間という共通性に、図4・図5・図9では移動機械と呼応する照明空間という共通性に、造形的感受性の観点から特に注目したい）。

　しかし、ここで重要な点は、近代照明による視覚の変容は狭く未来派だけに限られず、西洋近代絵画における様々な画派の抽象表現に影響を及ぼしていると推定される問題である。現実に、抽象絵画の先駆者達の多くは、一九一〇年代から画派を超えて、近代照明による視覚の変容に関する証言や作品を数多く残している。

　例えば、絶対派《シュプレマティズム》のカジミール・マレーヴィチは「キュビズム、未来派から絶対派へ——新しい絵画のリアリズム」（一九一五年）で、「鉄と機械の新生活、自動車の轟音、電灯の光輝、プロペラの爆音等は、魂を目覚めさせた。魂は、古い理性の地下墓地で窒息しかけていたが、天地の通路の交差点に出現したのである」[27]と告げ、実際に近代照明に照らし出された近代的なホテルの照明空間を《グランド・ホテルの生活》（一九一四年）（図10）で描いている。

　また、光線派《レイヨニズム》のミハイル・ラリオーノフは、イリヤー・ズダニェーヴィチと連名の「なぜ僕等は顔に色を塗るのか——未来派宣言」（一九一三年）で、自らの画風に対する電灯の影響を「アーク電灯の狂乱の街へ、肉体をまき散らした街路へ、肩寄せ合った家々へ、僕等は塗りたくった顔をもたらした。スタートは切られ、走路は走者を待っているのだ」[28]と宣言し、実際に近代照明に照出された夜景を《街灯のある街路》（一九一〇年）（図11）で描いている。

さらに、ラリオーノフのパートナーで同じ光線派のナターリヤ・ゴンチャローヴァも、《電灯》（一九一三年）（図12）で近代照明を直接的に画題化している。これらの作品と、典型的な光線派作品であるラリオーノフの《赤の光線派》（一九一三年）（図13）等を対照すれば、既にその画派名自体に顕著に影響が窺える「光線派」に近代照明の感化が全くないと主張することはまず不可能である。

さらに、オルフィズムのロベール・ドローネーは、一九〇九年以前からガス灯や電灯の光が自らの色彩表現に与えた影響を次のように公言している（それ以後、彼がいかに自然光への関心を強調するとしても、それは既に一度近代照明により変容を被った視覚を前提としたものであることに注意したい）。「一九一三年の記事で、あなたは神秘的で深遠な色彩の新しい構成に向けられた私の努力について示した。それらの努力は一九〇九年以来日付を持つが、もっとそれ以前から行われていた。それは、色彩の同時的対照の手法による、太陽、月、ガス灯、電灯、等々（！）の……一つの光あるいは複数の光（プリズム）の中で表現される形態についての研究の長期的継続である[29]」。

また、ロベール・ドローネーは一九三八年から翌年の写真の裏書で、一九〇七年、一九一二年、一九二二年に三度も制作した、電灯が光り輝く自作《電気のメリーゴーラウンド》（図14）への近代照明の影響を次のように証言している。「電気のプリズム。色彩の不協和音と協和音。大いなる閃光へと奮闘する交響運動。それは、アフリカ音楽が本能的に生むような暴力的なリズムに向かって奮闘する遊園地の視覚に感化されたものである。寒色と暖色は、互いに分解し合い、さらに暴力的に分解し合い、断絶を創出しつつ、伝統的なアカデミック的調和に比肩する調和を創造する[30]」。

さらに、ロベールの妻で同じくオルフィズムのソニア・ドローネーは『私達は太陽まで行くだろう』（一九七八年）で、一九一三年当時の近代照明について次のように回想している。「私は、電気が好きだった。電気照明は、目新しいものだった。夜、散歩しながら、私達は手に手を取って光の世紀へ入っていった。サン・ミッシェルの泉の前のランデヴー。街は、古いガス灯を電灯に交換していた。新しい世界への通路であるサン・ミッシェル大通りは、私を魅了した。私達は、人々の演舞を賞賛しに行ったものだ。光の輪は、天から降りてきた正体不明の物体のように、私達の熱狂を誘いつつ、私達の周囲で色彩と陰影を渦巻かせ、震動させた[31]」。実際に、ソニアはその翌年に電気照明を直接画題化する《電気のプリズム》(一九一四年)(図15)を描いている。

そして、野獣派《フォーヴィズム》のキース・ヴァン・ドンゲンは、ロベール・ドローネーと同じく、電灯が強烈に煌めく当時の最新式の電動メリーゴーラウンドを《ピガール広場のメリーゴーラウンド》(一九〇四年)(図16)等で多数画題化している。また、同じく野獣派のラウル・デュフィは、一九三七年の第七回パリ万国博覧会の電気館の内装壁画として、近代照明を直接画題とする縦一〇メートル・横六〇メートルの大作《電気の精》(一九三七年)(図17)を制作している。この時、デュフィは依頼主のパリ電気供給会社から「国民生活における電気の役割を賞揚し、電気の光が社会の前景で演じる役割を強調すること[32]」を依頼されている。さらに、同じく野獣派のアルベール・マルケも、建築や自動車の近代照明が眩しく輝く《夜のポン・ヌフ》(一九三五年)(図18)等を描いている。これらの作品から、この三人の野獣派画家達が近代照明と強い親和関係にあることは明らかである。

これに加えて、立方体派《キュビズム》(円筒派《チュビズム》)のフェルナン・レジェは、自らの制作に対する近代照明の感化を次のように明言している。「一九四二年にニューヨークにいた時、私はネオン広告がブロードウェイ中に光っていることに感銘を受けた。そこでは誰かと話していると、突然その相手が青色になる。それから青色は、別の色に移行し、彼は赤色になったり黄色になったりする。こうした色彩、つまりネオン広告の色彩は自由であり、それ自身で空間中に実在している。私は、自分の画布でも同じことをしてみたかった[33]」。その後、レジェはそこで語った近代照明による対象からの色彩の抽象的自律化を《さらばニューヨーク》(一九四六年)(図19)で実践している。

そして、新造形派《ネオプラスティシズム》のピート・モンドリアンもまた「芸術と人生における抑圧からの解放」(一九四一年)で、自らの制作に対する近代照明の反映を次のように示唆している。「幸運にも、私達はまた近代芸術と同様に、近代建築を、全ての種類の科学や技術の驚異を楽しむことができる。私達は、真のジャズとそのダンスを楽しむことができ、豪華で有益な電灯やウィンドー・ディスプレーも見ることができる。こうしたこと全てを考えるだけでも、満足を覚える。それから、私達は近代と過去の間の大きな差異を感じる。近代の生活と芸術は、過去の抑圧を絶滅させつつある。通信や生産の進歩、貿易上の協力、生活のための闘争は、やむをえず旧風が支配的なところでさえより明るい環境を創造してきた。ネオン・サイン、ポスター、全ての種類の技術的構成物は、新しい建築の欠乏を補足している」[34]。その後、モンドリアンはそこで語った近代照明が発光する高層建築や都市交通を表現したような《ブロードウェイ・ブギウギ》（一九四二–四三年）（図20）を制作している。

最後に、これらの事例を基に比較分析を行おう。まず、画題上の近代照明の影響として、図1と図6を比較すれば、バッラの近代照明画題への関心は、少なくとも一九〇〇年から持続的・本質追求的に発展していったことが分かる。また、図1と図14・図16を比較すれば、当時登場したばかりの電動メリーゴーランドにおける電気照明が、未来派、オルフィズム、野獣派に属する画家達の強い関心を引いていたことが分かる。これらは、近代照明が画派を超えて先進的な画家達の強い興味を集めていたことの実例である。

さらに、造形上の近代照明の影響として、図1から図20までを比較すれば、本文中で引用した同時代の歴史的証言で描述されていたような、近代照明の発光自体の直線的・原色的な規則的強烈性や、それが創出する照明空間の仮象的幾何学性、建築・街灯や自動車における近代照明の連続的・幾何学的な配列や推移等が、絵画上の抽象的な形態・色彩表現に反映していることを指摘できる。特に、図11の街灯による幾何学的夜景や、図12の電灯の強烈な発光は、図13の直線と原色を多用する抽象表現に直結している。また、図14・図15・図16を比較すれば、頭上の電灯の強烈な発光が、画面上部の原色による幾何学的な円模様に繋がっていることが分かる。さらに、図17と図19では、共に電灯の強力な明光が対象からの色彩の自律に関連している。そして、図18と図20を比較すれば、建築・街灯や自動車における近代照明の連続的・幾何学的な配列や推移を想起させる点で、両者には感受性上の照応関係が観取される[35]。

図1　ジャコモ・バッラ
《夜の万国博覧会》1900年

図2　カミーユ・ピサロ
《夜のモンマルトル大通り》1897年

図3　フィンセント・ファン・ゴッホ
《夜のカフェテラス》1888年

図4　エルンスト・キルヒナー
《ライプツィヒ通りと電車》1914年

図5　マックス・エルンスト
《パリの街路》1912年

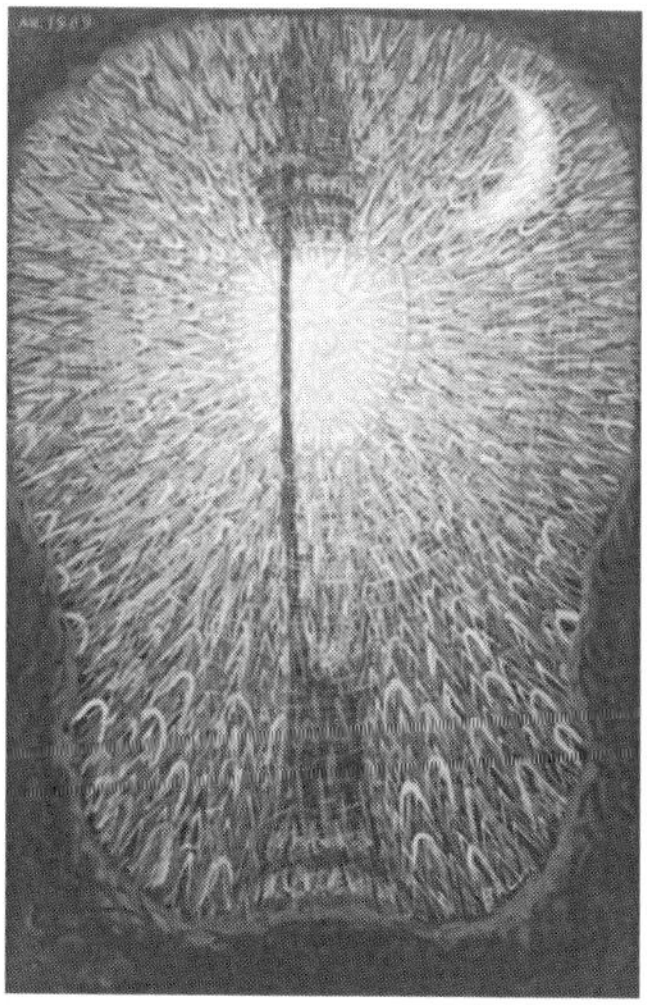

図6　ジャコモ・バッラ
《街灯》1909年

図7　ウンベルト・ボッチョーニ
《ギャラリーでの暴動》1909年

図8　ウンベルト・ボッチョーニ
《街路の力》1911年

図9　カルロ・カッラ
《ベッカーリア広場の夜景》1910年

図10　カジミール・マレーヴィチ
《グランド・ホテルの生活》1914年

図11　ミハイル・ラリオーノフ
《街灯のある街路》1910年

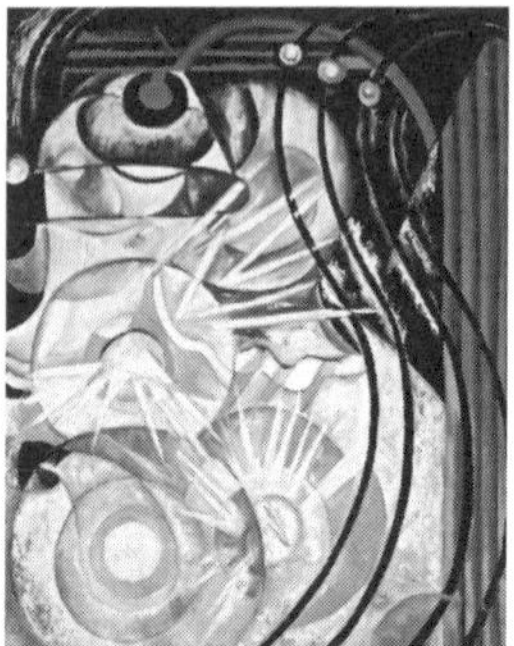

図12　ナターリヤ・ゴンチャローヴァ
《電灯》1913年

図13　ミハイル・ラリオーノフ
《赤の光線派》1913年

図14　ロベール・ドローネー
《電気のメリーゴーラウンド》1922年

図15　ソニア・ドローネー
《電気のプリズム》1914年

図16　キース・ヴァン・ドンゲン
《ピガール広場のメリーゴーランド》1913年

図17　ラウル・デュフィ
《電気の精》（部分）1937年

図18　アルベール・マルケ
《夜のポン・ヌフ》1935年

図19 フェルナン・レジェ
《さらばニューヨーク》1946年

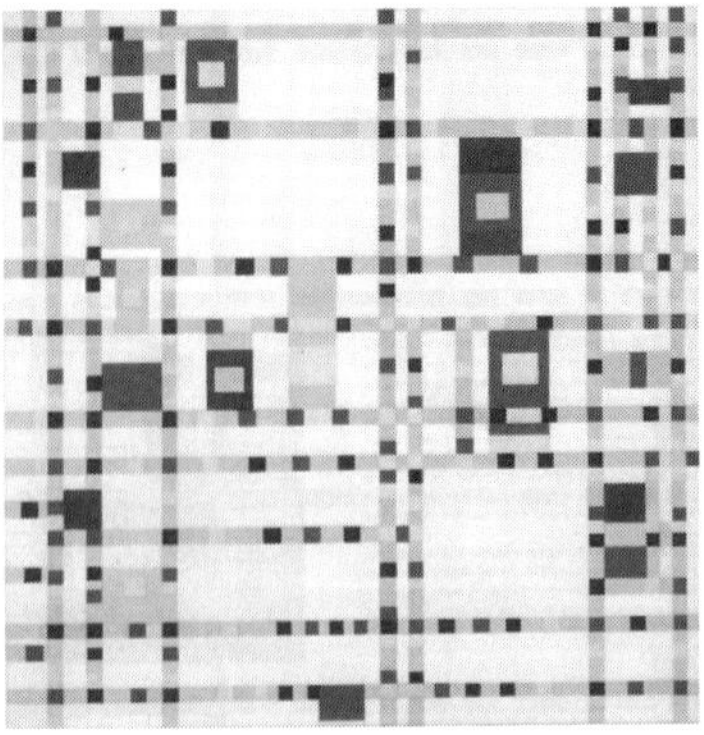

図20 ピート・モンドリアン
《ブロードウェイ・ブギウギ》1942-43年

5 おわりに

以上のように、近代照明は「有機的自然の限界からの解放」を発生させ、人間に様々な視覚の変容を生起させる。そして、そうした脱自然的・抽象的な近代照明による視覚の変容は、西洋近代絵画における脱自然主義的・抽象的な絵画表現に様々に——一対一対応的にではなく複合的に——反映していると指摘できる。

勿論、改めて強調するまでもなく、絵画表現の成立背景を唯一つの要因だけに機械的・決定論的に還元することはできない。しかし、既に見たように、実際に数多くの抽象絵画の推進者達が近代照明に関する証言や実作を多数残している以上、従来看過されることが多かったが、他にも複数ある様々な成立要因の一つとして、脱自然主義的な抽象絵画の成立と展開に、同時代に発達した新しい視覚的現実である脱自然的・抽象的な近代照明による視覚の変容の影響を考慮することは十分に可能であり、また十分に考慮されるべきである。(36)

附記

本稿は、筆者が連携研究員として研究代表を務めた二〇一〇年度〜二〇一一年度京都大学こころの未来研究センター連携研究プロジェクト「近代技術的環境における心性の変容の図像解釈学的研究」の研究成果の一部である。本稿執筆に当たり、研究助成を頂いた京都大学こころの未来研究センターに心よりお礼を申し上げたい。なお、同研究プロジェクトの概要については、次の拙稿を参照。秋丸知貴「近代技術的環境における心性の変容の図像解釈学的研究」『こころの未来』第5号、京都大学こころの未来研究センター、二〇一〇年、一四－一五頁。(http://kokoro.kyoto-u.ac.jp/jp/kokorono_mirai/pdf/vol5/Kokoro_no_mirai_5_02_02.pdf)

文献

引用は全て、邦訳のあるものは参考にした上での拙訳である。

(1) 秋丸知貴「自然的環境から近代技術的環境へ――ジョルジュ・フリードマンを手掛かりに」『比較文明』第三〇号、比較文明学会、二〇一四年、二二九－二五二頁。

(2) Werner Sombart, *Die Zähmung der Technik*, Berlin, 1935, p. 10. 邦訳、W・ゾンバルト「技術の馴致」『技術論』阿閉吉男訳、科学主義工業社、一九四一年、一四頁。

(3) 近代照明の歴史については、次の文献等を参照。照明普及会創立三〇周年記念出版委員会編『あかり文化と技術』照明学会照明普及会、一九八八年。Alain Beltran/Patrice A. Carré, *La fée et la servant: la société française face à l'électricité, XIXe-XXe siècle*, préface d'Alain Corbin, Paris, 1991. 邦訳、A・ベルトラン／P・A・カレ『電気の精とパリ』アラン・コルバン序文、松本栄寿・小浜清子訳、玉川大学出版部、一九九九年。直川一也『電気の歴史［第二版］』東京電機大学、一九九四年。安藤幸司『光と光の記録［光編］』産業開発機構、二〇〇四年。石井リーサ明理『都市と光――照らされたパリ』水曜社、二〇〇四年。宮原諄二『「白い光」のイノベーション――ガス灯・電球・蛍光灯・発光ダイオード』朝日新聞社（朝日選書）、二〇〇五年。

(4) Walter Gropius, *Bauhausbauten Dessau*, München, 1930, p. 59. 邦訳、ヴァルター・グロピウス『デッサウのバウハウス建築』利光功訳、中央公論美術出版、一九九五年、五九頁。

(5) Reyner Banham, *The Architecture of the Well-Tempered Environment*, London, 1969, p. 70. 邦訳、レイナー・バンハム『環境としての建築――建築デザインと環境技術』堀江悟郎訳、鹿島出版会、一九八一年、七一頁。

(6) László Moholy-Nagy, *The New Vision*, New York, 1928; The Dover edition, 2005, p. 198. 邦訳、L・モホリ＝ナギ『ザ ニュー ヴィジョン』大森忠行訳、ダヴィッド社、一九六七年、一三九頁。

(7) László Moholy-Nagy, *Vision in Motion*, Chicago, 1946; 7th printing, 1965, p. 264. 邦訳、L・モホイ＝ナジ「ヴィジョン・イン・モーション（19）」『SD』（第二二一号）、阿部公正訳、鹿島出版会、一九八三年二月号、七三頁。

(8) Ezra Pound, *Patria Mia and the Treatise on Harmony*, London, 1962, p. 19.

(9) Quoted in Wolfgang Schivelbusch, *Licht, Schein und Wahn: Auftritte der elektrischen Beleuchtung im 20. Jahrhundert*, Berlin, 1992, p. 67. 邦訳、ヴォルフガング・シヴェルブシュ『光と影のドラマトゥルギー』小川さくえ訳、法政大学出版局、一九九七年、一二七頁に引用。

(10) Le Corbusier, *Quand les cathédrales étaient blanches*, Paris, 1937, p. 102. 邦訳、ル・コルビュジエ『伽藍が白かったとき』生田勉・樋口清訳、岩波書店、一九五七年、一一五頁。

(11) László Moholy-Nagy, *The New Vision and Abstract of an Artist*, New York, 1949, p. 142. 邦訳、L・モホリ＝ナギ『ザ ニュー ヴィジョン』大森忠行訳、ダヴィッド社、一九六七年、一〇八―一〇九頁。

(12) Le Corbusier, *Quand les cathédrales étaient blanches*, p. 114. 邦訳、ル・コルビュジエ『伽藍が白かったとき』一二九―一三〇頁。

(13) Moholy-Nagy, *The New Vision*, p. 143. 邦訳、L・モホリ＝ナギ『材料から建築へ』宮島久雄訳、中央公論美術出版、一九九二年、一七七頁。

(14) Sergei M. Eisenstein, *The Film Sense*, translated and edited by Jay Leyda, New York, 1942, pp. 98-99.

(15) Gyorgy Kepes, *Language of Vision*, Cichago, 1944; Dover edition, 1995, p. 130. 邦訳、ギオルギー・ケペッシュ『視覚言語』グラフィック社編集部訳、グラフィック社、一九七三年、一一六頁。

(16) Walter Riezler, "Licht und Architektur," in Wilhelm Lotz (ed.), *Licht und Beleuchtung*, Berlin, 1928, p. 43.

(17) 移動機械による視覚の変容のより詳細な分析については、次の拙稿を参照。秋丸知貴「近代絵画と近代技術――近代技術的環境における心性の変容の図像解釈学的研究」『形の科学会誌』第二五巻第二号、形の科学会、二〇一〇年、一一七―一二六頁。秋丸知貴『ポール・セザンヌと蒸気鉄道――近代技術による視覚の変容』晃洋書房、二〇一三年。秋丸知貴「フォーヴィスムと自動車――二〇世紀における近代技術による視覚の変容」『形の文化研究』第六号、形の文化会、二〇一一年、一二三―一三二頁。秋丸知貴「近代絵画と飛行機――近代技術による心性の変容」『形の科学会誌』第二六巻第二号、形の科学会、二〇一一年、一四四―一五六頁。

(18) Kepes, *Language of Vision*, p. 176. 邦訳、ケペッシュ『視覚言語』一五六頁。

(19) 田山花袋「銀座の夜」、西村将洋編・和田博文監修『コレクション・モダン都市文化（二二）モダン都市の電飾』ゆまに書房、二〇〇六年、一一頁。

(20) Françoise Sagan, "La vitesse" in *Avec mon meilleur souvenir*, Paris, 1984, p. 85. 邦訳、フランソワーズ・サガン「スピード」『私自身のための優しい回想』朝吹三吉訳、新潮社（新潮文庫）、一九九五年、七〇頁。

(21) Henri Lefebvre, *La révolution urbaine*, Paris, 1970, p. 159. 邦訳、アンリ・ルフェーヴル『都市革命』今井成美訳、晶

文社、一九七四年、一四八頁。

（22）Kepes, *Language of Vision*, p. 154. 邦訳、ケペッシュ『視覚言語』一三六頁。

（23）Moholy-Nagy, *Vision in Motion*, p. 161. 邦訳、モホイ＝ナジ「ヴィジョン・イン・モーション（一三）」『SD』（第二一一号）、阿部公正訳、鹿島出版会、一九八二年四月号、六八頁。

（24）*Ibid*., p. 166. 邦訳、同前、七〇頁。

（25）F. T. Marinetti, "Fondazione e Manifesto del Futurismo"（1909）, in *Teoria e invenzione futurista*, Milano, 1983, p. 11.

（26）F. T. Marinetti, "Uccidiamo il Chiaro di Luna!"（1909）, in *Teoria e invenzione futurista*, Milano, 1983, p. 14.

（27）John E. Bowlt（ed. and trans.）, *Russian Art of the Avant-Garde Theory and Criticism 1902-1934*, New York, 1976; London, 1988, p. 126. 邦訳、J・E・ボウルト編『ロシア・アヴァンギャルド芸術』川端香男里・望月哲男・西中村浩訳、岩波書店、一九八八年、一六三頁。

（28）*Ibid*., p. 80. 邦訳、同前、一一三頁。

（29）Robert Delaunay, *Du cubisme à l'art abstrait*, Paris, 1957, p. 124.

（30）*The New Art of Color: the Writings of Robert and Sonia Delaunay*, edited and with an introd. by Arthur A. Cohen; translated by David Shapiro and Arthur A. Cohen, New York, 1978, p. 27.

（31）Quoted in Exh. cat., *Sonia Delaunay: A Retrospective*, New York: The Buffalo Fine Arts Academy, 1980, p. 29.

（32）Quoted in Catriona MacLeod, Véronique Plesch, and Charlotte Schoell-Glass, *Elective Affinities: Testing Word and Image Relationships*, New York, 2009, p. 253.

（33）Quoted in Exh. cat., *Fernand Léger*, New York: Albright-Knox Art Gallery 1982, p. 52.

（34）Piet Mondrian, "Liberation from Oppression in Art and Life"（1941）, in *Plastic Art and Pure Plastic Art 1937, and Other Essays, 1941-1943*, New York, 1945; 3rd edition 1951, p. 41. 邦訳、ピート・モンドリアン「芸術と人生における抑圧からの解放」『自然から抽象へ＝モンドリアン論集』赤根和生編訳、用美社、一九八七年、二六九－二七〇頁。

（35）本稿は主に屋外近代照明の問題を扱っているが、屋内近代照明による心性の変容が近代絵画に与えた影響については、次の拙稿を参照。秋丸知貴「近代絵画と近代照明――近代技術による心性の変容」『モノ学・感覚価値研究』第八号、京都大学こころの未来研究センター／モノ学・感覚価値研究会、二〇一四年、三一－三八頁。

（36）恐らく、美術史の専門家以外には、近代照明の登場により人間の物の見方が変化し、それが絵画表現に反映したことは自明であり、なぜ本稿が歴史的証言を羅列してそれを証明しようとしているのか不思議に思われるかもしれない。しかし管見の限りでは、あくまでも美術の内在的な発展論理のみに基づくパラダイムの内にある現在の美術史研究では、この観点から近代諸画派を一つの全体として分析したまとまった先行研究は存在していないことを付記しておきたい。

研究ノート

アーノルド・J・トインビーの『歴史の研究』における「文明の解体」の位置づけをめぐって

三枝守隆

はじめに

この小論は、『歴史の研究』においては「第五部 文明の解体」がわれわれにとってもっとも興味深いテキストであり、そのことを『歴史の研究』から派生した要約版が隠蔽していることを明らかにする。さらに、「文明の解体」で語られている「魂における分裂」が今後の研究の焦点ではないかという提言をおこなう。

1 問題の所在

われわれが『歴史の研究』全体を研究対象としてそのテキストに向かいあった場合、もっとも困惑させられるのはその原典主義ではないだろうか。たとえば第二部の「挑戦と応戦」という概念の学術的な叙述には『ファウスト』が英訳なしのドイツ語のままで繰り返し引用されている。[1] ゲーテの「読む戯曲」、『ファウスト』にはいくつかの英訳が刊行されていたのにもかかわらず英訳を使っていない。あるいは、「文明の挫折」や「文明の解体」

などの概念の説明にはルクレティウスの哲学詩の引用が重要な役割を果たしているのであるが、出版市場には英訳があるにもかかわらず、[2]『歴史の研究』全編を通してすべてラテン語だけなのである。[3]原典主義は、ベルグソン[4]や中国史のマルセル・ルネ[5]などの散文の文献の引用にもみられるが、韻文からの引用の方がテキスト解釈上のより大きな障害となっている。なぜなら、『歴史の研究』のテキストはあたかも原典の詩を差し出して、知性による理解ではなくて読者自身の感性で観賞するように求めているかのようだからである。言いかえれば、研究者はテキスト学術的な散文を読むのとは異なった読み方を、テキストから求められていることになる。「散文は歩行であり詩は舞踏である」[6]とたとえられているように、そこには論理の飛躍があり、かつ言葉それ自体の物質性——韻律の響きとか、行わけのスタイルとか——が、むき出しになっている。

ドイツ語と英語のように同一語族の同一文明に属する人間が産み出した詩でさえも翻訳によって喪失される「何か」を回避することが、作者トインビーの意図であるならば、われわれのような異なった語族の異なった文明に属する人間は、いったいどのようにして、そうした詩を包摂する『歴史の研究』のテキスト全体を解釈し、理解したらいいのであろうか。

作者トインビーがこのような原典主義をとった理由についての間接的な示唆——日本の人形浄瑠璃における人形師から示唆を得たという[7]——はあるが、直截な叙述はない。歴史研究における詩の重要性については第一三部「歴史家の霊感」[8]においては説かれているが、詩の引用の一部が原典主義をとったことについては述べられていないのである。あるいは学界からの『歴史の研究』に対する批判のアンソロジー[9]にも、さらにそうした批判に対する反論である『再考察』[10]にも、説明も言及もされていない。したがってこのような原典主義は、なかば当然のことのように採用され、読者に受容されていた、と推定されうる。

このことは『歴史の研究』のテキストの読者の性質を、われわれにあらためて想起させる。すなわち、その「想定読者」は、パブリック・スクール、ギムナジウム、リセなどで、西欧文明の人々が「古典語」と呼ぶギリシア語とラテン語を学習し、さらにゲーテが造語した「世界文学」という近代文学に親しんだ人々であることを示しているのであろう。つまり「想定読者」は、レスプーブリカ・リテラールム——一般的な和訳は「手紙の共和国」であり、トインビーの世界史で特筆されているピエール・ベールというユニークな人物(11)によって意識的に確立された、いわば「共通な学術言語の手紙（文章）による自由な対話と平等な参画を目指す開かれた目に見えない共和国」であって、西欧文明以外の諸文明にあらわれた閉鎖的な学術言語共同体とは異なる。しかし世代を超えて文章による対話が継承されうるという点は同じ——に属する人々とみなすことができる。

原典の全文を訳した『歴史の研究』があるのは日本だけである。日本語版（通称「完訳版」）の場合は、ギリシア語やドイツ語などの原典の大部分が日本語に訳されていて、そうした原典主義の引用という突起物は平板化されている。すなわち、引用された原典主義の文献は、それぞれの斯界における権威者の日本語訳に置換えられている。たとえば、先にあげたゲーテの『ファウスト』は、森鷗外など一九二一年以来少なくとも一三ほどの訳書が刊行されているのだが、完訳版『歴史の研究』では相良守峯の訳が使われている。(12)相良の訳を他の訳と比較してみると、それぞれかなり異なっているので、「翻訳とは訳者の解釈なのである」ということを、われわれは痛感せざるをえない。したがってたとえば、「挑戦と応戦」の概念の鍵を握るメフィストフェレスという悪魔の相貌は、われわれがイメージしがちな悪魔とはかなり異なることに気がつくのは、慧眼の読者を除いて、『図説版』に引用されているウィリアム・ブレイクの画を見てから、ということになる。(13)そこで示されている悪魔の図像は、さわやかで筋骨隆々たる美青年なのである。

このような性質を完訳版がおびているということは、付随的な現象、つまり『歴史の研究』の日本語版については、複数の訳者の解釈が、少なくとも二層に織り込まれているという構造になっていることを示している。(14)このような現象は日本の読書界だけに起こったことではない。筆者の見解では、現代のヨーロッパと北アメリカにおける大多数の古典語教育を受けていない人々からなる読書界にも、程度の差はあっても起こった現象なのである。すなわち、縮刷版と称する二つの要約と、その各国語への翻訳版の産出と出版市場や図書館での流通が、その現象の一つの証である。

縮刷版の一つはデヴィット・C・サマヴェル[15]が自主的に制作した原典の約十分の一の要約である[16]。それは、原典の華麗な文体（スタイル）の芳香を残しつつ、サマヴェルが創作した挿話もまじえた「大変に巧みな要約」[17]であって、トインビーがしぶしぶ出版を許可し刊行された一九四六年だけでもアメリカにおいて三四万部も売れたのである。それと前後して写真週刊誌『ライフ』[18]はトインビーを表紙に飾り『歴史の研究』を紹介したので、トインビーは一躍「時の人」となった。今から考えると、このサマヴェル版が江湖に受入れられたのは非政治的な理由もあったのであろう。すなわち、市民が「世界の歴史という物語」に求めていた全体性を『歴史の研究』が持っており、その全体性の輝きがサマヴェル版を透過してかすかに見えるからではないだろうか。言いかえれば、専門細分化が進行していたアカデミズムの歴史学者の作品では、二度の世界大戦という「危機の時代」を生きている読者を満足させることが出来なかったのではないか。

しかしながら、サマヴェル版には看過しえない瑕疵がある。サマヴェルが捨象した原典の、質量でいえば約十分の九のなかには、ポストコロニアルの言い方であらわせば、「西欧・白人・男性」の観点からは好ましくないテキスト――非西欧文明に属する研究者にとっては興味深いテキスト――が含まれていたのである。サマヴェル版は『歴史の研究』の、時代を先取りしたラディカルさを隠蔽していたのだ。

たとえば、原典で展開されているオリエンタリズム批判を彷彿とさせるようなテキストについての要約はない。むろんサマヴェルが誠意をもって原典の要約を作ったことは間違いない。しかし、サマヴェルは、彼も、そしてトインビーも属していたレスプーブリカ・リテラールムの、その時代の「先入見」を包摂するロゴスで思考していたのである。とはいえ、サマヴェルは、自身がもっている「先入見」それ自体についての哲学的な「反省」――ドイツ観念論哲学を「反省哲学」とも呼称する意味での「反省」――を、当時においてもやろうと思えばできたのではないだろうか。なぜならば、『歴史の研究』のテキストには、作者トインビーが自己の「先入見」について「反省」をおこなっている叙述がいくつも出てくるからである。たとえば、第一部の「文明の単一説の誤り」の章における「unchanging East、不変の東洋」[19]や、「natives、土人、原住民、先住民」[20]などの言説（ディスクール）や語句についての分析と批判がそうである。そこでは、サイードの『オリエンタリズム』と同様に、[21]「西洋」の「東洋（オリエント）」に対する言説批判がなされている。それはサマヴェルにとっては十分な手本となったのではないか。イスラム教の布教についての「コーランか剣か」という言説（ディスクール）も、『歴史の研究』では誤謬とされている。すなわち、歴史的事象としては「イスラムか付加税か」であるという論証である。[22]その論証の過程では、サイードと同様に、[23]西欧の人々の歴史意識に対する批判が示されている。ところが、該当するテキストの要約はまったくないのである。あるいは、外的プロレタリアートについて論じたところでは、西欧文明の植民地主義の、先住民に対する人種差別と残忍さについて言及しているのであるが、そこのテキストでは、先住民に対する「この動物は非常にたちが悪い。攻撃すると反抗する」というフランス語の文献を引用しつつ、西欧文明の作りだした非西欧文明についての諸史料は、「この『文明』と『野蛮』との間の戦いの歴史は、……争いの当事者の一方の側だけの当事者によって書かれていることを、つねに記憶しておかねばならない」[24]とまで言明されているのである。ところがこれに該当するテキストの要約はない。このテキストの重要性については、逆説的ではあるが、『図説版』ではむしろ強調されていることでもわかる。すなわち『図説版』では、これらのテキストの要約は、「第九部 空間における同時代文明の邂逅」に収容され、そこでは、椅子に座ってワインと葉巻でくつろぎながら拳銃でアフリカの人々を銃殺しつつある白人を描いた石版画までも添えられているのである。[25]

このような原典のいくつかの重要な章全体の省略でもっとも問題となるのは第五部（第六巻）への補論「受難のキリスト」[26]であろう。この一六三ページ（完訳版では二四八ページ）[27]にもなる大部な補論は、組織神学でいう「高等批判」——本文では「高等批判ではない」と叙述されているが[28]——である。すなわちギリシア語聖書（新約聖書）の共観福音書と、ヘラクレス伝説やプルタルコス『対比列伝』などの古典とを、文献学的に一行一行比較し計量文体学的に分析している労作である。それは「文明の解体」を突き詰めていくと必然的になさなければならなかった論考であり、筆者の見解では、全編を通じてもっとも格調の高い感動的な文章が含まれており[29]、かつ『歴史の研究』のテキスト全体の大きな転回点として位置づけられるものなのである。

とはいえ、サマヴェル版の普及はめざましく、読書界においてはサマヴェル版が原典に置き換わっているといっても過言ではない。

もう一つの要約は、トインビーとジェイン・カプラン[30]共著の『図説版』である。この『図説版』には原典から抜粋したセンテンスが多く含まれており、文脈の前後のつながりがよくわからないという意味での難解な文体となっている。そうなったのはトインビーが心臓発作に見舞われ、文章の多くがカプランによって執筆されたためであろう、とトインビーの伝記を、遺族の依頼で執筆したウィリアム・H・マクニールは述べ、「知的な失敗作」と結論づけている[31]。しかし研究者にとっては、『図説版』に包摂されている五〇六枚の図像とそのキャプション、並びに年表[32]は重要である。

したがってこうした性質を有する二つの縮刷版は、研究者にとっては、瑕瑾の多い要約として現前していることは否めない事実なのだ。このことは、おそらく日本で初めて『歴史の研究』を完読した大島文一——一九六七年から毎日一二ページずつ読んで一年四ヶ月かかったということである——が「有名な米のソーマヴェル〔ママ〕の縮約版は、考えるところがあってやらずじまい[33]」（強調は筆者）と述べていることから、四十数年前にはすでに看取されていたのかも知れない。

2　今こそ『歴史の研究』を読む好機

したがって、研究者はこれら二つの先行する縮刷版の呪縛を振り払って、自ら『歴史の研究』のテキストに立ち向かわなければならない。幸いわれわれは大島の世代の研究者に比べるとはるかに恵まれた環境にある。すなわち、われわれのもとには、日本語訳の新刊、解釈学の新たな展開、古典の日本語完訳版の刊行、ＩＴ技術の進歩という四つの好機が訪れているのである。

『歴史の研究』の日本語完訳版は「電力の鬼」と呼ば

れた松永安左右衛門の熱意と財政的な援助で、一九六九年から四年間かけて下村連が代表者となって翻訳・刊行された。この完訳版によって、研究者は原典と完訳版を対比しつつ自らの解釈を吟味できるので、時間が大幅に短縮できるようになった。

解釈学は、一九六〇年のハンス＝ゲオルク・ガダマーの『真理と方法』の刊行によって、世界の思想界へ大きな影響を与え続けている。日本語への翻訳は、轡田収によって一九八六年から始まって二〇一二年、すなわち原典刊行の五二年後に完結された(34)。『真理と方法』は、一八〇〇年代中期に活躍した神学者フリードリヒ・シュライエルマハー以来の解釈学だけではなく、ヘレニック文明の時代から西欧文明の一九五〇年代までのさまざまな哲学の成果を解釈学の視点から取りまとめ、その上で現代的な課題にも答えようと試みている、という評価が学界でも定まっている。その解釈学は「世界解釈」にまで至っているので、解釈学的哲学とも呼ばれており、人間がテキストを読み進めている時に、人間とテキストとのあいだで生起する現象についての徹底的な凝視に基づく洞察が含まれている。解釈学のもっとも重要な知見は、テキストにおいてもディアレクティケ（弁証法的対話）が生ずるのであり、そのディアレクティケにおいては、作者よりも「ロゴスそのものを優先することに努めよ(35)」という点、並びに、テキストの部分の理解はテキストの全体とのあいだの循環――この部分と全体とのあいだの循環を解釈学的循環と呼ぶ(36)――に存するという点にあるであろう。こうした学問的な知識とともに、『真理と方法』のテキストそれ自体が、われわれがテキストに向き合ったときに、われわれの意識を変貌させてしまう強い力を持っている。筆者の見解では、『歴史の研究』のテキストのように比喩や詩を豊富に含み、かつ原典主義をとるテキストの解釈には極めて有効である。ただし、解釈学はテキスト解釈のための方法論ではまったくなく、道具でもない。読者が、意識的にせよ無意識的にせよ、テキストを対象化して、読者みずからをして超越者の立場におくことを厳しく拒絶する現代的な哲学であることも忘れてはならない(37)。

「古典」の日本語訳においては、トゥキュディデスの作品の従来の訳本(38)に加えて、新しい解釈をほどこした訳本(39)が加わったこと、ポリビオスの作品の一つの訳本とヨ(40)

セフスの『歴史』の完訳[41]が刊行されたことが特筆される。これらの訳書を通読することによって、『歴史の研究』を背後から規定している「思考の準拠枠」の源泉が、より鮮明に日本語の学術言語によって思索可能となっている。さらに、ＩＴ技術の進歩のおかげで、『歴史の研究』のさまざまなテーゼの論拠となっている史料のかなりの部分を、研究者は瞬間的に検索することが可能となっており[42]、従来『歴史の研究』のテキストを読み取る際に研究者が悩まされていた史料調べに起因する思考の中断から、ある程度は解放されるようになった。

3　解体する文明の性質――方向性と画一性

では、このような恵まれた研究環境のもとで『歴史の研究』のテキスト全体を再読するとどのような新しい解釈が成立するのか。結論を先取りしていえば、われわれの視点からは、その核心は「第五部 文明の解体[43]」にあり、そこで語られている「魂における分裂[44]」にあるのではないか、ということである。すなわち、今後の『歴史の研究』のテキストに関する研究においては、「魂における分裂」の概念に焦点を定めて、それをさらに展開することが一つの価値ある選択肢ではないだろうか。

これまでの先行研究においては、「入門書」のたぐいは別として、それぞれの研究者の関心のある『歴史の研究』の一部分を取り上げて論じるのが主流であって、『歴史地図[45]』をも包摂した『歴史の研究』のテキスト全体を研究の対象としてきたものは、筆者の渉猟した範囲では国内にはなく、また英米圏にもなかったようなのである。たとえば、『歴史の研究』に対するもっとも辛辣、かつ建設的な批判として知られているフィリップ・バグビーの作品[46]も、『歴史の研究』のテキスト全文を批判の対象としているのではなく、主として第一部で展開されている文明形態論に焦点を定めて論じているのである。あるいは、研究者にとっては必読書といわれている[47]、人類学者アッシュレイ・モンタギューが編纂した二九人の各分野の専門家によるトインビー批判の論文のアンソロジーも、『歴史の研究』の第六部までを対象としており、第七部から第一〇部は対象となっていない[48]。むろん学問的にはある作品の一部を対象として批判することには正統性（authenticity）はある。しかしそのような論究の仕方では、『歴史の研究』といういわば「グランド・セオリー」の核心部分を発見することは非常に困難なのではないだろうか。すなわち、テキストの部分の理解はテキストの全体とのあいだの解釈学的循環を断ち切ることによっては、なし得ないのではないか。言いかえれば、『歴史の研究』というグランド・セオリーの核心は、「第一部 文明の比較研究」で論じられているような文明という概念の普遍的定義であるとか、第一部だけではなく第二部以降でも論じられている具体的な概念――たとえばシリアック文明とイスラム文明の関係というような――個々の文明の概念の同定ではない。あるいは、「第一二部 西欧文明の前途」で展開されているような、のちに文明論とか文明評論と呼ばれるようになる領域にもないように思われるのである。この「第一二部　西欧文明の前途」における議論は、「西洋の没落」、「人類の未来」、「現代が受けている挑戦」などに連なる、時局に即した議論なのではあるが。

そのような結論を導き出すようにわれわれを覚醒させるのは、『歴史の研究』のテキストからの「呼びかけ」――解釈学ではこのようなテキストの性質を「真理請求」と呼ぶ――のなせるわざなのであって、研究者の側に覚醒させる要因があるとは限らない。『歴史の研究』のテキストそれ自体のロゴスが、研究者を「追い立てる」こともあるのだ。[49]

このような結論が導き出される過程を論じるためには、従来の縮刷版『歴史の研究』に代わるものとして、いわば「オッカムの剃刀」のような体系的で簡潔な理論が必要となるであろう。しかし、この小論では、筆者が再構築したトインビーの諸文明の比較研究の理論を論ずることは紙幅の都合でできないので、この小論で必要とされるその理論のごく一部を概説しておくにとどめる。

第五部でまず同定されているのは、第三部の「文明の成長」にまで遡及して、成長する文明の性質についてなのである。それは、挫折した文明の性質との対比的な観察によって帰納されており、第三部の執筆中には看過され、第五部において姿をあらわしてくるのである。[50] すなわち、成長している文明の本性は未決性と多様性であり、挫折している文明の本性は方向性と画一性にある。したがって、論理的には、成長する諸文明のあいだには何ら共通する普遍的な様式（スタイル）はないことになる。それがあるのは成長が挫折し、解体へと向かう段階の文明だけなのである。

挫折した文明の方向性とは、解体へ向かうことにある。画一性とは、時間の次元では、約四〇〇年間の動乱時代とそれに続く約四〇〇年間の世界国家時代[51]、ならびにそれらの時代にあらわれる律動（リズム）[52]である。この文明の律動（リズム）論はトインビー以降も活発な研究が行われており[53]、ことのほか西欧文明と同時代の非西欧文明――たとえばロシアや日本など――は西欧文明に侵襲される以前にすでに解体の過程にあったと同定されているので、それら非西欧文明の諸国に属する研究者にとっては重要である。空間の次元ではリーメス（境界線）の顕現である。成長する文明にはリーメン（閾）はあるが、境界はない[54]。したがって「文明圏」というような概念は、暗黙のうちにその文明がすでに挫折していることを示唆していることになる。

社会の次元における画一性とは、経済的不平等を源泉とする「横の分裂[55]」、すなわち支配的少数者[56]とプロレタリアートとの分裂、ならびに支配的少数者の精神の深層に存する自我中心性[57]を源泉とする「縦の分裂」、すなわち地域への分裂、つまり主権をもつ都市国家、王国、国民国家などへの分裂である。プロレタリアートは、同一文明内に居住する内的プロレタリアートと、リーメス（境界線）の外に居住する外的プロレタリアート[58]の二つのカテゴリーに分けられている。

支配的少数者と内的プロレタリアートとの分裂は、スタシス（[希] στάσις）という戦いを生起させ、同一文明内での地域への分裂はポレモス（[希] πόλεμος）と呼ばれる戦いを生起させる。この二つのギリシア語は、トゥキュディデスの『歴史』では使い分けて用いられており、スタシスという語の使い方は、たとえばケルキュラという都市国家における戦いの描写におけるように、徐々に変化する[59]。『歴史の研究』において解釈されているスタシスという語の日本語訳は「内戦」というような穏健な概念に相当するのではなく、むしろ『歴史の研究』で言表されているようにclass war[60]、すなわち「階級闘争」という概念が適切であるように思われる[61]。一方、戦争技術の進歩はポレモス（国家間戦争）の戦禍を加速度的に激化させ、地域共同体を破砕する[62]。そうして、難民化し根無し草化した内的プロレタリアートを昂進的に産出し、文明の解体を進行させる。やがてポレモス（国家間戦争）において最後まで生き残った覇権国家の支配的少数者が世界国家を建設し、人々に「世界国家による平和」を提供することになる。しかし世界国家が解消するのはポレモス（国家間戦争）であってスタシス（階級闘争）は解消できない。したがって世界国家の本性は身分制度などの維持を包摂する保守性、言いかえれば現状維持にある。[63]しかも、世界国家を建設することになる覇権国家は、その覇権戦争の過程で「深い傷[64]」をおっており、その軍事力の担い手を内的プロレタリアートから徴募しなければならないので、間歇的に内的プロレタリアートからなる軍隊の反乱に直面せざるをえない。それに加えて、リーメス（境界線）の外に居住する外的プロレタリアートが、彼らが後背地を有する場合には、支配的少数者はこれを制圧できない。[65]したがって、世界国家の内的プロレタリアートで構成される軍隊の反乱が頻発すると、支配的少数者は、内的プロレタリアートへの抑圧を維持するために外的プロレタリアートをその軍隊に編入させざるをえなくなる。編入された外的プロレタリアートは最新の軍事技術を習得し、やがて「戦闘集団」と化して反乱をおこし、文明の中心への侵攻を繰り返す。一方、内的プロレタリアートは、「世界国家による平和」のもとにあっても、解消されない身分の差や拡大する貧富の差などに起因する苦悩や、将来への不安などさまざまな要因から、現世における救済だけではなく、やがて宗教的な救済への希求へ向かう。[66]世界国家は、中国文明の科挙制度のようにある程度の能力主義的な官僚制を創出しない限り、「野蛮と宗教の勝利」に終わる傾向が強い。

以上のような解体に向かう文明の社会に生きる個人の精神の次元における画一性とは、六対の「魂の分裂」である。個人の内面的な事柄、あるいは精神的な事柄を、『歴史の研究』のテキストでは、「魂 soul」という語で言表しているのであるが、[67]そのコノテーション（言外の意味）は叙述が進むにつれて徐々に拡張されている。筆者の見解では、それは「生の哲学」の用語における「生の表出[68]」に相当するように思われるが、それは今後の研究でさらに解明されなければならない課題であろう。そしてそのような個々人の「生の表出」は、さらには他者との関係性をも分裂させる。かかる分裂を図式化すると

<table>
<tr><td></td><td colspan="3">二者択一的な…</td></tr>
<tr><td></td><td colspan="2">受動的な様式</td><td>能動的な様式</td></tr>
<tr><td rowspan="2">「行動の様式」</td><td colspan="2">放縦</td><td>自制</td></tr>
<tr><td colspan="2">脱落</td><td>殉教</td></tr>
<tr><td rowspan="3">「感じ方の様式」</td><td colspan="2">漂流の意識</td><td rowspan="2">罪悪感</td></tr>
<tr><td>偶然崇拝</td><td>必然崇拝</td></tr>
<tr><td colspan="2">混淆意識</td><td>統一意識</td></tr>
<tr><td rowspan="2">「生き方の様式」</td><td colspan="2">復古主義</td><td>未来主義</td></tr>
<tr><td colspan="2">超脱</td><td>変貌</td></tr>
</table>

図　「魂における分裂」の様式
（訳語の一部、および作表は筆者）

図のようになる。

4　ディアレクティケ（解釈学的弁証法）の不在としての魂の分裂

このような「魂の分裂」が統合失調症のような概念と異なることは、文明という社会が挫折し分裂することはあっても、統合失調症の人間が幾世代にもわたって文明という社会の担い手であることは可能であるとは思えない、という常識による推論から導きだすことができる。言いかえれば、何世代にもわたって社会生活を営めるような人間が、すなわち健常者の概念ともいえる。しかも、「魂における分裂」という概念は、『歴史の研究』のテキストには直截には書かれていないものの、「分裂していない魂」という対概念の存在を暗黙の前提としている。分裂していない魂とは、「調和のとれた社会」に生を受けた人々の心的状態を示唆し、その「調和のとれた社会」とは、文明以前の社会（未開社会）から「挑戦と応戦」へと踏み出した成長する文明においてあらわれる、と同定されている。その調和のとれた魂は、前述のように多様性としてあらわれるので、諸文明に共通の様式（スタイル）、あるいは類型としては認識しえない。一方、それとは対照的に、分裂した魂は「二者択一的な行動の様式、感じ方の様式、生き方の様式——原典ではalternative ways of behavior, feeling and life、完訳版の訳は『対立する行動・感情・生活の様式』[69]——として、他者との関係性のなかであらわれる。

この「魂における分裂」における二者択一に近い概念は、精神医学の領域で「現存在分析」の概念として一九三〇年代から唱えられていたことを、精神病理学者の宮本忠雄が述べている。

> もともと二〇世紀はじめごろまでの精神医学では、自然科学的方法を援用することにより、症状の識別や病気の診断さらにはその背景にあると想定された脳病理学的過程の探索がおもな努力の対象であった。これに対してフロイトの精神分析とヤスパースの了解心理学が相前後して病者自身の精神内界に踏み込んだ経緯はよく知られている。これらの方法論的限界を打ち破って病者に対する了解の地平をいっそう広げ、同時に病者と世界との関係、ないしは世界のなかでの病者のあり方を具体的に描き出そうとしたのがビンスワンガーである。その方法として用いられたのはまずフッサールの現象学、ついでハイデッガーの現存在分析論 Daseinsanalytik で、現存在分析という名称もそこから由来している。……〈世界内存在〉としての現存在というハイデッガー的把握に立って、人間存在に固有な〈上昇と落下〉の人間学的本質特徴を提示している。……それまで生を支えていた共同世界との調和が破れ、ゆらぐ瞬間に実存が挫折する姿そのものにほかならない。現存在分析が最も大きな意味をもったのは精神分裂病に対してであって、ここでもビンスワンガーのあげた功績は大きい。彼は五症例の克明な分析を一九五七年にまとめているが（『精神分裂病』）、ここでは分裂病は、自然な経験の一貫性が破綻して、かたくなな二者択一に分裂し、これをひねくれやわざとらしさ、もしくは思い上がりで隠蔽しようとしながら、最後に力がつきて危機場面から身を引き上げてしまうといった現存在過程として理解される[70]」。（強調は筆者）。

このような精神医学の領域における考察から示唆を受けつつ、われわれは、「魂における分析」のテキストにおいて一つの解釈の仮説をたてることができる。すなわち、テキストでは、「魂における分裂」とは、三つの対になる六通りの「行動の様式」、「感じ方の様式」、「生き方の様式」と書かれているので、われわれは、個人における出来事という解釈を下してテキストを読み進めていく。すると、そのような解釈と理解では引っかかるところ、つまり「躓くところ[71]」――このような、テキストが読者にあたえる「躓き」を、解釈学では理解そのものであるとする――に遭遇するのである。そこで、そのような個人の魂という解釈を見直して、同時代の同一社会における人々の「生の表出」のあらわれと解釈し直して、その上で、それぞれ互いに対立しているにもかかわらず、対話（ディアレクティィケ）することが希な社会を指すと仮定すると、この「魂における分裂」のテキストはあたらしい相貌を見せてくるのである。

その対話（ディアレクティィケ）という語を、この小論では、「辨証法」という明治期のディアレクティィケの訳語[72]と、さらに「問答」という明治期以前からあった仏教用語を適用して明治期に複合語として成立した「問答法」というプラトンのディアレクティィケの訳語との、両方のコノテーション（語感）をもたせたうえで、その上さらに、上述した解釈学的な弁証法として、未決の問い、すなわち、「一貫した方向への問いと答えの連鎖の循環」という意味あいをもたせることにしたい。

このような解釈学で同定されたような意味でのディアレクティィケは、それを遂行するに際しては、精神の集中と「汝経験」――原典では［独］Erfahrung des Du、和訳版では『あなた経験[73]』――と呼ばれている他者との関係性におけるもっとも高度な誠実さを要する。すなわち、他者の言葉や他者のテキストを、聴者や読者が、もし絶対的超越者の立場で聞いたり読んだりするようならば、その立ち位置を問題とみなし、そして、自己の立ち位置についての覚醒をうながす。そして、もっとも高度な「汝経験[74]」の上で展開される「問いと答え」の連鎖であるディアレクティィケが、既存の思想や、社会を覆っている言説（ディスクール）の壁をたたき破って、それまで隠蔽されていた真理を見出すことを可能にするのである[75]。したがってわれわれがしばしば観察したり経験したりするような、教育現場や医療現場などでの「見せかけの問いと答え」や、ビジネスや国際政治でみられる駆け引き（ディプロマティック）における「問いと答え」には、解釈を革新する力はないことになる。

かかる「未決の問いで終わる、一貫した方向への問いと答えの連鎖の循環」のようなディアレクティケを遂行しようとする契機が希薄な社会が、『歴史の研究』において、トインビーが概念を構築しようと試みている、解体へ向かう文明に普遍的に観察される「魂の分裂」ではないだろうか。筆者の見解では、そうした社会においては、一見すると異なった意見や主張を認め合って共存しているように見えるのであるが、しかしそれは、互いを承認しているのではなくて、互いにディアレクティケをすることそれ自体に無関心であり、無気力な性質をおびた社会なのである。言いかえれば、互いに「話にならない」、「話し合ってもわかりっこない」という心的状態に陥っている人々が多数派となって構成されている学術言語共同体は、解体する文明における社会の一つのあり方なのである。

この「ディアレクティケなき社会」という筆者の解釈の仮説の糸口となった『歴史の研究』のテキストをいくつか取り上げてみよう。

極端な放縦を説く感情の例として、プラトンの『饗宴』におけるアルキビアデス、ならびに、放縦を説く理論の例として『国家』におけるトラシュマコスがあげられている。[76]アルキビアデスはアテナイの政治家であり軍人であって、才能、容姿、家柄、人望全てにおいて卓越した人物であったとされており、徳にせよ悪徳にせよ彼に勝る者はいないとまで言われたのであるが、衆愚政治を代表するデマゴーグとして、政敵により一時追放されたため敵国スパルタに味方し、トゥキュディデスの作品では、ペロポネソス戦争でアテナイを敗戦に導いた人物として描かれている。[77]トラシュマコスは代表的なソフィストであって、アテナイを中心に多くのポリスをわたり歩き、主として富裕な市民家庭の子弟を相手に金銭を報酬として教育活動を行って人気をえた実在の人物である。プラトンは『饗宴』においてアルキビアデス、『国家』においてトラシュマコスを実名で登場させて、両者をして「自然に従って生きている」のだと滔々とソクラテスとのディアレクティケのなかにおいて語らせており、それを『歴史の研究』のテキストは引用しているのである。[78]

放縦と対照的な自制の概念の説明には、プラトンのあとの世代の犬儒派の哲学者ゼノンと、ゼノンの次の世代のエピクテトスの作品、そしてエピクテトスの次の世代のマルクス・アウレリウスの作品が引用されている。[79] すなわち、ここでいう放縦という概念は、意識的にせよ、無意識的にせよ、理論的にせよ、実践的にせよ、創造性の代替えとして反戒律主義（antinomianism）を受容する心的状態である。[80] その概念規定と並行して、自制とは戒律主義を受容する心的状態である、という結論が導きだされている。これらのテキストをもとに、われわれは、『饗宴』や『国家』などのテキストとのディアレクティケが、後代のエピクテトスやマルクス・アウレリウスの世代の哲学者によってもなされていた、と推定することはそれほど的外れではないであろう。その推論が妥当であるとすれば、エピクテトスの時代においても、放縦を説く人々と自制を説く人々は、同じ学術言語共同体において共存していたという推定も成り立つように思われる。その時代のギリシア語やラテン語の学術言語共同体において、放縦を説く者と自制を説く者とのあいだには、ディアレクティケは存在したのか、しなかったのかは、『歴史の研究』のテキストだけではわからないし、放縦と自制のあいだに中庸を説くような折衷的な思想が生じたかどうかも書かれていない。

一般的に、われわれにとって中庸という戒律はなじみ深いし、多くの場合、良識ある態度とみなされている。ところが、そのような対立する主義・主張のあいだに生じる折衷的な思想に対しては、『歴史の研究』のテキストでは決して肯定的には書かれていないのである。

すなわち、漂流意識という感じ方の様式の説明において、そのようなテキストを見出すことができる。漂流意識とは挫折し解体する文明に属する人びとを苦しめる「非常に辛い苦悩のひとつ」[81] とされており、人々が、政治や社会生活などの活動領域において何をやっても正しいことができないという敗北感がつのり、人間は人間を取り巻く環境を支配し制御することができないという意識が、人々を支配し「自分も世界も、あてもなく漂っているという感覚に囚われる」ような心的状態であると同定され、[82] その説明には難破船の比喩が用いられている。

難破船の比喩を言い換えると、通常の船には出港した港も目的として向かう港もあるが、難破船は行くべき港がない。それと同様に、解体する文明に生を受けた人間には、この世界に出生してきた理由もわからないし、人間が人生において向かうべき目的もわからないということになるのであろう。もしそのような意識をもつ人間が哲学者などであれば、「人間はどこからきてどこに行くのか」というような高踏的な問いとして言表される。『歴史の研究』のテキストには、こうした問いをたてることそれ自体、ならびにその問いをたてている主体についての論考があちこちでみられ、なかでも前述した補論「受難のキリスト」において一つの解が導き出されているのである。漂流意識は、「世界はどうしても打ち勝つことができない非合理的な力である偶然（トゥケー）」と、その反対に「必然（アナンケー）とに、もてあそばされている」という信念を包摂し、前者は偶然崇拝、後者は必然崇拝と命名されている(83)。必然崇拝とは、ある人間、ないしはその人間が属する特定の共同体を「至高の存在から選ばれた」という信念――いわゆる選民意識――を取り込むことによって生起するとされている(84)。選民意識は現世における戒律の遵守や職業への真摯な沈潜を生み出す。

　一方、漂流意識と対照的な意識として同定されている罪悪意識はより能動的な性格の人間において生じる。すなわち、人間が善意によってさえも自分の思う通りにものごとを運べないのは、自分と自分の先祖が犯した罪に原因があるからだ、という罪悪感を生起させる、と同定されている(85)。

　そのような漂流意識と罪悪意識についての論述のなかで、両者のあいだに折衷的な思想が生起したことについて、デモクリトスの「少しもためらわない物理的な決定論」、エピクロスの「パレンクリーシス、自由の余地を道徳などの領域に導入した決定論」、キティオンのゼノンの「全体主義的宿命論」が引用されたうえで、次のように述べられている。

> ……だいたいにおいてデモクリトスの手本を模倣することで満足したエピクロスは、必然の支配領域の一部の物質界に、有名な「パレンクリーシス、［希］παρεγκλισις、または「クリーナーメン、［羅］clinamen」という、ごく微量ながら反抗的な気まぐ

れの要素を持ち込むという、思い切った処置をとった。それは、エピクロスは、魂が物質に基礎をおくことを信じながらも、道徳の領域において、必然が絶対的な主権をもつということを、どうしても認める気にならなかったからである。エピクロスは次のように断言している――

「自然哲学者たちの運命の奴隷になるよりは、神々に関する神話に従う方がまだましである。後者は礼拝によって神々をなだめる希望をほのめかすが、前者はなだめることができない必然を含んでいるからである」＊エピクロス『書簡集』第三書簡一四八節。[86]

『歴史の研究』のこのテキストでは、エピクロスと一世代前のデモクリトスの哲学とのあいだのディアレクティケを当然の前提とみなし、その前提の上で、エピクロスは、彼と同時代のデモクリトスの後継の哲学者とのあいだでディアレクティケを試みるというよりも、むしろ折衷的な「パレンクリーシス」を創ってお茶を濁したと、『歴史の研究』のテキストは語っていることにならないだろうか。エピクロスのこのような解釈は、現代日本のヘレニズム哲学の研究者の見解とは異なる。[87]しかしこの『歴史の研究』のテキストのあとには、さらに、プラトン後期の対話編『ポリティコス』が引用されており、その対話編における登場人物である「若いソクラテス」と「エレアからの客人」などのあいだの対話で「神に監督される宇宙の回転の順転と逆転という考察」ではなくて、偶然と必然という二つの対立する「感じ方の様式」のあいだにディアレクティケを起こすことに無関心な心的状態が、プラトンによって述べられている、という解釈が『歴史の研究』のテキストでは語られているのである。

こうした考察を、「魂における分裂」の三つの対になる六通りの「行動の様式」、「感じ方の様式」、「生き方の様式」に適用していくと、筆者の解釈の仮説がかなり妥当性をおびていることがわかってくる。しかし、この仮説が「魂における分裂」のすべての様式に適用できるかというと、そうはならない。

「混淆意識」と「統一意識」のあいだでは、ディアレクティケがあるべきである、という前提は読み取れるのであるが、その二つの対になる「感じ方の様式」のあいだに、互いに無関心であったかどうかを判別させる叙述は見つからない。それにもかかわらず、この二つの「感じ方」は同時代に共存していたという理由で、おそらくディアレクティケに無関心な心的状態の存在を推定することは可能ではある。たとえば、統一意識に関しては、ヘレニック文明の哲学者エピクテトスや、歴史家アッピアノス、そして世界国家の建設者としてのアレクサンドロスの「ホモノイア（人類統一）」[88]という理想、あるいは世界国家ローマの成立後に生きた、セネカ、マルクス・アウレリウスの哲学的な著書にあらわされている「コスモポリス（宇宙の都市国家）」という観念、西欧文明では、社会学者グラハム・ウォーラスによる「大社会」という西欧化した世界を希求する観念が述べられている[89]。しかし、それらの統一意識と混淆意識とのあいだの関係性についてはわからない。したがって、『歴史の研究』のテキストでは論証できない故に、筆者の仮説はここでは誤謬となる。

もう一つの行動の様式である「脱落」と「殉教」については、プラトンが、『クリトン』、『弁明』、『パイドン』において描いたソクラテスの最期におけるソクラテスと友人たちとのあだいで交わされるディアレクティケが、その二つの概念の原型となっている[90]。すなわち、毒杯をあおぐソクラテスが「殉教」の、ソクラテスに亡命を勧める友人たちが、亡命の正当性の論拠としてあげた鉱山奴隷の脱走が「脱落」の概念の原型である。ソクラテスにとっても友人たちにとっても、彼らの前にはこの二つの行動の様式、つまり「殉教」か「脱落」かしか選択の余地がなかったのである。そうなってしまったのは、アテネの民会におけるソクラテスの弁明に対して、告発者たちが形式な問いと答えに終始して判決を下したからなのである、という解釈が『歴史の研究』のテキストでは述べられているように思われる。もう一つの生き方の様式である「復古主義」と「未来主義」についても「ディアレクティケなき社会」という仮説を論証するテキストは、豊富に見出すことができる[91]。

しかし、「超脱」と「変貌」においてはこの仮説は妥当しないようである。なぜなら、「超脱」と「変貌」の例証としてあげられているヘレニック文明におけるストア派哲学のなかでの世代を超えたディアレクティケについてはその叙述がありかつ説明ができても、ストア派哲学が同時代のキリスト教の教父たちの教義に対して無関心であったかどうか叙述されていないからである。さらに、インド文明における原始仏教と、それから約三〇〇年、約一〇世代たってから発生した大乗仏教とのあいだに文献を通してディアレクティケがなされたと推定できる叙述はあるが、大乗仏教が同時代の他の宗教に対して無関心であったかどうかを示す叙述は『歴史の研究』のテキストから読み取ることができないからである。

　以上のような検証から導き出せることは、この仮説は、ある程度の妥当性は有するが、しかし、今後のさらなる研究を待たなければならないということである。

注

＊注の略号

「SH」：Toynbee, Arnold J., 1934-61, *A Study of History Vol. I-XII*, London-New York-Toronto: Oxford University Press. 巻（Volume in book）はローマ数字、ページ数はアラビア数字であらわす。例：「SH I: 14」は同書の第一巻一四頁目。

「完」：トインビー、A・J、一九六九–七〇、下村連・山口光朔・富田英一・荒木良治・瀬下良夫・三沢進・増田英夫・長谷川松治訳『歴史の研究 第一–二五巻』経済往来社。巻と頁はそれぞれ漢数字であらわす。例：「完一：二四」とは同書第一巻二四頁目。

（1）SH I: 276, 277, 281-3, 286-7, 289, 298. SH VI: 174, 324. トインビーが『ファウスト』から受けた影響については、完二〇：四三七–八。

（2）ラテン語・英語の対訳版は Lucretius, tras. Rouse, W.H.D. & Smith, M.F., 1924 (Revised edition), *On the Nature of Things: Loeb Classical Library No. 181, Bks. 1-6,* Mass: Harvard University Press.

（3）SH I: 44, 48, 55, 299. SH II 9. SH IV: 129, 253-4. SH V: 400. SH VI: 99, 134, 135, 136, 138, 144-5, 244. トインビーがルクレティウスから受けた影響については、完二〇：四〇三–四。

（4）SH VII: 511.

（5）SH VI: 22, 23, 36, 56, 58, 81-3.

（6）ヴァレリー、P、一九六六、佐藤正彰訳「詩話」、鈴木信太郎・佐藤正彰編『ヴァリエテ』人文書院、第二巻：三七〇–一頁。

（7）完二〇：四三〇–一。

（8）完二〇：二〇八–一一。

（9）Montagu, M.F. Ashley ed., 1956, *Toynbee and History: Critical Essays and Reviews*, Boston: Porter Sargent Publisher.

（10）完：二一–二三。

（11）トインビー、一九七九、山口光朔・増田英夫訳『人類と母なる大地——物語的世界史』社会思想社、第二巻：三四八頁、三五一頁、三五三頁。

(12)　完二：一四一、一四三、一四七、一五〇-一、一五三-四、一六〇、一六四-五。——中略——　完二〇：二一一。なお二〇巻の訳者はドイツ語も付記している。

(13)　Toynbee, Arnold J. & Caplan, Jane 1972, *A Study of History Abridged and Illustrated*, London: Oxford University Press & Thames and Hudson: 98.（＝[一九七五]一九七六、桑原武夫・樋口勤一・橋口峰雄・多田道太郎訳『図説歴史の研究』学習研究社、第一巻：一一五頁）。

(14)　日本語の学術文書における二重構造については、雨宮民雄の「舶来の日本語」と「土着の日本語」との二重構造についての議論に示唆をうけた。雨宮民雄、二〇〇八、「日本語による哲学への序説」、『哲学雑誌』第一二三巻（七九五）：一-一八頁、有斐閣。

(15)　Somervell, David C.（1885-1965）はイギリスのパブリック・スクールであるケント州トンブリッジ校の教師。『歴史の研究』の要約版以外にも、*A Short History of Our Religion*（1922）、*English Thought in the Nineteenth Century*（1929）などの作品がある。

(16)　Toynbee, Arnold J., Abridgement by Somervell, David. C., 1946, 1957, *A Study of History*, London: Oxford University Press.（＝一九四九、蝋山政道・阿部行藏譯『歴史の研究』社會思想研究會出版部）、（＝一九六七、長谷川松治訳『歴史の研究 全三巻』社会思想社）。

(17)　McNeill, William Hardy, 1989, *Arnold J. Toynbee: A Life*, Oxford: Oxford University Press: 212.

(18)　Chambers, Whittaker, 1947, *Toynbee and A Study of History*, Time; XLIX, 11.

(19)　SH I: 49-74＝完一：二三一-六五。

(20)　SH I: 207-49＝完二：三八-一〇三。

(21)　サイード、E、一九九三、板垣雄三・杉田英明監修・今沢紀子訳『オリエンタリズム』平凡社、上巻二八八-三八一頁、下巻一三〇-八九頁。

(22)　完一一：一五八。

(23)　サイード、前掲書：上巻一二〇-六八頁。

(24)　完一〇：一〇八。

(25)　Toynbee & Caplan 前掲書 1972: 435＝一九七六、第三巻六八-九頁。

(26)　SH VI: 376-539.

(27)　完一三：七一-三一九。

(28)　完一三：七三の注三。

(29)　SH VI: 534-9.

(30)　Caplan, Jane はイギリス生まれの歴史学者。研究分野はナチス時代のドイツ。一九七四年オックスフォード大で博士号取得。トインビーとの共著を刊行後、米コロンビア大、ブライアン・モロウ大などの教授を経て現在は独マックスプランク研究所の客員教授。（取得二〇一四年四月ttp://en.wikipedia.org/wiki/Jane_Caplan）

(31)　McNeill 前掲書：266.

(32)　ただし、原典の「The Hellenic Civilization」を「ギリシア文明」と訳すなど問題が多い。Toynbee & Caplan 前掲書の原典の五三五頁、訳書の第三巻　八四。

（33）大島文一、一九七一、「A Study of History 全巻を読了して」、『現代とトインビー』、トインビー・市民の会、第一六巻：三（一七九）–四頁（一八九）、第一七巻：五（一八九）–六頁（一九〇）、第一八巻：四（一九八）–五頁（一九九）。

（34）ガダマー、H-G、一九八六、轡田収・麻生健・三島憲一・北川東子・我田広之・大石紀一郎訳『真理と方法Ⅰ』法政大学出版局。二〇〇八、轡田収・巻田悦郎訳『真理と方法Ⅱ』法政大学出版局。二〇一二、轡田収・三浦國康・巻田悦郎訳『真理と方法Ⅲ』法政大学出版局。

（35）ガダマー前掲書『真理と方法Ⅲ』六九五–六頁。

（36）ガダマー前掲書『真理と方法Ⅱ』四二二–三頁。

（37）ガダマー前掲書『真理と方法Ⅲ』七〇八–九頁。

（38）トゥキュディデス、一九六七、久保正彰訳『戦史』岩波書店。

（39）――――、二〇〇二、城江良和訳『歴史』京都大学出版会。

（40）ポリュビオス、二〇〇四–七、竹島俊之訳『世界史』龍渓書舎。ポリュビオス、二〇〇四–一三、城江良和訳『歴史』京都大学学術出版会。

（41）ヨセフス、一九八五、土岐健治訳『ユダヤ戦記』日本キリスト教団。

（42）たとえば、加藤周一ほか編、二〇〇六『世界大百科事典CD-ROM第二版』平凡社。日本聖書協会、二〇〇七『聖書 新共同訳 旧約聖書続編つきMP3版』。歴史学研究会編、二〇一五、『岩波デジタル歴史年表』。

（43）完九：一三。

（44）完一〇：一六七–四五一、完一一：二一五–三五九、完一二：三–一二八、完一三：三–六〇。

（45）SH XI＝完二四。

（46）バクビー、P、一九七六、山本新・堤彪訳『文化と歴史――文明の比較研究序説』創文社。

（47）ISCSC（国際比較文明学会）の比較文明学の必読書についての議論において、マッシュ・メルコによって推奨されている約七〇冊の図書の一つ。Civilization: Definitions and Recommendations.（Retrived April 16,2014 http://www.wmich.edu/iscsc/）。

（48）Montgue 前掲書。

（49）ガダマー前掲書 第一巻：一八二頁、第三巻：八三四頁。

（50）完九：一九–二一。完一二：三四九–三五。

（51）「約四〇〇年間」と直截に叙述されているのは、完九：三九三、完一一：八五、完一二：三〇二、完一二：三二〇の注一。説明は、完九：四–二一。

（52）完一二：二八九–三三八。

（53）物理学者ステファン・ブラハの最近の研究。Blaha, Stephen, 2002, *The Life Cycle of Civilizations*, Auburn, NH: Pingree-Hill. Blaha, Stephen, 2006, *A Unified Quantitive Theory of Civilization and Societies 9600BC-2100AD*, NH: Pingree-Hill.

（54）完九：三一四–七，完一六：四–五，完一六：三–六。

（55）完九：二五–七。

（56）完九：五二–八七。

(57) 完一三：一六六では ego-centrism を自己中心性と訳している。Ego-cettrism の概念の説明は、前掲書トインビー『人類と母なる大地』第一巻：二二一–二三頁において、もっとも明晰に説明されている。
(58) 完九：二九五–四〇〇、完一〇：三一–六六。
(59) トゥキュディデス前掲書 原典の第一巻二四–三二章、第三巻七〇–七七章など。
(60) SH V: 59-60.
(61) 完九：八七–九〇。「階級戦」と訳されている。
(62) 完九：九三–九六。日本の内的プロレタリアートについては、完九：一四六–七。
(63) 完一四：二三–五、一一七–二三。
(64) 完一四：一二七。
(65) 完一四：五八八–六〇八、完一六：三三–四四。
(66) 完九：一二〇–五。日本の高等宗教については、完九：一四七–五八。
(67) soul という語を選んだいきさつについては完一〇：一六七の注一参照。
(68) ディルタイの「生の表出、［独］Lebensäußerung」の概念。ディルタイ、二〇〇一、西谷敬訳「精神科学における歴史的世界の構成の続編の構想」、西村晧・牧野英二編『ディルタイ全集 第四巻』法政大学出版局、二二五–八頁。
(69) SH V: 376-399 = 完一〇：一六七–二〇一。
(70) 宮本忠雄、二〇〇六、「現存在分析」加藤周一ほか編『世界大百科事典 第二版 CD-ROM2.2.0』平凡社。
(71) ［独］Anstoß は「(テキストに) 躓く」と訳されている。
ガダマー前掲書 第二巻：四二四頁。
(72) 井上哲次郎・有賀長雄、［一八八　］一八八四『哲学字彙』東洋館書店、三三二頁。
(73) ガダマー前掲書 第二巻：五五七–九頁。「汝経験」という訳語はマルチン・ブーバーの鍵概念としてより広く知られている。M・ブーバー、一九七八、田口義弘訳『我と汝――対話』みすず書房。
(74) ガダマー前掲書 第二巻：五五八頁。和訳では「(解釈学的経験の第三の) 最高の様式 (の本質である)」。
(75) ガダマー前掲書 第二巻：四二二–三頁。
(76) 完一〇：二〇三–九。
(77) トゥキュディデス前掲書 第五巻四三章、第八巻八五–九〇章。
(78) 完一〇：二〇三。プラトン、一九五九、鈴木照雄訳「饗宴――恋について」田中美知太郎編『プラトン 世界文學大系三』筑摩書房、一三六–四三頁。プラトン、一九七九、藤沢令夫訳『国家』岩波書店、上巻：四三–九九頁。
(79) 完一〇：二〇四–七。
(80) 完一〇：二〇五。
(81) SH V: 412 の筆者の訳。これに相当するのは完一〇：二二一。
(82) 完一〇：二三六。
(83) 完一〇：二二四–八。
(84) 完一〇：二五一–四。および完十一：七三–七七。
(85) 完一〇：二五五–六七。
(86) 完一〇：二四五–六。

(87) たとえば、エピクロスは、同時代の懐疑主義的傾向に対抗して自身の哲学と矛盾しないよう原子論を再構築したという見解。あるいは、後にカール・マルクスが学位請求論文で取り扱った「パレンクリシス・クリナーメン」もそうした試みの一つであるという見解。これらの見解は、エピクロス、一九五九、出隆・岩崎允胤訳『教説と手紙』岩波書店、の訳者解説、ならびに、山本光雄・戸塚七郎訳編、一九八五『後期ギリシア哲学者資料集』岩波書店、の訳者解説でみられる。近藤智彦、二〇一一「ヘレニズム哲学」『西洋哲学史Ⅱ「知」の変貌・「信」の階梯』講談社も同様。なお「パレンクリシス・クリナーメン」は「偏倚（へんい）」、あるいは「原子の戯れ」と訳されている。

(88) 完一一：二二四-二三〇。

(89) 完一一：二二一。

(90) 完一〇：二〇九-二一二。

(91) 完一二：三一-一〇。

書評

小林道憲 著『芸術学事始め　宇宙を招くもの』

服部研二

本書のプロローグにおいて、幼児のなぐり描きが身体運動に直結しており、生命の深いリズムに起源していることが語られる。それは、芸術の根源が、宇宙の根源につながることを示唆するという。このことから推測されるように、本書は、芸術について、宇宙的な視野を背景に考察したものである。

まず、後期旧石器時代の洞窟壁画の例から、芸術の起源が語られる。よく知られているように、これらの洞窟壁画は、人類感呪術的な観念が背景にあって描かれた。動物の多産や狩りの成功を願ったのだ。また、人間が食べる動物の肉によって、その偉大な生命力に与るという信仰もあった。くわえて、洞窟壁画には、すでに抽象的な要素もあり、時代の進展と共に、抽象化の程度も強まることが指摘されている。そして、縄文時代の火炎土器のような、過剰ともいえる文様をもつものは、儀礼に用いられた可能性が強く、この種のシンボル化した土器や土偶は、背景に、「霊力信仰に基づく宇宙的生命力への畏怖の感情」があったという。ヨーロッパのデフォルメされたヴィーナス像も、大地母神信仰と結びつく。いずれも、背後に確固たる宇宙観があった。縄文土器やヨーロッパの新石器時代文化に見られる、同心円文や渦巻文なども、「生命の永遠回帰を象徴したもので、先史時代の宇宙観を表現したものだ」。先史時代の芸術についてのこのような著者の解釈は、文化の背後にある宇宙観とともに、ホモ・サピエンスの抽象的な思考能力の重要性を再認識させるものだ。

運命の不条理を語るギリシア悲劇は、本来、春に、新しい生命の再生を祝うアテナイの大ディオニュソス祭で演じられた作品だ。著者は、ギリシア悲劇についてのニーチェの見解に触れ、それらは、「美しく輝くアポロ的な美の根底に隠れている恐ろしい深み、悲劇的実相を抉り出し、人々の目をディオニュソス的なものに向け変えさせる」のだと記す。人は、悲劇の深みを凝視し、世界の背後にある大いなるものを知らねばならない。なぜなら、大いなるものを知ることによって、世界に意味を見出すことができるからだ。そのゆえに、世界の各地で、その大いなるものとのつながりを確認する祝祭に関連して、舞踊、演劇、音楽、絵画、彫刻などの芸術が生まれたのだと述べている。また、芸術を祝祭の一種として理解するとき、そこには模倣の要素が含まれているという。ただし、それは単なる模倣ではなく、共感し、再提示することである。つまり、物事の本質を掴むことを意味する。芸術は、本質を表現するのだ。プラトンが、芸術家は神々の通訳者だと述べたのはこのことを指す、という著者の説明は明快である。

著者は、セザンヌの静物画について、「正面から対象に迫り、物そのものに直接肉薄して、事物の本質を把握しよう」としていたと記し、このように、芸術は主観の表現ではなく、ものの真理の表現でなければならないという。いわば、ものの命の表現なのだ。だから、『判断力批判』のなかで、「対象や素材に感性的な主観の作用が加わることによって芸術は成り立ち、美的なものの判定や構成を行なうのは感性的な主観だ」とするカントの考えが批判される。近代の主観主義的な美学はここから始まっているが、そこでは、「ものと心」の二元論が前提されている。しかし、著者は、「美の成立根拠をわれわれの心の働きという主観にのみ求める美学は乗り越えられねばならない」という。芸術は「主観でも客観でもない真理の表現」だからである。芸術をそのように考えるとき、著者の主張は理にかなっている。「芸術が物そのものの本質を表現しようとするものだとすれば、芸術は単なる感情の表現ではない」からだ。

描こうとする対象を凝視するとき、描こうとする者に、その対象も迫ってくる。こうして「物の表現と一つになった自己の表現」が芸術なのだ、と著者はいう。わかりやすい例として自画像があげられる。その場合、「見る者が見られる物によって見られることによって、見る者は見る者を知る」のである。著者は、このような「見る者と見える物の転換の事実」に芸術の深い構造があるとみている。そして、能楽でも、世阿弥が言う「離見の見」は同じことを意味しているという。自身の眼だけで演じるのではなく、観客の眼によっても演じる「離見」が必要なのだ。「そういう自己を見ている自己の立場に立ったとき、自己は自己を脱し、より深い境地に立つことができる」という著者の見解は、単に芸術にとどまらない重要な認識であろう。

ものの本質、すなわち、ものの真理を表現するためには、抽象が必要となる。芸術における抽象は、後期旧石器時代の洞窟壁画にもあることはすでに触れられた。人類が世界を自覚したとき抽象が始まったのだ、と著者は意味深い記述をしている。そして、抽象を極限まで追求すると、それは象徴となる。「人間は象徴によって表現する動物」である。したがって、芸術行為は、人間の本性に由来している。抽象は絵画ばかりではない。能においても、本質的でないものをすべて削り、わずかな動きですべてを表現する。著者は、そこに、芸術の根源があるのだという。芸術に、人類の思考様式の特性がよく反映されていることがわかる指摘だ。

芸術作品と材料との関係についても考察されている。一般に、芸術作品の形には、素材による制限がある。作品が創造されるのは、材料への、芸術家の身体全体の働きかけに、材料が応答したものだと、著者はいう。だから、芸術家は、材料の性質を熟知しなければならない。その上で、芸術家の技術が作用し、形が作られていく。その意味で、芸術は技術なのである。そしてその作品には、素材はいうまでもなく、芸術家の人生や歴史など、それまでのあらゆる出来事が詰まっている。あらゆる出来事の結節点に創発するのが芸術作品なのだという。そのとき、陶芸のように偶然の作用が大きな意味をもつ場合もある。「芸術も、生命も、絶え間ない創造であり、創造には偶然が入りこむ」。このような、偶然も含めて創造の要素とする見解は、進化する生命が、偶然についても創造的な対応をするとみなす、著者の生命観があると思われる。

芸術作品の成立には、鑑賞者の参加も必要だ。音楽や演劇では、上演のたびに作品は更新されるが、さらに、鑑賞者の視野の違いによって、作品解釈も多様化する。絵画や彫刻も、鑑賞者の背景をなす社会、文化、歴史、人生などによって、さまざまな解釈が生まれる。ときには、時代に先駆けた芸術は、セザンヌやゴッホのように、それらを評価しうる鑑賞者の出現がずっと後になることもある。時代によって作品の評価は変わる。作品は、「それだけで意味をもつのではなく、それが置かれる文脈によって理解される」からだ。作品が理解されるのは、作品を通しての作者と鑑賞者との出会いともいえる。そのとき、それぞれの体験が共鳴し、解釈が成立するのだ。著者が主張するように、芸術は、観客や鑑賞者の参加があったからこそ、創造されたものであろう。演劇では、歌舞伎のように、観客もその劇に参加しているような例もある。能では、六〇〇年前に、世阿弥が、観客との一体感を意味する「見所同心」の重要性を強調していた。これらが、演者と観客が分離している西洋近代の自然主義的写実劇とは、対称的だという著者の指摘も興味深い。

最後に、現代芸術がとりあげられる。古来、芸術の背後には、大いなるものへの畏怖と尊崇の念があった。しかし、現代では、人々のそのような世界像は崩壊しているというのが著者の認識である。その状況は一九世紀から始まっていたのだが、二〇世紀になっていっそう顕著になった。時代の象徴としての芸術に、そのことがよく示されている。

過去の芸術を否定し、機械文明や都市文明を礼賛したイタリア未来派、同じく過去の芸術を否定したダダイズム、対象の解体と再構成を特色とするキュービズム、対象から切り離され、自然の再現を否定したさまざまな抽象芸術、あるいは、創造力を最大限に駆使して、架空の世界を構成するシュールリアリズム、オブジェとしての現代芸術、行為としての芸術を標榜したアクション・ペインティング、偶然性を追求した音楽など、次々に前衛的な芸術が試された。現代芸術は、こうして、それ以前の表現形式の破壊を繰り返しては、新たな形式を試みてきた。一般に、統一された様式がないのが、現代芸術の特徴とみなされる。

その上で、著者は、現代芸術にも、根源的な世界像を求める動きがなかったわけではないことを指摘する。宗教画家のルオーの晩年の作品に、宇宙的な背景の中での聖なるものの深い表現が認められるし、シュールリアリズムの源流のひとつであるシャガールにも、「自然の神秘と聖なるものへの思慕」が現れているからだ。現代は、失われた世界像を探し求めている時代とみることもできるのだ。

エピローグで、著者は「この宇宙は形を生み出す力であり、形を創り出し続ける創造的宇宙である」と述べている。そして、人間が行なう芸術は、その宇宙が生み出した世界の再創造であるという。宇宙の創造と芸術の創造は連続的なものだ。「芸術を創造する人間自身が自然に属している」からである。これは、きわめて重要な事実だ。人間が自然の一部であるという認識は、芸術ばかりでなく、広く文明を考える場合にも常に意識されるべきだと思われる。「自然とのつながり」を十分に見いだせなかったところに、現代芸術の混迷の遠因があるという著者の見解は、説得力がある。

以上、若干の私見を交えながら、つたない要約を試みた。本書では、芸術を、宇宙的なつながりの中で真理を表現しようとするものとして、捉えている。そのような観点から、絵画を主としながらも、演劇、茶道や華道、舞踊や造園など、さまざまな芸術が取り上げられて、考察されている。むしろん、芸術について、異なる捉え方もあるだろう。しかし、本書は、芸術を広く、かつ根源的な視野から理解する上で、また人類や文明を考える上でも示唆に富む内容であり、多くの方々に一読をお薦めしたい。

〔中公叢書、一八〇〇円（税別）〕

マリア・ヨトヴァ 著

『ヨーグルトとブルガリア

生成された言説とその展開』

松前 もゆる

本書は、私たちにも馴染み深い「ブルガリアヨーグルト」に関する言説の二〇世紀初頭からの生成と展開を、資料や当時を知る人びとへのインタビュー、さらには参与観察といった文化人類学的手法を通じて描き出している。そして、伝統的な食品であるヨーグルトが、日本での受容を経て、ブルガリアの国民表象（ナショナル・アイデンティティ）へと変化する過程を明らかにする。日本の読者としては何より、日本における「ブルガリアヨーグルト」の受容が大きな役割を果たしていることに新鮮な驚きを覚えるだろう。

著者はまず、序論において、本書の理論的背景として、砂糖をめぐる歴史的な意味生成のメカニズムとそこに常に働く権力の作用を見事に描き出したアメリカの文化人類学者シドニー・ミンツの名著『甘さと権力』をあげ、社会変化を背景としたヨーグルトの意味変遷に注目する意義を述べている。同時に、ミンツの場合は研究対象としたモノ（砂糖）と時代の制約から歴史学的視点への偏重が見られ、意味の生成に関わる当事者の視点が欠落しているとし、本研究において、ヨーグルト言説の形成や展開に主体的に関与した個人の姿を視野に入れることの重要性を指摘する。というのも、権力の作用はもちろんあるが、一般の人びとも利用されるだけの無力な立場にあるのではなく、時に意味づけに積極的に関与し、解釈や選択等を通じて自己主張をしているからである。さらに、生産者と消費者、政府、国内企業、多国籍企業、国際市場（国外の消費者）といったヨーグルト言説に関わる多様なアクターの活動とその相互作用に着目することは、旧ソ連・東欧諸国についての研究が陥りがちな、社会主義・資本主義の二項対立による捉え方から一歩を踏み出すことにつながると著者は主張する。序論でふれられている通り、旧ソ連・東欧における社会主義体制の崩壊以降、当該地域の食をテーマとする文化人類学的研究も徐々に蓄積されつつあるが、社会主義と資本主義とを対比する枠組みに影響され、社会主義時代のソ連圏内での相違が見えにくい、あるいは、ポスト社会主義期の新たな食の意味づけをめぐる争いが浮かび上がってこないといった問題があるという。本書は、各時代の複数のアクターとその相互関連に光をあてることで、これらの課題を乗り越え、「ブルガリアヨーグルト」をめぐる意味形成のダイナミズムを描き出そうとする。

では、ブルガリアのヨーグルトに関する言説は、具体的にどのように生成・展開されてきたのか。本書の内容にそって、その概略を見ておこう。著者によれば、「ブルガリアヨーグルト」言説のルーツは、二〇世紀初めにノーベル賞受賞者メチニコフによってヨーグルトの「不老長寿説」が提示され、お墨付きを得た「ブルガリア菌」を使用したヨーグルトが注目を集めたことにある。後にメチニコフの理論に疑念が示されるようになると、ブルガリアでは、そうした声への反論として、研究成果に基づき自国のヨーグルトの固有性や優位性が強調され、ヨーグルトの「ブルガリア起源説」へと発展する。社会主義時代になると、農業集団化、乳加工システムの近代的変容、国家の栄養政策や文化統一政策を背景として、ヨーグルトは「人民食」として位置づけられていく。実際にヨーグルトが毎日のようにブルガリアの食卓に登場する食品となったのは、大量生産と栄養を重視した社会主義体制の産物であった。その一方で、国営企業の国際戦略のもと、「ブルガリアヨーグルト」に競争力を持たせる「技術ナンバーワン説」も成立する。

次に日本に目を移すと、一九六〇年代後半、一部の愛好者たちの間に「ブルガリアヨーグルト」が受容され、ヨーグルトは家族に健康と幸せをもたらす「聖地ブルガリア」の大自然からの贈り物であるとの言説が形成された。その後、大阪万博における「ブルガリアヨーグルト」の「発見」から商品化、日本社会への浸透の過程で、「本場の味」を保証する「企業ブランド」言説が確立する。そして、ポスト社会主義期のブルガリアにおいては、市場経済化や衛生・品質管理に関するEU基準の導入が人びとの生活および乳製品の生産に大きな変化をもたらすなか、日本における言説が再帰し、「日本ブランド」言説として受け入れられて、人びとに自信を回復させる役割を果たしたという。

全体として本書は、二〇世紀初頭以降、社会主義を経てポスト社会主義期に至る変化のなかで、西欧から否定的に規定され続けてきたブルガリアの人びとが、各々の立場からヨーグルトの意味づけに積極的に関与し、肯定的な自画像を提示しようとする姿を描き出す。国家、国営企業、専門家、生産者と消費者といった複数のアクターの活動が相互に関連しながら言説を生成し展開させていく様相を描写し、また、日本をブルガリアにとっての「重要な他者」として示すことにより、単に西欧対非西欧（東欧）の関係だけではない、食の意味づけに関わる多様な力関係のダイナミズムを明らかにすることに成功している。さらに、著者が問題とする社会主義と資本主義との二項対立的な見方については近年、食研究のみならず複数の分野でその弊害（実情を的確に捉えられていない等）も指摘され始めており、本研究は、この根強い枠組みから一歩を踏み出す試みとして高く評価されよう。

ただ、ブルガリアの人びとが肯定的な自画像を作り上げようとする実践を、著者が「ナショナリズム」ではなく「自民族中心主義」という視点から捉えることに関しては、論者としては疑問が残った。無論、ナショナリズムの議論に与することを避けるのには理由があるだろう。ブルガリアを含むバルカン地域に対するナショナリズムの高揚と民族紛争といったイメージは、まさに西欧（欧米）からの否定的なステレオタイプとして存在してきたと言え、そこから距離を置く意味も理解できる。

しかし同時に、「自民族」という言葉がさすであろうブルガリア民族と、ブルガリア国民、そしてブルガリアの文化とは、単純には一致しない。例えば、長寿者が多く、しばしばヨーグルトの聖地として表象されることもあるブルガリア南部ロドピ地方は、ブルガリア語を母語としイスラームの伝統を受け継ぐ「ポマク」と呼ばれる人びとが歴史的に集住してきた地域でもある。同様の人びとは国境を挟んでギリシアにも暮らし、「ポマク」とは何者なのか、民族的帰属はいかなるものでいずれの国民なのかは、政治的な駆け引きの対象ともなってきた。従って「ブルガリアヨーグルト」は、こうした宗教や伝統、あるいは地域等による差異を覆い隠す国民表象（ナショナル・アイデンティティ）としても捉えることができ、この意味で、民族と国民、国家を合致させようとするナショナリズムと結びつく。

著者が、ナショナリズムには「政治的な意味合いが強いため」、「自民族中心主義」の概念を強調したいと述べるように、ヨーグルトをめぐる言説は政治的な側面からのみ理解できるわけではないが、ある集団の自画像を問うとき、「他者」との境界の問題もまた浮上し、そこに政治が深く関わることは否定できない。ナショナリズムとは何かについては数多の議論があり、近年のヨーロッパ諸国における反移民や反EUの動き、あるいは東アジアにおけるナショナリズムとも称される傾向を考えるとき、本書で扱った事象について、現代のナショナリズムのありようという観点から議論する方向性もあるのではないか。

本書は二〇一二年に出版され、基盤となる調査は二〇〇八年から一一年まで断続的に行われている。この時期は、ブルガリアのEU加盟（二〇〇七年）後のEU基準導入期であった。今後のブルガリアの人びとのEU基準およびEUへの認識や態度も気になるところであり、著者にはさらなる議論の展開を期待したい。これからもヨーグルトをめぐる言説はブルガリア社会の変化やさまざまな差異を映し出すであろうし、興味は尽きない。

〔東方出版、二〇一二年〕

小杉泰 著

『9・11以後のイスラーム政治』

加藤久典

二〇〇一年九月一一日にアメリカ合衆国で起きたイスラーム過激派による同時多発テロは、その後の世界の在り方に大きな影響を与えた。特に、イスラームが世界政治に大きな意味を持ち始めるきっかけにもなった。そしてそのイスラーム世界とヨーロッパやアメリカなどの西欧社会との緊張関係は現在も続いている。本書の著者は、四十数年にわたり国内外でイスラームを思想や国際政治の観点から見続けてきた第一人者である。これまでの研究に裏打ちされた本書は、イスラーム理解のための「手引書」であり、複雑な中東の歴史と現在を理解するための「解説書」であり、なによりもグローバル時代におけるイスラーム世界と西洋の在り方に関する「提言書」でもある。

著者は、キリスト教とイスラームそれぞれの政治とのかかわりについて、キリスト教が歴史上必ずしも政治に「キリスト教的なるもの」を求めたわけではなく、一方イスラームは「信仰・社会・政治」の結合という理念をその中心思想としていたということを指摘している。これは、イスラーム世界と非イスラーム世界を隔てる政教分離の原則にかかわる重要な問題で、このことの理解なくしてムスリムの政治行動を理解することは不可能だ。また、近代化のプロセスを通してイスラームがその宗教的影響力を維持することができたのは、家族法やイスラーム的氏名の維持などと並んで、民族主義を超える宗教的アイデンティティの強さがあったからだという。国家を乗り越える共同体であるウンマ（イスラーム共同体）に帰属するという概念が、イスラーム復興の一因でもあり、経済のグローバル化によってもたらされた貧富の差などの負の現象に対する「代替案」であるという分析は、現代のイスラーム世界を言い当てている。

しかし、こういった宗教的アイデンティティの強さは、他宗教との軋轢を生む可能性を常に秘めている。本書におけるジハードの解説は、西洋マスメディアなどによってステレオタイプ化されているこのイスラームの重要な教義の本質を明確に示している。つまり、ジハードがテロリズムなどの無差別殺人を擁護、実践させるような教えではなく、本来的には王朝の樹立や防衛などのための物理的な戦いであると同時に、よりよいムスリムになるための内面的努力でもあるという点である。しかし近年、自らを守るための「防衛的ジハード」からイスラーム圏を超えて非イスラーム世界に対する攻撃をしかける「攻撃的ジハード」が行われるようになってきた。その契機となったのが、二〇〇一年の九・一一同時多発テロだったという指摘は、これまでイスラーム世界を研究対象としてきた著者の冷静な分析の結果だろう。

アル・カイダによって実行された九・一一テロは国際社会に大きなショックを与え、甚大な被害をもたらした。その結果非イスラーム社会においてイスラームそのものが危険な宗教として理解され、嫌悪の対象になってしまった。このことは、ハンティントンの唱えた「文明の衝突」論が幅を利かせることにつながり、西洋社会でイスラーム嫌悪主義が広がる結果を招いた。アメリカでは、ブッシュ大統領（当時）が「テロとの戦い」を宣言し、イスラームに対する強硬姿勢を打ち出した。しかし、このことがアメリカ社会に市民の自由を阻害するような過剰反応を引き起こすことになった。本書では、政府内のテロに対する体制の脆弱さや政府高官の変わり身の早さなどを指摘したアメリカ人ジャーナリストの文献も紹介されており興味深い。

著者は、ブッシュ大統領がプロテスタントの福音主義を政治に持ち込み、国家運営に大きく影響を与えることになったと分析する一方で、現在までのところ宗教が国際関係学に明確に位置づけられておらず、そのことは今後の世界情勢において「きしみや摩擦」の要因になるだろうと警告している。政教分離の原則に基づく西洋近代社会が、宗教を政治の場でどのように理解し活用していくのか、又は活用しないのかという問いは、即イスラームとの関係を西洋がどのように構築していくのかという命題につながってくる。著者の指摘するように国際関係学の宗教と政治の理論化は重要な課題だ。また、それと等しく指摘されなければならないのは、アメリカやヨーロッパ諸国がこれまで植民地支配などを通じて歴史上行ってきたイスラーム社会を含む非欧米社会に対する非人道的行為についての検証の必要性だろう。サイードがオリエンタリズムとして批判した欧米中心主義(Eurocentrism)の克服が、今後の国際社会の平和に大きな意味を持つのではないか。

本書では、複雑に展開する中東の「戦争」の歴史がわかりやすく解説されている。自爆テロや中東における核拡散の現状分析を含めて、時系列的に国際政治状況との関わり、宗派対立の影響などに言及しながら戦いが絶えることがない中東の歴史が概説されており、これから中東情勢やイスラームについて学ぼうとする者にとっては何よりの情報源になるだろう。イスラームの教義のみならず国家間の利害が大きく影響する現実に、中東問題の根の深さを思わずにはいられない。また著者は、核についてイスラエルとの緊張関係の中で「抑止力」論が存在することを認め、今後の情勢に危惧を示しているが、イスラームの核に対する解釈が常に相対的判断に基づいていること、つまり個別の状況によってその是非が判断されることを思い出させてくれる。

価値観の「断層」が存在するイスラーム世界と西洋の関係を考える上で、著者は冷静に今後の世界の在り方に関しての見解を明らかにしている。つまり、価値観を共有することが難しいとしても、それらを「調整」しながら共存していくという考え方だ。国際政治の視点からイスラームを分析し、第一人者として研究成果を発表してきた著者のこの提言は、世界中の政治家、市民、そしてイスラームを研究対象とする学者すべてに向けられていると考えるべきだろう。相手の価値観を知り正しく理解するには、その社会の歴史や文化、生活様式を知る必要がある。そのために政治学のみならず各分野の研究者の努力が求められる。

イスラームではその原理的な教義とは別に、ウラマたちの宗教判断がその社会の方向性を左右する。著者はそれらの判断が相対的に行われていると分析し、その相対性を生む状況を「思想の市場」と呼んでいる。今後この市場の変化が西側諸国の大きな関心事になっていくことだろう。本書の出版の時期は、二〇一四年六月であるので、同時期に独自のカリフ制国家の樹立を宣言した「イスラーム国」にはほとんど触れられていない。しかし、イスラーム国が提示する思想が「市場」の中でどのように「消費者」に受け止められるのかということは、今後注視していかなければならない。また、イスラーム国に関する今後の著者の見解が待たれる。

最後に著者が日本の研究者の在り方について言及していることに触れておきたい。これまでの日本における中東イスラームの研究は、アメリカ発の情報を取り入れながら独自色を出していた。著者はグローバル時代において日本は単に情報の「受信者」にとどまるのではなく、独自の研究を積極的に発信すべきであると言う。すべての研究者は、このことを重く受け止める必要があるだろう。今後のイスラーム世界と西洋の関係を考える上で、日本からの分析や研究が意味を持ってくることは十分考えられる。本書は著者の後に続くであろう多くの若手研究者にとって多くの刺激が詰まっている一冊だと言える。

〔岩波書店、二〇一四年〕

宮嶋俊一 著

『祈りの現象学　ハイラーの宗教理論』

佐藤壮広

本書は、東京大学に提出された博士論文『ハイラーの宗教理論』がもとになっている。東京大学の宗教学研究室で著者が祈りの研究をスタートしたのは、一九九一年頃のこと。一九九〇年代以降、学術業界では、一貫してひとつのテーマを探究するというスタイルが後ろに退き、「手広く」「まんべんなく」手をつけていることが、視野や見識の広さを保証するかのような風潮が出てきた。そうした中、「祈り」という主題を、ハイラーという二〇世紀初期ドイツの哲学・神学者の著作を通して深く探究し続けてきた著者には、心から尊敬の念を抱く。同時に、たくさんある宗教学の探究課題の中で、「祈り」に焦点を絞った著者の確かなまなざしに、安定感も覚える。

本書の書き出しには、「二〇一一年三月に発生した東日本大震災以降、書店には「祈り」をタイトルに冠した書籍が増えている」（ⅰ頁）とある。それ以前に遡ってみても、一九九五年一月の阪神・淡路大震災、二〇〇一年九月の米国同時多発テロ事件、ほか世界じゅうで繰り返し起こる戦災・災害の時には、祈りの光景がメディアで流されてきた。また昨今ブームになっている、聖地巡礼、お遍路、パワースポット訪問といった宗教的な習俗においても、祈るという行為は、その中に含まれており、このテーマは、宗教研究ではむしろ王道だという見方もできる。

フリードリッヒ・ハイラーが『祈り』を出版したのは、ヴァイマール共和制期ドイツ、一九一八年のこと。興味深いことに、当時この本はベストセラーだったという。理由は、第一次大戦に破れ、人も社会も疲れ、荒廃したドイツで、必ずしも宗教（キリスト教）に熱心ではない一般の人びとさえも、読み物として『祈り』を求めたからだ。喪失と荒廃の具体的文脈は異なるが、祈りを求める状況は、現在の日本社会とも重なる。

ハイラーの『祈り』の最初の部分は、祈りの動機が述べられているという。著者が引用するハイラーの言葉は、以下の通りである。

それは、畏れ、驚き、驚愕、不安、怒り、腹立ち、憎しみ、哀しみ、悲嘆、心配などの、きわめて強烈な瞬時の激しい感情の動きとして特徴づけられる。こうした激しい感情の動きに見舞われると、生命の維持、現在の状況からの解放、危機の回避のための努力、またそれを切望する中で、生への意志、すなわち本能的な生の衝動が現れてくる。人間がまったく無力であり、他方で、高みから力強く人間の運命に強力に介入してくる存在者への完全な依存の意識が未開の人々の生全体を支えている。危険と苦悩の瞬間に、それはそれまでには全くなかった生命性を伴って目覚めてくる。依存感情と自己を主張しようとする努力が結び付くところから希望が発生する。私の運命の主人である存在者は私を助けることも救うこともできる。この確信は自然と無意識のうちに神性への呼び掛けと助けの懇願へと達する。（ii―iii頁）

いまなぜ、「祈り」なのか。宗教のなかで、「祈り」はなぜ大切なモメントとされるのか。ハイラーは一〇〇年前に、このようにビシッと述べている。当時のドイツの人々はもちろんのこと、今のわれわれの心にも響いてくる。その理由は、この文章が、宗教現象学という方法で宗教の本質を探究したハイラーの視点と学問的姿勢に裏打ちされているからだ。本書は、それを明らかにした研究書である。

三部七章で構成されている本書の目次は、以下の通り。

序章は、ハイラーの宗教理論を宗教学史の中に位置づけた解説になっている。重要かつ基本的なことは、ヨーロッパの宗教学が、「神学からの解放」のひとつとして成立・展開してきたという点である。一五世紀から一六世紀にかけての大航海時代、主に宣教師らがアフリカやアジアでミッションするなかで、異文化の生活者およびその習俗についての情報が、ヨーロッパ社会へと運ばれた。当然、非ヨーロッパ文化との接触の中で、キリスト教はその意味を問われ、相対化され、そして再構築されることとなった。そして、従来のキリスト教神学の神概念や典礼論では把握できない「他者」がもつ信仰世界について、科学的に探究する動きが起こってきた。それが、宗教の科学、つまり宗教学である。

こうした研究動向のなか、ハイラーは、宗教現象学という、宗教がもつ独自の価値（ラテン語でsui generis）を探究しようとする学派のひとりだった。宗教現象学にも様々なアプローチがあるが、本書は、ハイラーの探究を三つの特徴で整理している。「ハイラーの『祈り』は、①宗教現象の記述を行ない、②祈りの類型学であり、③本質探究の営みであって、すべての意味において現象学的と言える」（四〇頁）と。ただしハイラーは、フッサールの「現象学的還元」や「形相直観」などの議論を特に援用していないという。それでもハイラーが宗教現象学の流れに位置づけられるのは、諸宗教の具体的な資料や行為というデータ（経験的な事実）から、宗教の本質的・普遍的価値を見出そうとしたからだ。あくまでも、「本質」の確定を目指す「本質学」であろうとしたこと。これが、ハイラーを宗教現象学者とする理由なのである。

しかし一方で、ハイラーへの批判点として必ずあがるのは、そのキリスト教神学的な傾向である。キリスト教神学から離陸しようとする草創期のヨーロッパの宗教学は、多かれ少なかれ「神学的宗教学」の傾向を帯びていた。『聖なるもの』を著したルドルフ・オットーも、然りである。著者はそうした点を批判している。ハイラーは祈りの歴史をいわゆる未開人の「自由な心の吐露」としての祈りから「規定され硬直化した祈り」へと展開するものとして記述する。これは明らかにキリスト教史をモデルにした整理であり、本書はこの点を批判している（五八―五九頁）。

ハイラーは、「自由な心の吐露」を祈りの理想の形だと考えていた。したがって、「祈りの文言が定型化・形式化していくことは、ハイラーにとって「堕落」と捉えられてしまう」（八一頁）。ハイラーは「テキスト化され、定型化した祈りを、真実の祈りではなく、（後述するように）啓発や教化の目的で人為的に作られたものと見た」（八二頁）。だが、言語行為論の観点からすれば、規則化、定型化こそ、祈りの能動性の結果だと考えることができる。この点で、ハイラーの祈りの「堕落論」は批判されるものだろう。

本書で参照されている議論、フィリップスと星川啓慈の言語ゲーム論からすれば、次の二つの立場から祈りを分析できるという。それは、（1）宗教という自律的で体型的な言語ゲームであるとする立場と、（2）宗教が複数のばらばらの言語ゲームから成立しているとする立場である。（1）の立場は、祈りが営まれている場とそこでの祈りの言葉や行為を重視する。具体的には、教会での祈りとそれに含まれる「願いや」「感謝」「執り成し」「嘆願」などである。しかしこれらはまた、日常生活の中でも行なわれる言葉の表現行為でもある。その意味では、宗教現象としての祈りは、（1）と

（2）の混合としてあると考えることができる。（1）の場を重視する点からは、宗教集団、教団の意義、およびそこで唱えられる祈りの意味といった問題圏が出てくるのである。現代の宗教教団研究においても、こうした問題は研究・分析され続けている。

以上の分析からすれば、祈りはそれ自体では研究できず、個人と教団、教団とその外部といった関係の動態のなかでこそ、その意味や意義について研究できるテーマだということになる。しかし、ハイラーは祈りの類型論で、祈りの形態、動態を整理しつつ、「生き生きとした」「神と信仰者の間の交わり」こそ、祈りであるという点を譲らないという（八六頁）。こうした観点からすれば、「いわゆる「現世利益」的な信仰が盛んな東アジア地域における宗教言語行為の多くは、ハイラーの「祈り」のカテゴリーから外れてしまう」（八七頁）ことになる。

ただし、「生き生きした」祈りであるかどうかという観点は、あらゆる祈る主体およびその分析において重要なポイントである。細かな類型論で祈りを整理しつつ、議論を詰める先で「祈り」の本質規定を行なうというハイラーのこうしたスタイルが、先にもふれた宗教現象学の特徴なのである。

本書は、こうしたハイラーの『祈り』について、たびたび、「類型の問題を考える好著」と評し、祈りの類型化と本質についての往復の思考作業を丹念に追っている。第II部、第III部の各章でも、ハイラーにおける類型化と本質規定が検討課題として繰り返しあげられている。

以上、本書の方法論的特徴（宗教現象学）とそれを示す主な論点について紹介してきた。ここで再び、本書の冒頭に戻ってみよう。そこには、三・一一以降、「書店には「祈り」をタイトルに冠した書籍が増えている」（i頁）とあった。

二〇一五年五月、作家の石井光太が『祈りの現場　悲劇と向き合う宗教者との対話』（サンガ、二〇一五年）という本を出している。これは、東日本大震災の直後から釜石、福島をはじめとする遺体安置所に通い詰め、作業も手伝いながら宗教者らの祈りを見てきたルポと彼らへのインタビュー集である。

この本の「はじめに」のなかで、地元の僧侶が遺体を前にしてゆっくり読経した時のことが述べられている。遺体安置所で過酷な作業を続けてきた警察や医師や自治体職員、「その場にいたすべの人たちにとって、お経はまぎれもなく心の支えだった」（四頁）と。また、「仏教だろうと、キリスト教だろうと、あるいは新興宗教だろうと、祈りは力つきて倒れそうになった人をギリギリのところで支えるだけの力を持つものなのだ」（五―六頁）と、祈りの力を強く訴える記述もある。

石井はまた、遺体安置所で祈りを捧げつつも、無力感に苛まれる宗教者の不安と葛藤を聴き取り、次のように述べる。

悲しみの現場にある宗教者の多くは、多かれ少なかれ一度自らの信仰心を疑うのが常だ。（中略）それは宗教者が一人ひとりの気持ちに応じた祈りをしなければならなくなるからだ。その人だけの悲しみ、その人だけの懊悩、その人だけの絶望。それにすべてちがった形で応えていかなければならないのである。つまり、決まりきった形を捨て、その人にとっての祈りをつくり出すことが求められるのだ。（七―八頁）

この文章からも、祈りの現場の最前線では、定型の祈りと生き生きとした祈りとのダイナミクスが、なお大きな課題となっていることがわかる。現場では議論という形で顕在化することはないが、祈る人ひとりひとりに「祈りの意味論」が求められているのは、確かだろう。その意味で、一〇〇年前のハイラーの『祈り』を読み解いた本書は、今、これから読まれるべき作品である。

〔ナカニシヤ出版、二〇一四年五月、二六〇〇円＋税〕

阿部珠理 著

『聖なる木の下へ
アメリカインディアンの魂を求めて』

鎌田東二

本書『聖なる木の下へ――アメリカインディアンの魂を求めて』は、一九九四年十一月に日本放送出版協会より上梓された『アメリカ先住民の精神世界』（ＮＨＫブックス）の文庫化である。本書にはラコタ族のメディスンマンであるクロー・ドッグのことが折に触れて出てくるが、「第一章　メディスンマンを訪ねる」は一九九二年八月のクロー・ドッグとの出会いから始まり、その章の最後はクロー・ドッグの次の予言で締め括られる。クロー・ドッグは言った。「君の本は、一五か月後に出るよ」（五三頁）と。そして本書の初版が刊行されたのがちょうど十五ヶ月後の一九九四年十一月であった。そしてこの著名なメディスンマンの「予言」は大当たりした。そしてこの「予言」に加えて、二十年後に文庫化されて本書の

「生命」を新たに更新した。とすれば、本書の「運命」は「ワカンタンカ」の「人間の力を超えた、偉大なるエネルギー」（四〇頁）の流れに押し出されていると言ってよいだろう。

「アメリカインディアンの魂」とは、まず何よりも「彼らが崇拝する彼らの偉大なるスピリット、宇宙を形作った大神」（三九頁）である「ワカンタンカ」に対する信仰であろう。著者は言う。「ワカンタンカは原初の存在であり、それから生み出された全てのものに、その魂が宿っている。山、川、大地、風、動物、植物など森羅万象の全ては、ワカンタンカの魂を持つ、タク・ワカン（聖なるもの）である。」（四〇頁）と。そして続けてそれを本居宣長の『古事記伝』の「カミ」の定義「常ならず、畏きもの」（正確には「尋常《よのつね》ならずすぐれたる徳《こと》のありて可畏《かしこ》きもの」）と繋げて説明する。それにより、日本人の「カミ」観と「アメリカインディアンの魂」の根幹にある「ワカンタンカ」の信仰との間にある親和性に気づかされ、比較文化ないし比較文明論的な示唆を得ることができる。

本書は、

はじめに
プロローグ
第一章　メディスンマンを訪ねる
第二章　ラコタの人間社会
第三章　男と女
第四章　ミタクエオヤシン――私に繋がる全てのもの
第五章　ラコタの神話世界
第六章　精霊の住む国
第七章　サンダンスへの道

の章で構成されている。中でも、「第七章　サンダンスへの道」はフィールド記録として本書の白眉をなし、同時に、タイトルの核心部を表現するものだ。

本書冒頭「はじめに」において著者は言う。「私はこの書で、アメリカ先住民の精神的伝統を維持しているという意味で代表的な、ラコタの人びとの生活と信条を、出来るだけ忠実に描き出したつもりだ。彼らの生活の中心には、彼らの創造の主であり、大いなる霊（スピリット）であるワカンタンカへの信仰がある。彼らの信仰に、仏教やキリスト教といった名称はない。信仰とは、彼らにとって、ワカンタンカの意思にそった生き方をすることに他ならないのだ。あえて名づけるなら、『ラコタの道』と言うしかないものだろう。／我われを含むいわゆる『文明人』の目には、彼らの信仰は原始的な自然崇拝と映りかねない。事実、西欧文明は近代まで、宗教進化論にそって、文字によって体系化された一神教こそ高等な宗教であり、多神教や書かれた教義を持たない自然・精霊崇拝を低位のものと位置づけてきた。西欧的物質文明の行き詰まりが語られて久しいが、それこそこのようなヒエラルキー的発想なども、よりよく生きようとする人間と自然の幸福な調和に、亀裂を生じさせたものの一つであったかもしれない。」（五頁）。

この「ラコタの道」は、「人が、自然とそして、あまねく自然に宿るスピリットと共に生きる道である。また、心と身体と自然が繋がった調和の世界である。」（六頁）が、その「道」がより具体的に示されるのは「ミタクエオヤシン」という言葉と信仰と生き方である。「ラコタでもっとも頻繁に耳にする言葉がある。それが『ミタクエオヤシン』である。ミ・タクエ・オヤシンは、『ミ』＝私の、『タクエ』＝親戚、繋がるもの、『オヤシン』＝全ての、の三つの単語が繋がったもので、『全ての私の親族』、『私に繋がる全てのもの』という意味になる。それは、ラコタの思想をもっとも端的に表すフレーズである。（中略）／自分は一人では生きていない。全てのものの繋がる生命連鎖の輪の中の、一つの存在でしかない。全てのものは、人間ばかりではない。動物も、植物も、山も川も、宇宙の全てである。それらのもののおかげで、自分が生かされ、また自分は、それらのもののために生きることの誓いの言葉が、『ミタクエオヤシン』なのである。」（九六―九七頁）。

だが、このようなつながりの思想と生き方は近代西洋と出会うことによって完膚なきまでに分断された。コロンブスの「アメリカ発見」以前に五百万とも一千万とも言われる先住民が住んでいたが、四百年後の一八九〇年にはわずか二十五万人に激減していたというのだから。

著者はそのことを別の著作『アメリカ先住民――民族再生にむけて』（角川学芸出版、二〇〇五年）の中で、「アメリカ先住民とアメリカ合衆国の関係は、『アメリカの矛盾』として集約できるだろう。言うまでもなく、アメリカ合衆国は世界でもっとも早く誕生した近代国家である。独立宣言が公布されたのはフランス革命より早く、ヨーロッパの封建制も経験しなかったアメリカは、身分社会の秩序より、平等な市民社会の理想を国家建設の礎にした。独立宣言の中でも、『すべての人間は神によって平等に作られ、一定の譲りわたすことのできない権利が与えられており、その権利の中には、生命、自由、幸福の追求が含まれている』と謳われている」、「開拓民一人ひとりを見れば、『自営農民』となるささやかな夢を育む良心の人に違いないが、個々の夢は国家の野望に集約されて、国土拡大の障壁となるものへの、容赦ない排除と征服に結びついてきた。自由、独立、平等を理念とする市民社会の実現は、そこに属さない人々の不自由、服従、不平等の上に成り立った」と指摘している。

つまり、「開拓」という「収奪＝侵略」の近代システムの構造をアメリカインディアン社会が典型的に「受苦」してきたということである。この「アメリカの矛盾」は安保法制化が進む日米関係にも否応なく刻印され続けている。

著者は「学者は泥棒」という批判をも念頭に置きつつ、「彼らの批判と危惧を私自身の中に受けとめ、彼らとの心かよう関わりを今後常に検証する」(二一二頁)と約束して本書を閉じるが、その二十年後、文庫化に当たり再読し、「本書はいわゆるエスノグラフィー(民族誌)であるが、二〇年を経た今、民族史的な価値も有するようになったと思う。あの頃のラコタ族の社会を再現できるのは、現場にいたフィールドワーカー以外にあり得ない。その意味で本書に類書はない」(二一六頁)との結論と自覚に至る。

事実著者は、この二十年間、毎年ラコタ保留地を訪れ、新たな関係性の構築、維持を続けてきた。これにより、読者は著者の研究姿勢が単なる研究対象の明晰な整理や検証に留まらない「出会い」と「関わり」の総集であることを知ることになる。いわゆる「調査研究」なるものが持つ文化収奪性や侵略性を実人生を賭け、それを生き切ることを通して文化還元・環流に向け変えることは容易ではない。著者はその容易ではない研究者の「道」を果敢にかつ「限りなく自然に、大らかに」(六一頁)根気よく成し遂げようとしている。デビュー作の本書から前掲著作や『ともいきの思想――自然と生きるアメリカ先住民の「聖なる言葉」』(小学館101新書、小学館、二〇一〇年)も含めて。

その著者の辿る「道」を見守り、見届け、見極めたい。

〔角川文庫、二〇一四年〕

編集後記

『比較文明』第三一号をお届けする。今号は特集に「文明と国家」を掲げた。特集趣意にも述べたが、このテーマは一九九〇年の学会大会をふまえて、本誌第七号の特集として一度取り上げられたものである。それから四半世紀たらず、本号特集は「ポスト・グローバル化」を視点として、その「再論（revisit）」を意図した。

「文明と国家」というテーマは、比較文明学にとっては必ずしも大きすぎるということはないにしても、やはり巨大なテーマであり、他方で「イスラーム国」やシリア難民の「人道危機」など、事態が時々刻々動くテーマであるにもかかわらず、力作の寄稿を揃えることができたと編集委員会としては自負している。特集および書評小特集の寄稿者の方々には特に感謝したい。

一般に三〇年というのは一世代分の時間とされる。その意味で一世代めぐって最初の号という思いもあり、実は本号の企画にあたっては、当初からなんらかの「再論」を念頭に検討に入ったものである。創刊号から初期の特集を読み返すにつけ、特にグローバル化の観点からあらためて感じたことは、当時まだその言葉は普及していなかったにもかかわらず、まちがいなく今日の課題につながっているリアルな人類の課題を敏感に感じ取り、それに学際的に取り組もうとする熱気の高さであった。

実際、第七号の「文明と国家」が提起した問題意識――国民国家の変容にせよ、資本主義の限界に性、知の構造の再編にせよ、新しい普遍主義と暴力の問題にせよ――は、その多くが今日なお、あるいは今日ますますリアルな課題となって私たちの前に立ち現われているものである。

もちろん個別の学問の前線で、こうした課題への分析の蓄積や方法の洗練は著しい。また特集の序論にも触れられているように、問題の現れ方のベクトルにも変化は生じている。今日比較文明学の旗の下に集う者としては、既存のテーマのなかで議論の精緻化やモデルの更新を行うだけではなく、さらにその先へ、問題設定のフロンティアを押し広げようとする姿勢を失ってはならないだろう。編集子としては、本誌がすくなくともその理想を追うものとして読者諸賢に受け入れられることを祈るばかりである。

本号より編集委員会は第一一期に入り、委員も若返った。今後も学会のクリティカルな初心に立ち返りつつ、新しい世代の視点を積極的に取り入れる誌面作りを目指したい。あわせて、それを通じて学会内の共通言語の提供に資するものとして本誌が機能することが、今期編集委員会の目標である。

あらためて言うまでもないことであるが、学会誌の運営は会員のボランタリーな力に支えられている。編集委員会が掲げる目標も、会員の共鳴を得られなければ、むなしいばかりである。今後も（特に若手会員の）投稿を歓迎することは言うまでもないが、編集委員会から特集や書評の企画にお知恵、お力をお貸しくださるようお願いすることも度々あろうかと思われる。この場を借りて、会員諸賢の倍旧のご助力を希う次第である。

執筆者紹介［氏名　所属（専攻）］

山下《やました》　範久《のりひさ》　立命館大学（世界システム論、歴史社会学）
金子《かねこ》　晋右《しんすけ》　佐賀大学（比較経済史、比較文明史）
福永《ふくなが》　英雄《ひでお》　京都造形芸術大学（科学相関研究、科学論、情報メディア社会学）
村瀬《むらせ》　智《さとる》　元大手前大学教授（文化人類学、比較文明学）
塩尻《しおじり》　和子《かずこ》　東京国際大学特命教授、筑波大学名誉教授（イスラーム思想、比較宗教学、中東地域研究）
柏岡《かしおか》　富英《とみひで》　京都文教大学（社会学）
島田《しまだ》　竜登《りゅうと》　東京大学（東南アジア史、グローバル・ヒストリー）
河東《かわとう》　哲夫《あきお》　元在ウズベキスタン大使（国際政治・経済、比較文明）
前田《まえだ》　芳人《よしと》　西南学院大学名誉教授（経済人類学、社会経済学）
松本《まつもと》　亮三《りょうぞう》　東海大学（比較文明学、観光人類学、新大陸先史人類学）
染谷《そめや》　臣道《よしみち》　静岡大学名誉教授（文化人類学、比較文明学）
板橋《いたばし》　義三《よしぞう》　九州大学（比較言語学、接触言語学、言語類型論）
川本《かわもと》　芳昭《よしあき》　九州大学（東アジア古代・中世史）
小林《こばやし》　道憲《みちのり》　哲学者

中島《なかしま》　朋子《ともこ》　東海大学（アメリカ研究、日米文化交流史、文化研究）
鷹取《たかとり》　勇希《ゆうき》　東海大学非常勤講師（社会言語学、言語・文化多様性研究）
秋丸《あきまる》　知貴《ともき》　無所属（美学美術史、メディア論）
三枝《さいぐさ》　守隆《もりたか》　トインビー・歴史の研究会、トインビー・世界史学習会（比較文明学）
服部《はっとり》　研二《けんじ》　香蘭女子短期大学（文明史）
松前《まつまえ》もゆる　盛岡大学（文化人類学、ジェンダー研究）
加藤《かとう》　久典《ひさのり》　中央大学（宗教社会人類学、インドネシア地域研究）
佐藤《さとう》　壮広《たけひろ》　立教大学（宗教人類学、シャーマニズム論、表現文化論）
鎌田《かまた》　東二《とうじ》　京都大学こころの未来研究センター（宗教哲学、民俗学）

比較文明学会会則

（名称）

一　本会は、「比較文明学会」（The Japan Society for the Comparative Study of Civilizations）（以下、「本会」と略記する）と称する。

（会長および事務局）

二　本会は、〔別表一〕のように会長を定め、事務局を置く。

（目的および事業）

三　本会は比較文明に関する総合的研究を行うことを目的とする。

四　本会は、上記の目的のために次の事業を行う。

(一)　大会および研究会の開催

(二)　機関誌『比較文明』の発行

(三)　研究成果の出版

(四)　その他、本会の目的を達成するのに必要な事業

五　本会に、地方ごとの研究発表と会員交流の場を提供するために、地方支部を設置することができる。地方支部の設置は、会員の発意によるものとし、理事会の承認を必要とする。

（会員）

六　本会の会員は、普通会員、学生会員並びに賛助会員によって構成されるものとする。

(一)　普通会員は、比較文明学研究に従事し、本会の趣旨に賛同する者とする。

(二)　学生会員は、比較文明学に関心を有し、本会の趣旨に賛同する学生とする。

(三)　賛助会員は、本会の趣旨に賛同し、その活動を支援する個人あるいは団体とする。

(四)　本会の会費（年額）は、〔別表二〕のように定める。

七　会員は、所定の会費を納入する義務を負う。ただし、三年間会費未納の者は、理事会の議を経て退会させることができる。

（役員）

八　本会に、会長・副会長・理事・監事・幹事および名誉理事・顧問をおく。

(一)　会長は、本会を代表し、会務を統括する。

(二)　副会長は、会長を補佐し、大会およびその他の特任事業を統括する。

(三)　理事は、会の運営および総会への提案事項について審議する。

(四)　監事は、年一回会計を監査する。

(五) 幹事は、各種委員会に所属して、会務の遂行を補佐する。
(六) 名誉理事・顧問は、会長の要請によって理事会に出席し、諮問に応じることができる。

九 本会役員の選出は以下によるものとする。
(一) 理事は、別に定める選挙管理規定にしたがって会の選挙により選出される者二〇名、会長が直接に委嘱する者三名とする。その任期はいずれも三カ年とし、再任を妨げない。
(二) 会長は、理事の互選によって選出され、その任期は三カ年とし、再任を妨げない。
(三) 副会長は、二名以内とし、理事会の議を経て会長が理事の中より委嘱する。
(四) 監事の選出は、理事改選と同時に、理事会が会員の中から候補者二名を選び、総会の承認を受けるものとする。その任期は三カ年とし、再任を妨げない。
(五) 幹事は、理事会の議を経て会長が委嘱する。
(六) 名誉理事および顧問は、会員の意を徴し、理事会の議を経て、本会に対して優れた功績があった者の中から会長が委嘱する。

(表彰)
一〇 本会に功労のある者のうち、理事会が推薦し、総会の承認を得た者を表彰することができる。

付則
(一) この会則は、昭和五八年一二月二〇日から施行する。
(二) この会則は、昭和五九年一一月二二日から改正、施行する。
(三) この会則は、昭和六一年一一月二二日から改正、施行する。
(四) この会則は、平成一一年一一月一三日から改正、施行する。
(五) この会則は、平成一四年一一月　九日から改正、施行する。
(六) この会則は、平成一八年一一月一八日から改正、施行する。

〔別表一〕会長および事務局
会　長　松本　亮三
事務局　〒二五九–一二九二　神奈川県平塚市北金目四–一–一
東海大学湘南校舎文学部アメリカ文明学科内
電話　〇四六三–五八–一二一一（代）内線　三〇五〇

〔別表二〕会費（年額）
一般会員　八、〇〇〇円
学生会員　四、〇〇〇円
賛助会員　五〇、〇〇〇円（一口）

比較文明学会・入会案内

比較文明学会は、どこまでも挑戦的にそして創造的に、新しい知の領域を拓こうとするものですので、関心ある方々に積極的にご参加いただいて、本学会の試行を、より力強いものにしたいと思います。

本学会の発足にあたって（一九八三年一二月二〇日）、われわれは、五つの設立主旨を提言しました。簡単に集約すると、

一　もっとも総合的な学的認識
二　超領域的な知的営為
三　創造的精神
四　地球文明的視座に立つ理論的実践
五　開かれた学会

などです。

その意味において、関心のある方々に開かれた学会として、現実的な道を着実に踏み固めていくためにも、より多くの方々にふるってご入会いただきたく思います。

会員の皆様にも、ご配慮とご協力をお願いします。

なお、入会手続に関するご照会は、本学会事務局までご連絡下さい。

機関誌『比較文明』への投稿について

一　投稿者は、本会会員に限ります。
二　投稿は、未発表の学術論文および研究ノートとします。
三　原稿は、タテ書き、四〇〇字詰めの原稿用紙四五枚以内を目安とします。（図版、写真がある場合には、字数を調整していただきます。）氏名（ふりがな）、タイトル、英文タイトル、連絡先とともに打ち出し原稿と記憶媒体をお送り下さい。
四　投稿締切は、二〇一六年二月二九日です。原稿はお返ししませんので、各自、控え原稿をおとり下さい。
五　投稿原稿の採否については、編集委員会で審査の上、後日通知します。
六　原稿の送付先

〒二五九-一二九二　神奈川県平塚市北金目四-一-一
東海大学湘南校舎文学部アメリカ文明学科内
比較文明学会事務局気付、編集委員会
Tel. 0463-58-1211（ext. 3050）
Fax. 0463-50-2104

七　掲載分には、抜き刷二〇部を贈呈します。
八　不明な点があれば編集委員会宛にお問い合わせ下さい。

「比較文明学会研究奨励賞」

一　比較文明学会では、若手研究者による研究を奨励し、ひいては本学会のよりいっそうの発展を願って「比較文明学会研究奨励賞」（以下、奨励賞と略す）を創設する。

二　奨励賞の受賞対象者は、受賞の対象となった業績が公刊された時点において本学会の会員であり、かつ満四五歳未満の者とする。

三　受賞候補作品は本学会会員からの自薦、あるいは他薦によることとする。

　受賞候補作品は、受賞年の七月一四日から遡り過去三年間に公刊されたものとする。

四　受賞対象作品は日本語、または英語で書かれた論文、または著書とする。

五　奨励賞は、受賞候補作品の中から審査委員会の審査を経て決定される。

六　受賞者には正賞として賞状が、また副賞として金五万円が授与される。

七　受賞者は、原則的には一名、ないし二名とする。

八　受賞者は、学会総会の席において表彰され、正賞、副賞の授与を受ける。

比較文明　31

2015年11月30日　初版1刷発行

©編　者　比較文明学会

〒259-1292　神奈川県平塚市北金目4-1-1
東海大学湘南校舎文学部アメリカ文明学科内
Tel. 0463-58-1211（内線3050）　Fax. 0463-50-2104

発行所　株式会社 行人社

〒162-0041　東京都新宿区早稲田鶴巻町537
Tel. 03-3208-1166　Fax. 03-3208-1158　振替　00150-1-43093

2015　KOJINSHA, Tokyo　ISBN 978-4-905978-92-3　C 3320